Jochen Mertens | Thomas Wendt

Der Pflegekompass

Orientierung und Sicherheit

Inhalt

Rechtzeitig auf den Notfall vorbereiten

Autor Thomas Wendt hat seine Tante 17 Jahre begleitet

Dieses Buch ist entstanden, weil sich unsere Tante rechtzeitig damit beschäftigen wollte, in welches Altenheim sie im Notfall einziehen könnte, und ich sie dabei unterstützt habe. Rückblende: Tante Gretel, mit bürgerlichem Namen Margarete Osewald, ist eine resolute, unternehmungslustige, pensionierte Dorfschullehrerin. Sie ist 80 Jahre alt, hat Familie und einen großen Freundeskreis, besucht Ausstellungen und Konzerte, unternimmt viele Reisen, ist aktiv in einem Literaturkreis und einer Englischgruppe in Bad Oldesloe bei Hamburg.

Ein Schicksalsschlag rüttelte die Tante auf

Eines Tages ruft Tante Gretel bei mir an und ist ziemlich traurig. Eine ihrer Freundinnen aus der Englischgruppe hatte einen Schlaganfall. Alle Beteiligten haben nicht verstanden, was dort passiert ist. Die Freundin lag zunächst im Krankenhaus, alle Damen des Kurses hatten eine Karte mit Genesungswünschen unterschrieben, einige von ihnen besuchten sie. Die Folgen des Schlaganfalls sind so schwer, dass die Patientin nicht vollständig geheilt werden kann. Sie sitzt im Rollstuhl, ist ziemlich durcheinander und kann sich kaum artikulieren. Die berufstätige Tochter kümmert sich um ihre Mutter und hat sie in einem Altenheim untergebracht. Tante Gretel ist entsetzt: »Wie kann das sein? Meine Freundin war doch immer so aktiv, und jetzt ist sie nur noch ein Häufchen Elend, muss im Heim leben. Wenn mir einmal etwas zustößt, möchte ich mir wenigstens das Altenheim vorher selbstbestimmt ausgesucht haben!«

Tante Gretel lebt allein in ihrer Wohnung. Als ich sie besuche, um zu überlegen, wie wir uns dem Thema »Umzug

Margarete Osewald (rechts) und Gertrud Thiele bei einem Besuch im Hamburger Hafen

ins Altenheim« nähern sollen, zeigt sie mir einen Stapel mit Prospekten von Altenheimen und Seniorenresidenzen. Die hat sie bereits in den vergangenen Jahren gesammelt, außerdem hat sie unzählige Anzeigen aus der Zeitung ausgeschnitten. Es ist das pure Chaos! Ich arbeite mich durch einige Hochglanzprospekte. In den Werbetexten gibt es Allgemeines zu lesen, wovor sich Senioren fürchten und dass sie Sicherheit suchen. Doch leider fehlen die Preise! Was kostet so ein Platz im Altenheim? Das interessiert uns. Ich rufe bei einigen Häusern an und bin über die abweisende Reaktion der Mitarbeiter erstaunt: »Die Preise stehen ganz bewusst nicht im Prospekt, und ich werde Ihnen auch nicht am Telefon verraten, wie hoch unser monatliches Heimentgelt ist. Sie müssen schon bei uns vorbeischauen und die Atmosphäre der Einrichtung auf sich wirken lassen. Erst dann nennen wir Ihnen die Kosten.« Transparenz sieht anders aus. Ich hole mir die Preise auf anderen Wegen. Diese erste Übersicht beruhigt die Tante, weil sie sich die Unterkunft in einer stationären Einrichtung leisten kann.

Im nächsten Arbeitsschritt nehmen wir verschiedene Häuser persönlich in Augenschein. Bei den Rundgängen können wir definitiv nicht beurteilen, ob in den Häusern gut gepflegt wird. Wir sehen helle, freundliche Zimmer und Aufenthaltsräume. Für die Tante sind die Besuche mit großen Ängsten verbunden. Es ist schwer zu ertragen, so viele alte, kranke Menschen zu sehen. Rollstuhlfahrer, Schlaganfallpatienten, Blinde, Demenzkranke. Interessant sind die Abwehrmechanismen der Tante: In einem Pflegeheim kehrt sie gleich wieder um, weil ihr bereits der Eingangsbereich zu dunkel ist. In einem anderen Haus hängt ein Teppich an der Wand, bei dem ihr das Muster zu nervös ist. »Wenn ich hier jeden Tag auf dem Weg zu den Mahlzeiten vorbeimuss – nein, das geht gar nicht.« Schließlich gibt sich in einer Residenz der Berater große Mühe mit uns. Er hat es perfekt drauf, die Tante zu führen und ihr die Ängste zu nehmen. Am Ende des Besuchs gibt es noch eine gute Tasse Bohnenkaffee im Restaurant des Hauses. Tante Gretel fühlt sich wohl und meint: »Hier werde ich im Notfall einziehen.« Den Unterschied zwischen einer Seniorenresidenz und einem Pflegeheim haben wir jedoch noch nicht verstanden: In einer Residenz haben die Bewohner ihr eigenes Appartement mit Küche, Bad und Balkon. Sie versorgen sich selbst. Hier zieht man ein, wenn man gesund ist, um einen altersgerechten Neuanfang zu gestalten. Doch wer so lange in seiner Wohnung bleibt, bis er nicht mehr allein zurechtkommt, zieht in einer Residenz eher in den Pflegebereich. Den haben wir jedoch gar nicht gesehen. So eine Pflegestation in einer Residenz ist vergleichbar mit dem Betrieb eines Altenheims. Für den Moment ist die Tante jedenfalls zufrieden. Ihr Fazit: »Wenn man gesund ist, zieht man nicht ins Altenheim. Ich lasse mich ja auch nicht rechtzeitig ins Krankenhaus einweisen, nur, weil ich mir vielleicht irgendwann mal den Arm breche.«

Zehn unbeschwerte Jahre

In den kommenden zehn Jahren hat Tante Gretel eine weitgehend unbeschwerte Zeit. Sie hat jedoch damit zu kämpfen, dass langjährige Freunde und Familienangehörige sterben. Der Kreis wird kleiner. Von einer Bauchoperation erholt sie sich schnell. Bei zwei ambulanten Augenoperationen werden neue Linsen gegen den Grauen Star eingesetzt. Das haut die Tante nicht um, sie ist aktiv. Kunstausstellungen, Konzerte, Besuche bei Familie und Freunden, Urlaubsfahrten. Ich kann mich noch genau an eine Reise mit ihr erinnern: Wir sind für eine Woche nach Sylt gefahren und hatten ein Haus gemietet, in dem es auch eine Waschmaschine gab. Am Tag vor der Abreise hat Tante Gretel dort ihre Wäsche gewaschen. Ich wollte wissen, warum sie denn im Urlaub ihre Wäsche wäscht. Die Antwort: »Nun ja, morgen geht's nach Hause. Übermorgen fahre ich bereits wieder mit dem Lehrerverein zu einer vogelkundlichen Exkursion an die Müritz. Da ist es doch ganz praktisch, wenn der Koffer für die nächste Fahrt bereits mit sauberer Wäsche fertig gepackt ist.«

Wenige Monate vor ihrem 90. Geburtstag hat Tante Gretel einen Schlaganfall. Sie ist zu Besuch bei ihrem Neffen Michael, sackt plötzlich auf einem Gartenstuhl auf der Terrasse zusammen, lallt nur noch. Michael und seine Frau Ute rufen sofort den Notarzt. Im Krankenhaus stellt sich heraus, dass sich im Gehirn ein Gerinnsel gebildet hat, das die Ärzte mit Infusionen schnell auflösen können. Es ist faszinierend zu beobachten, wie die neurologischen Ausfälle verschwinden. Die Tante ist nach wenigen Wochen wieder ganz die Alte. Die einzige Konsequenz: Sie setzt mich in der Vorsorgevollmacht ein und erteilt mir Vollmachten für ihre Konten bei der Bank. Damit kann ich handeln, falls wieder so etwas passiert.

Ein Schlaganfall und die Folgen

Ein halbes Jahr haben wir Ruhe, dann folgt der zweite Schlaganfall. Den Damen im Literaturkreis fällt auf, dass Margarete auffallend blass ist und wenig spricht. Ob das bereits die ersten Symptome sind? Die Tante ist danach zwei Tage lang allein, erst bei einem Telefonat bemerkt eine Freundin, dass Margarete lallt und verwirrt ist. Der Notarzt wird gerufen. Auch in diesem Fall hat ein Gerinnsel die Blut- und Sauerstoffzufuhr im Gehirn blockiert.

Nach wenigen Tagen kann die Tante bereits wieder laufen. Die Feinmotorik kommt zurück. Allerdings ist vor allem das Sprachzentrum betroffen, Sprachstörungen sind die Folge. Ich fahre jeden Tag in die Klinik, um sie aufzumuntern. Nach zwei Wochen erfolgt die Überweisung in die Abteilung Geriatrie (Altersheilkunde). Dort wird ein EKG über 24 Stunden erstellt. Das Ergebnis: Herzrhythmusstörungen. Das Herz schlägt zu langsam, und die Patientin hat Herzaussetzer. Besonders in der Nacht kommt es hin und wieder vor, dass das Herz bis zu 20 Sekunden nicht schlägt. Wenn in dieser Zeit das Blut in den Adern stockt, bilden sich Gerinnsel, die in der Feinverästelung der Blutversorgung im Gehirn den Blutfluss stark einschränken oder sogar blockieren können. Die Ursache für den Schlaganfall ist also gefun-

Viele Reinigungskräfte übernehmen auch die Betreuung ihrer Auftraggeber. Sie erledigen den Einkauf und kochen, begleiten zum Arzt und Friseur, sind Vertraute und Ansprechpartner für die Familie.

den. Die Ärztin empfiehlt, einen Herzschrittmacher zu implantieren, und ist in ihrer Begründung knallhart: »Frau Osewald, nicht bei jedem Aussetzer des Herzens bildet sich ein Gerinnsel. Aber die Wahrscheinlichkeit für einen dritten Schlaganfall ist hoch. Vielleicht ist es Ihnen im Moment egal, und Sie hoffen, dass ein weiterer Schlaganfall womöglich tödlich verläuft. Es kann allerdings sein, dass Sie dann richtig flachliegen, bettlägerig und pflegebedürftig werden. Deshalb raten wir dringend zu dem Eingriff in den nächsten Tagen.« In einem Gespräch kann ich Tante Gretel überzeugen, sich einen Herzschrittmacher implantieren zu lassen.

Der Herzschrittmacher läuft, doch die Tante ist noch sehr schwach. In zwei Wochen erfolgt die Entlassung aus der Geriatrie. Ich finde einen Platz im Altenheim, zunächst nur für ein bis zwei Monate im Rahmen der Kurzzeit- und Verhinderungspflege. Doch wenige Tage vor der Entlassung entwickelt die Patientin plötzlich neue Lebensgeister. Für mich stellt sich die Frage, wozu Tante Gretel in ein Altenheim ziehen soll? Eigentlich braucht sie nur noch einen Logopäden für ihre regelmäßigen Sprachübungen. Und der kann auch ins Haus kommen. Also plane ich drei Tage vor der Entlassung noch einmal um: Gebucht wird eine Logopädin. Zwei Putzfrauen stehen bereit, um im Haushalt behilflich zu sein. Ein Pflegedienst kommt morgens und abends, um beim An- und Auskleiden, bei der Körperpflege sowie der Tablettengabe zu helfen. Ein Menüdienst liefert das Mittagessen. Ein Hausnotruf bringt Sicherheit, falls die Tante wieder in eine Notlage kommt. Ich bin jeden Tag zwei Stunden mit dem Auto unterwegs, um vor Ort nach dem Rechten zu sehen. Ins Altenheim können wir immer noch ziehen.

Seniorenbetreuung: eine gewisse Freude am Ärger

Am Tag der Entlassung ist Tante Gretel vollkommen von der Rolle. Das war in den vergangenen Wochen alles zu viel für sie. In den ersten Stunden hat sie große Probleme, sich in ihrer Wohnung zurechtzufinden, weiß nicht, wie sie vom Wohnzimmer zur Toilette, in die Küche oder ins Schlafzimmer kommt. Doch diese Verwirrtheit legt sich innerhalb von wenigen Tagen. Dafür habe ich jetzt das Umfeld gegen mich. Alle Entscheidungen werden hinterfragt. Alle wissen plötzlich alles besser. Zunächst kommt der Anruf aus dem weit entfernten Göttingen: »Wir hören, dass Gretel vollkommen dement ist. Du hättest sie besser in einem Altenheim untergebracht. Das ist viel sicherer für sie!« Nach einer

Woche ruft eine Freundin aus dem Literaturkreis an: »Herr Wendt, also so geht das nicht. Das Essen auf Rädern ist ungenießbar. Ich habe das mal in die Hand genommen und den Menüdienst abbestellt. Wir haben vom Literaturkreis einen Hol- und Bringdienst auf die Beine gestellt, damit ihre Tante im benachbarten Altenheim zu Mittag essen kann.« Um 12 Uhr wird die Tante abgeholt, um 13 Uhr wieder zurückgebracht. Das funktioniert genau zwei Wochen lang. Eine der Freundinnen verspätet sich um etwa zehn Minuten. Niemand öffnet. Ist die Tante gestürzt und liegt verletzt auf dem Boden? Soll die Feuerwehr die Tür aufbrechen? Doch zunächst schaut die Freundin beim Altenheim vorbei. Und siehe da: Tante Gretel weiß genau, wie spät es ist. Sie kann also die Uhr lesen. Als sie zur Mittagszeit nicht abgeholt wurde, machte sich die Tante allein auf den Weg. Doch der Mittagstisch im Altenheim gefällt der 90-jährigen Tante nicht. »Da will ich nicht mehr hin, weil ich dort nur mit alten Menschen zusammen bin.« Wir finden ein Hotel, das warme Mahlzeiten außer Haus liefert.

Wir haben ein Team zusammengestellt, was ein Leben in der eigenen Wohnung ermöglichen soll. Doch die Betroffene selbst ist mit einigen der Beteiligten ziemlich ungnädig: Als eine der beiden Putzfrauen es nach einem Monat wagt, nach ihrer Bezahlung zu fragen, ist die Tante völlig ausgeflippt, und hat diese kurzerhand rausgeschmissen. Ähnlich bösartig springt die Patientin mit der Logopädin um, die entnervt aufgibt. Es gibt in Bad Oldesloe noch zwei weitere Logopäden, doch auch die setzt die Tante schnell vor die Tür. Langjährige Freunde verabschieden sich aufgrund der Unbeherrschtheit und des rauen Umgangstons. Der Kreis der Therapeuten, Pfleger, Unterstützer und Freunde verkleinert sich. Ihre Nichte aus Göttingen bekommt die schlechte Laune bei einem Ausflug mit dem Auto an die Ostsee zu

Ein Foto aus einer Zeit, in der alle noch gesund waren. Irmgard Gerlach (von links), Marianne Mertens und Margarete Osewald

spüren. Geplant war ein kurzer Spaziergang an der Promenade und ein gemeinsames Mittagessen. Während der Autofahrt ist noch alles in Ordnung. Doch kaum am Parkplatz in Timmendorf angekommen, kann die Tante plötzlich nicht mehr aussteigen. »Ich habe die falschen Schuhe an«, meckert sie. Nichts geht mehr. Es bleibt nur noch ein Weg, nämlich die sofortige Rückfahrt nach Hause.

Über sieben Jahre lebt Tante Gretel nach dem Schlaganfall in ihrer Wohnung. Sie schläft viel. Alle Beteiligten haben Mechanismen entwickelt, mit ihren Verhaltensoriginalitäten umzugehen. Eine der beiden Reinigungskräfte ist über die Jahre geblieben, hat sich zur Privatpflegerin entwickelt, ist bei Friseur- und Arztbesuchen dabei und kocht nun auch jeden Tag das Mittagessen. Billiger als im Altenheim ist das Leben daheim nicht: Miete, Pflegedienst und die tägliche Betreuung durch die Reinigungskraft kosten im Monat etwa

2.500 Euro. Meine Aufgabe besteht vor allem darin, Tante Gretel einmal in der Woche zu besuchen und die Post zu bearbeiten. Manchmal haben windige Vertreter der mittlerweile 94-Jährigen einen Internetvertrag am Telefon aufgeschwatzt. Mehrfach muss ich vom 14-tägigen Rücktrittsrecht bei Telefonverkäufen Gebrauch machen. Jeden Monat fülle ich das Formular an die Beihilfe aus, damit die pensionierte Beamtin ihr Geld für die Pflege bekommt. Schön sind die Spaziergänge mit ihr. Im Ort geht es ihr gut, wir reden ganz normal, zum Abschluss gibt es Kaffee und Kuchen in einem Café.

Ein halbes Jahr vor ihrem Tod äußert die inzwischen 97-jährige Tante zu meiner Überraschung den Wunsch, in genau das Altenheim zu ziehen, in dem ihre beste Freundin wohnt. Ihre Motivation dafür kann sie mir nicht erklären, das ist aufgrund der Sprachstörungen nicht mehr möglich. In diesem Altenheim geben sich alle Mitarbeiter große Mühe, die Tante einzubinden. Die Leiterin des Hauses bringt ihr regelmäßig die Zeitungen aus Bad Oldesloe und Lübeck mit, doch die neue Bewohnerin hat kein Interesse. Singen, Andachten, Zeitungsrunde, Ausflüge – Fehlanzeige. »Ich glaube, Frau Osewald ist bei uns eingezogen, um hier in Ruhe sterben zu können«, analysiert die Heimleiterin. Ich bin täglich zu Besuch. Die kleine Tante ist bei einer Körpergröße von 1,55 Meter auf 32 Kilogramm abgemagert. Sie möchte so gut wie nichts mehr essen und ist so schwach, dass sie nur noch mühsam die Augen aufhalten kann. Es ist jeden Tag dasselbe Ritual: Ich komme zu ihr ins Zimmer. Sie wacht kurz auf und freut sich, schließt wieder die Augen und schickt mich nach einer Minute nach Hause. Ich frage, ob ich am nächsten Tag wiederkommen soll. Sie freut sich und sagt Ja. So geht das über Monate, bis sie eines Nachts ganz friedlich einschläft.

Was kommt auf die Kinder zu?

Autor Jochen Mertens: »Es geht nicht um die Pflege, sondern darum, für meine Eltern da zu sein«

Als mein Vater im Alter von 65 Jahren in Rente ging, habe ich keinen Gedanken daran verschwendet, dass meine Eltern jemals pflegebedürftig werden könnten. Meine Mutter hatte damals ihre Berufstätigkeit aufgegeben. Sie hatte bei einem Arzt und einer Lehrerin vormittags die Betreuung der beiden Söhne übernommen. Die beiden Rentner konnten von da an viele Reisen unternehmen und waren oft für mehrere Monate bei Freunden in Nordjütland (Dänemark) zu Besuch. Mit dem Auto waren sie in Schweden und Norwegen oder haben sich in den Niederlanden ein Hausboot gemietet. Meine Aufgabe war es in dieser Zeit, einmal in der Woche in die elterliche Wohnung zu fahren, um die Blumen zu gießen und die Post aus dem Briefkasten zu holen.

15 Jahre später hatte mein Vater Erhard große Probleme mit den Augen. Diagnose: Glaukom. Er konnte immer schlechter sehen, der Grüne Star führte im Laufe von wenigen Jahren zu Ausfällen des Gesichtsfeldes. Die Augenärzte konnten nicht mehr helfen. Schließlich hat sich Erhard schweren Herzens entschieden, das Autofahren aufzugeben. Meine Eltern haben mich zwar über den Verlauf dieser Augenerkrankung informiert, auch über die Verzweiflung, die mit dem Verlust der Sehkraft verbunden war. Meine zumindest seelische Unterstützung war jedoch nicht gefragt. Meine Mutter Marianne hat es als ihre große Lebensaufgabe angesehen, ihrem Ehemann in dieser schwierigen Lage beizustehen. Heute glaube ich, dass Ehepaare das meiste miteinander allein ausmachen und die Kinder davon ganz bewusst so wenig wie möglich mitbekommen sollen.

Inzwischen war mein Vater 83 Jahre alt. Meine Eltern sind

Marianne und Erhard Mertens an ihrem Hochzeitstag

einmal mit der Bahn zu ihren Freunden nach Nordjütland gefahren, aber das hat ihnen überhaupt nicht gefallen. Also haben sie sich ein Jahr später kurzerhand mit einem Taxi auf den Weg gemacht, um wieder monatelang in dem kleinen, gemieteten Ferienhäuschen in der Nähe ihrer Freunde zu wohnen.

Irgendwann hat mir meine Mutter erzählt, dass sie sich große Sorgen macht. »Dein Vater schläft den ganzen Tag. Er steht nur noch kurz auf, um zu essen und zu trinken. Er ist abgemagert, neulich wurde ihm sogar schwindelig, und er ist fast ohnmächtig geworden.« Das Schlimmste für meine Mutter war, dass sich mein Vater weigerte, zum Arzt zu gehen. So lief das über Monate. Schließlich bat Marianne aus reiner Verzweiflung den langjährigen Hausarzt nach Hause, der den Patienten Erhard Mertens sofort ins Krankenhaus einwies. Mein Vater war zwar genervt, wehrte sich aber kaum noch dagegen. Wenige Monate vor seinem Tod kam dann die niederschmetternde Diagnose: Hodgkin-Lymphom. Von dieser – frei übersetzt – bösartigen Lymphknotengeschwulst können zwar durch die heute zur Verfügung stehenden Behandlungsmaßnahmen die meisten Patienten geheilt werden, sofern die Erkrankung frühzeitig erkannt wird. Mein Vater hatte sich jedoch zu spät in ärztliche Behandlung begeben. Auch in diesen schwierigen Monaten war meine Unterstützung kaum gefragt. Ich habe meinen Vater zwar im Krankenhaus besucht, darüber hat er sich auch sehr gefreut, aber damit war meine Aufgabe als Sohn auch erfüllt.

Nicht über den Tod sprechen

Erst Jahre später erzählte mir Marianne, dass sich meine Eltern nie wirklich über das Sterben unterhalten haben. Beide wussten, dass der Tod vor der Tür stand, gesprochen wurde darüber jedoch nicht. Nur aus einer einzigen Bemerkung meines Vaters ging hervor, dass er genau wusste, wie es um ihn stand: Ich hatte damals noch studiert, und mein Vater hatte in diesen Jahren für mich die Beiträge für die Rentenversicherung eingezahlt. Ihm war es noch einmal wichtig, meine Mutter darauf aufmerksam zu machen, dass sie nicht vergessen soll, »bis zum Jahresende die Rentenbeiträge für den Jungen zu überweisen«.

Wenige Tage vor seinem Tod bat mich meine Mutter noch einmal um Hilfe. Mein Vater war aus dem Krankenhaus zum Sterben nach Hause entlassen worden. Am Tag der Entlassung war er euphorisch. Ich kann mich noch genau an seinen Satz an meine Mutter erinnern: »Ach, Marianne, in der Klinik hat mir das Essen nicht geschmeckt. Wenn du mir wieder die Kartoffelsuppe mit Speck kochst, komme ich auch wieder zu Kräften.« Einen Tag später war er plötzlich so schwach, dass er es nicht mehr schaffte, sich im Bett allein auf die Kante zu setzen und aufzustehen. Das war an einem Samstag. Es war zwar schon ein Pflegedienst für den kommenden Montag bestellt, aber über dieses Wochenende mussten wir improvisieren. Ja, und dann ging alles ganz schnell. Mein Vater hatte seit einigen Wochen Wasser in der

Lunge, sein Herz war so schwach, und er hatte furchtbare Hustenanfälle. Entwässerungstabletten und Valium brachten keine Linderung mehr. Zum Glück hat der Hausarzt in dieser ausweglosen Situation Morphium gespritzt, sodass der Patient von den Husten- und Erstickungsanfällen befreit werden konnte. Als der Arzt die erste Spritze gegeben hatte, meinte Erhard: »Mir wird ganz warm.« Marianne antwortete: »Du brauchst keine Angst zu haben.« – »Ich habe auch keine Angst«, waren seine letzten Worte. Wir haben dann viele Stunden am Sterbebett meines Vaters gesessen – bis zu seinem letzten Atemzug.

Sein großes Hobby: Erhard Mertens hat trotz eines Rückenleidens das Glück auf dem Rücken der Pferde gefunden. Beim Reiten war er schmerzfrei.

Während seines Studiums der Elektrotechnik ist Erhard Mertens als Funker zur See gefahren, um sich und seine Familie zu ernähren. An Bord waren auch Meerkatzen.

Selbstbestimmung: Nicht zum Arzt gehen?

Ich schätze meinen Vater so ein: Aufgrund seiner fast vollständigen Erblindung war er verzweifelt und hatte seinen Lebensmut verloren. Darf man dann ärztliche Hilfe bei der nächsten Erkrankung ablehnen? Man darf. Mein Vater hat lediglich sein Recht auf Selbstbestimmung wahrgenommen. Genauso hatte er es viele Jahre zuvor auch in seiner Patientenverfügung festgehalten. Meine Mutter und ich hatten diese Entscheidung zu respektieren. Wir konnten nur noch aushalten, was dann unwiderruflich passieren sollte. Mein Vater ist 85 Jahre alt geworden.

Das Leben nach dem Tod des Ehepartners

Erst nach dem Tod meines Vaters war meine Unterstützung gefragt. Meine Mutter war damals 74 Jahre alt und hatte nicht mehr die Kraft, die Beerdigung zu organisieren, ihren geliebten Erhard beim Einwohnermeldeamt abzumelden und die Witwenrente zu beantragen. Das war dann meine Aufgabe. Ich musste meine Mutter nicht pflegen, sondern menschlich auffangen, begleiten und mich um die Formalitäten kümmern. Wir haben meine Mutter einmal in der

Woche besucht und sind gemeinsam in den Urlaub gefahren. Drei Jahre nach dem Tod meines Vaters hat Marianne dann folgenden Satz rausgehauen: »Irgendwann fängt man an, wieder leben zu wollen.« Ich habe nachgefragt, weil ich das Gefühl hatte, meine Mutter hätte den schlimmsten Teil ihrer Trauerphase bereits überwunden. Ihre Antwort: »Ihr konntet mir die Trauer auch nicht anmerken, weil ich mich zusammengerissen habe. Wenn wir etwas Schönes unternehmen, ist die Trauer für ein paar Stunden weg. In dem Moment, in dem ihr wieder aus dem Haus seid, bin ich mit meinen Gedanken wieder ganz bei Erhard.«

Nach dem Tod meines Vaters hatte meine Mutter noch 14 gesunde Jahre, bis sie selbst an Demenz erkrankte. Bis dahin schaffte sie es, ihr Leben wieder selbst in die Hand zu nehmen. Als Sohn war ich lediglich gefragt, um sie bei einigen Krankenhausaufenthalten zu begleiten: Eine Schilddrüsenoperation war aufgrund einer Überfunktion nötig, ebenso zwei Eingriffe an den Augen, um mit neuen Linsen den Grauen Star zu bekämpfen.

Es war zu beobachten, wie der Radius meiner Mutter immer kleiner wurde. Das war ein schleichender Prozess. Ihren 80. Geburtstag feierten wir noch mit rund 40 Gästen. Danach sind wir für drei Wochen nach Fuerteventura (Spanien) geflogen. Meine Mutter hat die Sonne und das warme Wetter im Dezember bei Temperaturen um 22 Grad genossen. Jeden Morgen ist sie im Atlantik geschwommen. Wir hatten eine gute Zeit, aber beim Rückflug habe ich ihr die Erschöpfung angemerkt. Das Stehen am Schalter und an der Sicherheitskontrolle, die langen Fußwege am Flughafen sowie das lange Sitzen im Flugzeug während der neunstündigen Rückreise waren zu anstrengend für sie. »Das war meine letzte große Reise«, meinte sie danach, »nach Sylt komme ich gern mit, aber nicht mehr auf die Kanaren.«

Ähnlich war es beim Turnverein. Von Gymnastik bis Yoga – meine Mutter ist dort immer sehr gern hingegangen. Doch mit über 80 Jahren konnte sie nicht mehr mithalten. Deshalb gab sie den Sport auf.

Richtig schwer fiel es meiner Mutter, das Radfahren aufzugeben. Ob zum Arzt, zum Einkaufen oder zum Besuch ihrer besten Freundin – das Fahrrad war ihr Verkehrsmittel. Doch die Koordination wurde immer mehr zum Problem: So hatte sie Schwierigkeiten, das Gleichgewicht zu halten und gleichzeitig schnell zu reagieren, wenn plötzlich ein Fußgänger über den Radweg lief. Schweren Herzens blieb das Rad im Keller, und meine Mutter musste alle Wege zu Fuß oder mit dem Bus zurücklegen. Sie arrangierte sich mit ihren Einschränkungen, wurde im Alter von 85 Jahren von ihrer Putzfrau und ihrem Gärtner unterstützt. Meine Mutter war mit ihrem Leben zufrieden. Ich wurde erst zwei Jahre später wieder richtig gefordert, siehe Seite 37.

Solange wie möglich zu Hause

Die meisten Senioren entscheiden sich gegen einen Umzug in eine Seniorenwohnung

Ilse Fridrich lebt in Kühlungsborn an der Mecklenburgischen Ostseeküste. Gleich hinter ihrem Grundstück schnauft und bimmelt die Schmalspurbahn Molli vorbei. 1980 hat sie, kurz vor ihrem Renteneintritt, »außerplanmäßig« einen Bungalow mit dreieinhalb Zimmern für sich und ihre Mutter bauen können. »Das sollte unser Alterswohnsitz werden. Es gab keine Materialzuweisungen, und wer in der DDR gelebt hat, weiß, was das damals bedeutete«, erklärt die rüstige Rentnerin. Am 2. Mai war Baubeginn, und am 1. November sind Mutter und Tochter eingezogen. »Ich hatte

Ein Schwätzchen am Gartenzaun. Betreuung hat Ilse Fridrich genug. Die Nachbarn bringen auch mal den Einkauf mit dem Auto vorbei.

Kaffee gekocht, der Fernseher lief, die Heizung funktionierte. Nach zwei Stunden meinte meine Mutter, dass wir doch jetzt mal langsam nach Hause gehen sollten. Ich habe ihr gesagt, dass wir jetzt hier zu Hause seien und ob sie denn nicht ihre Möbel erkenne. Danach hat sie nie wieder nach unserem alten Haus gefragt.«

30 Jahre später ist Ilse Fridrich 90 Jahre alt, ihre Mutter längst verstorben. In ihrem Haus kann sie schalten und walten, wie sie will. Haus und Garten zu bewirtschaften, ist ihre Aufgabe. Zum Beispiel als vor Kurzem die Heizung komplett ausfiel und ausgetauscht werden musste. Ilse Fridrich weiß, was sie will, nimmt die Dinge in die Hand, holt Kostenvoranschläge ein, dirigiert die Handwerker und sorgt für

Ilse Fridrich ist zu einer Geburtstagsfeier eingeladen und kauft dafür einen Strauß Blumen.

die Finanzierung. Dabei sagt sie über ihre körperlichen Gebrechen: »Ja, ich habe zwei angebrochene Rückenwirbel, und manchmal wird mir schwindelig, aber das ist altersbedingt. Da kann mir sowieso kein Arzt helfen. Damit muss ich lernen zu leben.« Nach einem Sturz kam morgens ein Pflegedienst und half vorübergehend beim Anziehen, »doch das wollte ich nicht länger als nötig. Es dauert zwar länger, wenn ich mich allein anziehe, aber die Zeit dafür muss ich mir nehmen, dafür bin ich unabhängig.« Stolz zeigt Ilse Fridrich zwei wesentliche Erleichterungen im Badezimmer. »Ich hatte Schwierigkeiten, aus der Badewanne hochzukommen und von der Toilette aufzustehen.« Den Badewannenlifter und eine Toilettensitzerhöhung hat der Arzt verschrieben. »Um so etwas auf Rezept von der Krankenkasse zu erhalten, ist man auf eine gewisse ›Flüsterpropaganda‹ angewiesen. Denn von allein sagt einem das ja keiner.«

Das Service-Wohnen mit Freizeitprogramm kommt für Ilse Fridrich nicht infrage. Sie fühlt sich von ihren Nachbarn gut betreut. »Wenn ich morgens etwas länger schlafe und bis um zehn Uhr noch keinen Piep von mir gegeben habe, klingelt das Telefon, und meine Nachbarn erkundigen sich, ob sie sich Sorgen machen müssen. Außerdem werde ich immer wieder gefragt, ob ich etwas brauche. Das wird mir dann mitgebracht.«

Ilse Fridrich lebt weitere fünf Jahre in ihrem Haus und feiert noch groß ihren 95. Geburtstag. Nachbarn und Freunde geben sich die Klinke in die Hand. Sogar der Bürgermeister gratuliert. Wenige Wochen danach erleidet Ilse Fridrich einen Schlaganfall. Nach einem Krankenhausaufenthalt muss sie in einem Pflegeheim in Bad Doberan neu anfangen. Einem jungen Pfleger gelingt es in einem längeren Gespräch, der verzweifelten Seniorin wieder Lebensmut zu vermitteln. In den folgenden Jahren gibt es Höhen und Tiefen. Ihre langjährige Freundin Birgit Fischer schafft es immer wieder, Ilse aufzuheitern: »Du hast immer gesagt, Hauptsache der Geist funktioniert noch. Dieser Wunsch ist doch in Erfüllung gegangen.« Das zaubert ihr wieder ein Lächeln ins Gesicht. Wenige Tage vor ihrem 100. Geburtstag ist Ilse Fridrich verstorben.

Eine wichtige Zeitzeugin

Am 10. Februar 1953 beginnt eine Enteignungswelle an der DDR-Ostseeküste. 400 Volkspolizisten stürmen Hotels, Pensionen und Restaurants. Bewaffnet mit Pistolen und ausgestattet mit Taschenlampen. Sie haben den Befehl, die Besitzer der Objekte zu vernehmen und gegebenenfalls fest-

Das Haus Forsteck gehört Ilse Fridrich nicht mehr. Sie hat dennoch ihren inneren Frieden gefunden und lebt auf dem hinteren Teil des Grundstücks.

zunehmen. Rund 550 Familien verlieren bei der »Aktion Rose« ihr Eigentum. So auch Ilse Fridrich, die gemeinsam mit ihrer Mutter das private Kinderkurheim Forsteck in Kühlungsborn betreibt.

Mutter und Tochter werden festgenommen und wegen eines angeblichen Devisenvergehens verurteilt: Eine Rechnung über mehrere hundert Mark für einen Wintermantel aus West-Berlin ist für den Richter der Beweis. In seinem Urteil heißt es sinngemäß, Ilse Fridrich habe unlautere Geschäfte im Westen betrieben, die zur Vorbereitung des Dritten Weltkriegs dienen sollten. Mit dem Strafmaß werden auch Haus und Grundstück beschlagnahmt. Die damals 33-Jährige sitzt 1953 für viereinhalb Monate in Haft in Dreibergen-Bützow. Das Haus Forsteck ist weiterhin ein Kinderkurbetrieb, doch Ilse Fridrich darf keinen direkten Kontakt zu den Gastkindern unterhalten. Aus der Besitzerin und

Erzieherin wird die Köchin und Putzfrau im eigenen Haus. Dieses himmelschreiende Unrecht erträgt sie mit Würde.

1980 verkauft Ilse Fridrich dann nach über viele Jahre anhaltenden Schikanen das Kinderkurheim an den Staat und baut auf dem hinteren Teil des Grundstücks ihren Alterswohnsitz. Nach der friedlichen Revolution von 1989 stellt sie zwar einen Rückübertragungsantrag, doch die lückenhaften Opferbereinigungsgesetze lassen in ihrem Fall keine Vermögensrückgabe zu.

Ilse Fridrich arrangiert sich mit dieser unbefriedigenden Rechtslage. Doch endlich kann sie über ihr Schicksal sprechen. Schulklassen, Historiker, Politiker und Journalisten sind bei ihr in Kühlungsborn zu Gast. Ihr ist es zu verdanken, dass die Exzesse während der »Aktion Rose« bekannt werden. Nach der Wende begreift sie es als ihre große Lebensaufgabe, auf die Ungerechtigkeiten der vergangenen Jahrzehnte aufmerksam zu machen. Und es ist in ihrem Sinne, dass ihr Schicksal auch nach ihrem Tod nicht vergessen wird.

Der Umzug ins Service-Wohnen

Manchmal dauert die richtige Entscheidung viele Jahre

Eine Seniorenwohnung bringt viele Vorteile, da die meisten Service-Wohnanlagen barrierefrei sind: Man kommt direkt zum Aufzug, ohne bereits im Eingangsbereich Treppenstufen überwinden zu müssen. An den Wänden geben Handläufe festen Halt. In den Wohnungen gibt es barrierefreie Duschen – also ohne einen hohen Einstieg. Außerdem sind im Bad genügend Haltegriffe vorhanden. Für Uwe Lubosch war der Umzug seiner Eltern Lenie (88) und Eberhard (87) in eine barrierefreie Wohnung seit Langem wünschenswert.

Doch die Entscheidung der Betroffenen selbst, sich zu einem Umzug durchzuringen, dauerte insgesamt sieben Jahre.

Lenie und Eberhard Lubosch sind gern gereist. Am liebsten ist das Ehepaar nach Spanien, Bulgarien und Jugoslawien geflogen. »Während eines Urlaubs in Bulgarien ist meine Mutter gestürzt«, erinnert sich Uwe Lubosch. Damit begann vor sieben Jahren eine monatelange Krankheitsphase. Zunächst wurden im Krankenhaus zwei gebrochene Lendenwirbel diagnostiziert. Die Patientin musste am Urlaubsort behandelt werden. Der Urlaub wurde quasi unfreiwillig verlängert, bis der Rückflug möglich war. Schließlich konnten die beiden Wirbel zementiert werden. Da Lenie Lubosch unter der Dusche gestürzt war, hatte sich niemand Gedanken über die Ursache des Sturzes gemacht. »Wir dachten, meine Mutter wird wohl ausgerutscht sein«, sagt Uwe Lubosch. Doch Vater Eberhard machte sich auf die Suche nach der Ursache. Herzprobleme konnten ausgemacht und von den Spezialisten der Kardiologie behandelt werden.

Damit hätte die Patientin wieder ein normales Leben führen können. Im Alltag zeigte sich jedoch, dass ihre Mobilität seitdem erheblich einge-

Uwe Lubosch hat sich in den vergangenen Jahren große Sorgen um seine Eltern gemacht. Jetzt sind sie in eine barrierefreie Erdgeschosswohnung gezogen.

schränkt war. Die Muskulatur hatte sich während der langen Klinikaufenthalte zurückgebildet, und die Beweglichkeit war nach der Wirbelsäulenoperation erheblich eingeschränkt. Das Hauptproblem: Lenie Lubosch konnte kaum noch Treppen steigen. Die Idee, in eine barrierefreie Seniorenwohnung zu ziehen, lehnten die Eltern jedoch kategorisch ab: »Ihr habt euch da nicht einzumischen«, hieß es.

Vor 47 Jahren zog Familie Lubosch von Berlin-Pankow nach Magdeburg. Sohn Uwe war damals zwölf Jahre alt. Eine Dreiraumwohnung mit Balkon im vierten Stock ohne Aufzug. »Einen Umzug gibt es für uns nur mit den Füßen voran«, hatte Familienoberhaupt Eberhard sich selbst und seiner Ehefrau eingebläut. So verließ Lenie die Wohnung in den Jahren nach ihrem Sturz nur noch zu Arztbesuchen und besonderen Anlässen. Inzwischen kam einmal täglich ein ambulanter Pflegedienst, um ihr bei der Körperpflege und beim Anziehen behilflich zu sein. Die Nachbarin aus dem zweiten Stock kaufte Lebensmittel für das Ehepaar Lubosch ein, und der langjährige Nachbar nebenan war fürs Bier zuständig, wenn es dafür Sonderangebote gab. »Ich weiß beim besten Willen nicht, wie meine Mutter die Treppen hoch- und runtergekommen ist«, sagt Uwe Lubosch. Denn seine Eltern standen immer schon vor der Tür, wenn etwa zum Geburtstag ein Ausflug auf dem Programm stand. Danach haben sie sich immer unten vor der Haustür verabschiedet, das Treppensteigen war ihr Geheimnis.

Doch im letzten Jahr gab es einen Sinneswandel. »Als in der Nähe ein Altenheim eröffnete, war mein Vater bereit, sich die dazugehörigen Seniorenwohnungen anzusehen«, erinnert sich Sohn Uwe. Doch die Wohnungen waren zu teuer. Bewegung in die Sache kam dann durch eine Pflegemitarbeiterin. Sie konnte das Ehepaar Lubosch davon überzeugen, eine Erdgeschosswohnung zu mieten. Eine Zweiraumwohnung mit 65 Quadratmetern, barrierefreier Dusche und Balkon für 760 Euro warm. Die Tagespflege ist bei Bedarf im Haus. Als es dort eine Einladung zum Frühlingsfest gab, sind Eberhard und Lenie bereits dabei gewesen. Der Pflegedienst hat seinen Stützpunkt gleich nebenan. Das Mittagessen wird zurzeit von einem Menüdienst geliefert. Falls die neuen Bewohner einmal wechseln wollen, gibt es im benachbarten Altenheim eine Alternative.

Eltern lassen sich von den Kindern nicht reinreden
Zur Selbstbestimmung gehört es, dass Senioren auch einen Umzug selbst in die Hand nehmen. In diesem Fall hatte das Umzugsunternehmen sogar angeboten, das Ein- und Auspacken zu übernehmen. Nichts wurde vorher aussortiert oder beschriftet. Lediglich Lenie hatte sich eine Tasche mit den Dingen gepackt, die sie in den Tagen danach benötigte. Folglich war das Chaos in der neuen Wohnung groß. »Mein Vater rief mich nachts an, weil ihm angeblich Geld, Wertsachen und persönliche Unterlagen gestohlen worden sind«, erzählt Uwe. Das war grenzwertig. Die Eltern waren am Ende ihrer Kräfte und hatten große Probleme, sich in der neuen Umgebung zurechtzufinden. Das war vor drei Monaten. Nachdem mittlerweile die letzten Umzugskisten ausgepackt sind, hat sich alles wieder angefunden.

»Inzwischen sind meine Eltern angekommen und erkennen die Vorteile«, freut sich Uwe Lubosch. Die Mutter verlässt auch weiterhin die Wohnung nur, wenn es sich gar nicht vermeiden lässt. Vater Eberhard macht sich häufig allein auf den Weg und freut sich, wenn er raus kann. Der Supermarkt ist nur 100 Meter entfernt. Der 87-Jährige ist gern mit der Straßenbahn in Magdeburg unterwegs. Kontakte zu den Nachbarn in dem Haus werden sich ganz sicher in den nächsten Monaten ergeben.

Plötzlich kommt alles auf einmal

Der akute Pflegefall

Am Anfang kann noch niemand sagen, ob der Schlaganfall des Großvaters nach wenigen Wochen überwunden sein oder aber weitreichende Konsequenzen für ihn und seine Familie haben wird. Medizinisch ist alles getan worden, die Genesungsphase hat begonnen, der Patient ist jedoch noch sehr schwach. Die alltäglichen Dinge rund um den Krankenhausaufenthalt müssen von den Angehörigen organisiert werden. Regelmäßig müssen, vom Waschzeug bis zum Bademantel, Dinge ins Krankenhaus gebracht werden. Gespräche mit den behandelnden Ärzten sind zu führen. Ein

Jung und Alt sind füreinander da.

Mitarbeiter vom Sozialdienst der Klinik nimmt Kontakt mit der Familie auf. Das Warten und Hoffen beginnt.

Die Situation ist so erdrückend, dass Angehörige kaum an etwas anderes denken können. Der Schock sitzt tief, die Ungewissheit ist zermürbend. Niemand weiß, in welchem Ausmaß die Familie gefordert sein wird, ob der Großvater wieder in seiner Wohnung leben kann oder in einem Alten- und Pflegeheim untergebracht werden muss. In den ersten Tagen ist noch alles offen. Während der Zeit im Krankenhaus und der Rehabilitation können die Angehörigen lediglich Informationen zusammentragen, um sich auf den bevorstehenden Entlassungstag vorzubereiten. Erst dann können die notwendigen Entscheidungen getroffen werden.

Leider zeigt sich am Ende der Krankenhaus- und Rehabilitationsbehandlung, dass der Schlaganfall nicht ohne Folgen geblieben ist. Zwar hat der Großvater das Laufen wieder erlernt und kann jetzt am Rollator gehen, auch mit der Sprache ist es dank der Logopädin wesentlich besser geworden, doch das alles reicht nicht aus, um künftig wieder allein in der eigenen Wohnung zu leben. Die Angehörigen müssen ihm also vermitteln, dass er in ein Heim ziehen muss, trotz aller ärztlichen Bemühungen und seiner großen Anstrengungen in den vergangenen Wochen.

Hoffnungslosigkeit macht sich breit. An den notwendigen Entscheidungen beteiligt sich der Großvater nicht. Es kommt nur der Satz: »Ach, das überlasse ich euch, ihr werdet schon das Richtige finden.« Ist es Überforderung, dass er selbst keine Wahl über eine geeignete Einrichtung treffen mag? Ist es die Verzweiflung, in ein Alten- und Pflegeheim einziehen zu müssen? Oder steht hinter dem Schweigen der unausgesprochene Wunsch, bei den Kindern aufgenommen zu werden? Die Familie steht in der Verantwortung und muss eine Lösung finden.

Der Umzug ins Altenheim

Auch die Mutter von Autor Jochen Mertens leidet unter Demenz

Marianne Mertens war Säuglings- und Gemeindeschwester.

Seit fast einem Jahr beschäftige ich mich mit der Demenzerkrankung meiner 88-jährigen Mutter. Über ein Vierteljahr hat sie trotz dieser schweren Erkrankung des Gehirns allein zu Hause gewohnt, doch dann musste sie ins Altenheim ziehen. Dort hat sie sich erstaunlich schnell eingelebt.

Es begann an einem kalten Sonntag im Februar. Meine Mutter war ziemlich verzweifelt und hatte Kopfschmerzen: »Ich habe Blitze im Kopf und kann nicht mehr denken.« Wir haben sie beruhigt, und sie wollte im Bett liegen bleiben, solange ihr Gehirn Aussetzer habe. In den darauffolgenden zwei Wochen war die beginnende Demenz dann nicht mehr zu übersehen. Personalausweis, Kontokarte, Krankenversicherungskarte sowie die Zahnprothese waren verschwunden. Meine Mutter hatte den Bezug zur Realität verloren und stellte zur Erklärung die Frage: »Wozu brauche ich in meinem Alter noch einen Ausweis?« Gute Frage, auf die ich zunächst auch keine Antwort wusste.

Der langjährige Gärtner meiner Mutter hat tagsüber die Betreuung übernommen, gekocht und geputzt. Abends war

Die Ergotherapeutinnen Marlen Maas (links) und Dorothe Dassmann haben Spaß beim Wasserballett mit Marianne Mertens.

ein Pflegedienst beim Waschen und Ausziehen behilflich. Über drei Monate hat das funktioniert. Gut, wir mussten erfinderisch sein und zum Beispiel die Sicherungen vom Herd herausdrehen. Tee ohne Wasser in der Bratpfanne zu erhitzen, war damit nicht mehr möglich. Streichhölzer und Kerzen hatten wir zwar aus der Wohnung entfernt, doch meine Mutter ging immer mal wieder ins Einkaufszentrum, kaufte sich Zigaretten und Feuerzeug. Nach 40 Jahren Abstinenz hatte sie wieder mit dem Rauchen angefangen. Damit verbunden war eine nicht unerhebliche Feuergefahr, wie man an den zahlreichen Brandlöchern sehen konnte. Manchmal waren Lebensmittel im Kleiderschrank versteckt. An aktiven Tagen hat meine Mutter die nasse Wäsche aus der Waschmaschine genommen und in die Büsche gehängt. »Das trocknet schneller«, erklärte sie uns.

Marianne hielt uns ganz schön auf Trab, bis sie in einer Nacht im Juni die Wohnung verließ, um mit dem Taxi an die Ostsee zu fahren. Weit ist sie nicht gekommen. Keine 100 Meter von ihrer Wohnung entfernt stürzte sie. Jugendliche, die sie fanden, kümmerten sich um meine Mutter und riefen die Polizei. Zum Glück war nichts gebrochen, es gab nur eine schmerzhafte Prellung an der Hüfte.

Der Traum, bis zum Lebensende in der vertrauten Umgebung zu leben, war damit ausgeträumt. Trotz dieses Sturzes wollte meine Mutter nicht ins Heim ziehen. Ich musste sie erst davon überzeugen, dass sie nicht mehr allein leben konnte. Zwei Anläufe habe ich dazu gebraucht. Es gab Streit und Tränen, doch dann hat sich Marianne von mir ins Heim begleiten lassen. Bis heute wundere ich mich darüber, wie stark der Wille eines Demenzkranken sein kann. Gekennzeichnet durch Sturheit und Uneinsichtigkeit, kann es doch wenige Stunden später so etwas wie Einsicht und Vernunft geben. Findet man den richtigen Zugang zum Betroffenen, dann ist es plötzlich ganz einfach.

In den ersten drei Tagen im Heim konnte meine Mutter aufgrund der Prellung mit dem rechten Bein noch nicht auftreten. Sie war auf den Rollstuhl angewiesen, ließ sich aber bereitwillig von den Pflegekräften ins Bett, auf einen Stuhl oder auf die Toilette umsetzen. Der Lebenswille meiner Mutter war ungebrochen. Am dritten Tag im Heim stand sie einfach auf und machte humpelnd die ersten Schritte nach ihrem Sturz. Irgendwie ist sie mit der neuen Situation gut zurechtgekommen. Wahrscheinlich fühlte sie sich in ihrer Wohngruppe sofort geborgen und angenommen. In solch einer Gruppe ist auch viel mehr los als zu Hause. Vom Wassertreten über das Singen bis zum Kuchen backen – Marianne ist immer dabei. Außerdem haben sie die Erfolgserlebnisse in der neuen Umgebung ermutigt: Meine Mutter ist zum Beispiel aufgefordert worden, ihr Brot selbst zu schmieren und sich Käse oder Wurst auszusuchen. Das hatte sie sich zu Hause allein nicht mehr zugetraut. Diese neu gefundene Selbstständigkeit gefällt ihr.

Es gibt viele Ideen, damit sich Altenheimbewohner geborgen fühlen.

In den ersten Wochen glaubte meine Mutter, dass sie in einer Wohngemeinschaft mit jungen und alten Menschen lebt. Inzwischen spricht sie davon, in einem Heim zu leben. Trotzdem äußert sie immer wieder den Wunsch, in ihr »blaues Haus am See« zu ziehen, das nur in ihrer Fantasie existiert. An den Namen der Straße, in der sie wohnte, kann sie sich nicht mehr erinnern. Ihr Wunsch nach dem Umzug »nach Hause« ist für mich immer ein kleiner Stich ins Herz. Ich glaube, dass meine Mutter einerseits zwar begriffen hat, dass das Altenheim ihr Zuhause ist, sich andererseits aber wünscht, noch einmal ganz selbstständig zu sein, so wie früher. Und diese Hoffnung möchte ich ihr auch nicht nehmen.

Der Umzug ins Altenheim ist jetzt ein halbes Jahr her. Ich dachte immer, dieser Schritt leite für Senioren den unausweichlich letzten Lebensabschnitt ein. So ist es aber nicht. Meine Mutter hat in dieser Zeit unerwartet schöne Dinge erlebt. Sie hat viele Sonnenstunden auf ihrem neuen Balkon verbracht, hat den fünftägigen Bewohnerurlaub auf der Ostseeinsel Usedom mitgemacht und genießt es, einmal in der Woche zum Schwimmen zu gehen. Ich freue mich, wenn sie mir erzählt, wie gern sie beim Singen und Backen mitmacht. Außerdem kümmern sich die Pflegekräfte rührend um die seelischen Probleme der hier lebenden Menschen. Als meine Mutter neulich nachts schlecht geträumt hatte, war sofort eine Mitarbeiterin zur Stelle, um sie zu trösten.

Trotzdem sehe ich natürlich den unaufhaltsamen Fortschritt der Demenz. Meine Mutter ist viel ruhiger geworden, spricht leiser und weniger, der Blick ist oft leer. Es wird langsam dunkel in ihrem Kopf. Wir kommen mit diesem langen Abschied irgendwie zurecht und haben trotzdem eine gute Zeit. Denn: Meine Mutter lebt im Hier und Jetzt, macht sich kaum Gedanken über ihre Krankheiten und genießt die Zeit. Über die Demenz hat sie selbst einmal gesagt: »Ich habe Gestrüpp im Kopf.« Trotzdem ist ihr liebevolles Wesen noch immer dasselbe wie vor dem Ausbruch dieser schweren Erkrankung. Sie ist und bleibt meine Mutter!

Ein vollendetes Leben

Dankenswerterweise waren wir in den vergangenen zwei Jahren mit der Demenz meiner inzwischen 90-jährigen Mutter ganz gut zurechtgekommen. Sie lebte in ihrer eigenen Welt und war glücklich – wahlweise als Kinderbuchautorin oder als Kinderärztin. Als junge Frau durfte sie damals nicht studieren, wahrscheinlich hat sie sich im Rahmen der Demenz ihr Leben schön geträumt. Einmal in der Woche holte ich Marianne zu mir nach Hause. Von der Autofahrt bis zum Spaziergang am Hafen genoss sie die Geselligkeit immer sehr. Einmal stand in der Pflegedokumentation: »Frau Mertens ist von ihrem Sohn zum Abendbrot abgeholt worden und kam bester Laune gegen 21 Uhr zurück.«

Ja, und dann ist meine Mutter gestürzt – Oberschenkelhalsbruch. Die Medizin ist inzwischen so weit, dass die Ope-

Ein halbes Jahr vor ihrem Tod hat Marianne Mertens den Bewohnerurlaub an der Ostsee genossen.

ration nur etwa 40 Minuten dauert, die Patienten werden bereits nach zwölf Tagen entlassen. Zum Glück konnte die Reha im Altenheim durchgeführt werden. In der vertrauten Umgebung konnte meine Mutter das Sitzen und Stehen üben. Außerdem schaffte sie es sogar wieder, ein paar Schritte zu laufen. Das war eine tolle Leistung vom »Gymnastiker«, wie Marianne den Physiotherapeuten nannte.

Doch irgendwie muss meine Mutter gespürt haben, dass ihre Lebensuhr bald abläuft. Sie hörte auf zu essen. Nach einigen Wochen hatte sie nicht mehr die Kraft, in ihrer Wohngruppe zu sitzen. In so einer Situation muss das gesamte Team umschalten. Es geht dann nicht mehr darum, bei der Reha gut mitzuarbeiten. Auch die Ermutigung, anständig zu essen, um wieder zu Kräften zu kommen, ist kein Ziel mehr. Zum Glück hatte meine Mutter rechtzeitig verfügt, dass in keinem Fall eine Magensonde gelegt werden soll. Vom Hausarzt und den Pflegekräften wurde diese klare Ansage problemlos akzeptiert. Und selbstverständlich gehörten zur Palliativpflege ausreichend Schmerzmittel, sodass die sterbende Patientin nicht unter Schmerzen leiden musste. Alle Beteiligten wussten, dass jetzt die letzte Lebensphase eingeläutet worden war. Wir haben sie jeden Tag besucht, mussten den rapiden körperlichen Verfall mit ansehen und aushalten. Hospizpflege ist eine spezielle Form der Altenpflege, in der Pflegekräfte, Ärzte und die Familie nur noch dabei behilflich sein können, einen Menschen gehen zu lassen, weil sich sein Leben vollendet.

So tüdelig meine Mutter auch war – dass sie sterben würde, hat sie genau gespürt. Etwa zwei Monate vor ihrem Tod meinte sie: »Ich glaube, ich komme bald in den Himmel, weil ich so müde bin.« Das hat uns sehr bewegt. Doch meine Mutter hatte in dieser Zeit auch noch schöne Erlebnisse, zum Beispiel als ihre 84-jährige Schwester zu Besuch kam. Manches ist so typisch für Sterbende, und ihre Perspektive ist alles andere als negativ. Ich wollte von meiner Mutter wissen, wie es ihr geht. In ihrer Antwort klang so viel Hoffnung mit: »Mir geht es nicht gut. Aber morgen holt mich mein Mann hier raus. Dann ziehen wir in unsere Wohnung in einem Haus ganz nach oben in der Sternstraße. So lange halte ich das hier noch aus.« Meine Mutter hatte bereits abgeschlossen, das Weltliche hinter sich gelassen, sie war bereit zu gehen.

In den letzten Tagen konnte ich ihr nur noch dabei behilflich sein, etwas zu trinken. Wenn sie dann schlafen wollte, hat sie mich weggeschickt: »Geh nach Hause, ich bin so müde.« Es ist nicht einfach, so eine Situation über viele Wochen auszuhalten. Am Ende ist meine Mutter dann ganz friedlich eingeschlafen. Schön war die Aussegnung durch den Pastor in ihrem Zimmer. Inzwischen hat sie ihr Seemannsgrab in der Ostsee. Ich vermisse sie, denke oft an unsere gemeinsame Zeit und bin froh darüber, dass ich ihr über einen Zeitraum von drei Jahren, vom Ausbruch der Demenz bis zu ihrem Tod, beistehen konnte.

Der letzte Lebensabschnitt

Hospizmitarbeiter und Palliativmediziner kommen auch zu den Familien nach Hause

Elvira Pittelkau

Elvira Pittelkau hat über 45 Jahre in der Kranken- und Altenpflege gearbeitet und ist heute Rentnerin. Als ihre Großmutter vor vielen Jahren im Sterben lag, wollte die junge, engagierte Schwester alles Menschenmögliche in die Wege leiten, um das Leben der geliebten Oma zu retten. Doch diese meinte nur: »Kindchen, mach das mal mit deinen Patienten. Ich brauche gar nichts mehr und will einfach nur hier zu Hause sterben.« Damit hatte ein wichtiger Lernprozess für Elvira Pittelkau begonnen. Man kann um das Leben eines Menschen kämpfen, doch irgendwann spüren alle Beteiligten: Das Leben neigt sich seinem Ende entgegen.

Vor etwa 25 Jahren haben Ärzte, Krankenschwestern, Ehrenamtliche, Betroffene, Krankenhäuser, Altenheime, Hospize und Pflegedienste eine Hospiz- und Palliativbewegung in Gang gesetzt. Damit hat sich unsere Gesellschaft weiterentwickelt. Heute finden betroffene Familien jederzeit Ansprechpartner, Beratungsangebote, medizinische, pflegerische und seelische Unterstützung. Diese Hilfe können auch Familien in Anspruch nehmen, die einen sterbenden Angehörigen zu Hause versorgen.

Der Umgang mit Sterbenden will gelernt sein

Yvonne Hinz ist in die Fußstapfen ihrer Mutter getreten, die als Altenpflegerin tätig ist. Die heute 34-Jährige arbeitet ebenfalls im Altenheim und hat inzwischen genügend Lebens- und Berufserfahrung, um die ihr anvertrauten Menschen auch auf ihrem letzten Lebensabschnitt würdevoll begleiten zu können. Dazu hat sie eine Weiterbildung zur Palliativpflegefachkraft absolviert.

Fachwissen und Lebenserfahrung sind hilfreich, um sterbenden Menschen einen würdevollen letzten Lebensabschnitt zu ermöglichen. Dazu werden Hospizkurse angeboten, in denen die Teilnehmer alles Wissenswerte zum Thema lernen. Es geht um Schmerztherapie sowie das Essen und

Yvonne Hinz würdigt die Verstorbenen der Wohnanlage, die in einem Buch mit einem Foto zu sehen sind. Wer mag, kann etwas Persönliches zu Papier bringen.

Trinken am Lebensende. Geschult werden die spirituellen und seelsorgerischen Aspekte, es geht aber auch um die persönliche Haltung zu Sterben, Tod und Trauer. Die Kommunikation mit Sterbenden und deren Angehörigen ist ein weiterer Unterrichtsschwerpunkt. Oft bringen die Betroffenen indirekt zum Ausdruck, dass ihr Leben bald enden wird. Sie sprechen davon, dass sie auf eine Reise gehen, oder warten auf Angehörige. Für sie wird plötzlich alles hell und schön, sie sehen den Himmel. Manchmal schicken sie sogar den Ehepartner und die Kinder weg, um allein zu sein.

Für die Angehörigen ist dieser oft wochen- oder monatelange Prozess schwer zu ertragen. Manchmal müssen die Pflegekräfte erklären, dass der Betroffene nicht nur einen schlechten Tag hat. Die Angehörigen verstehen nicht, was gerade passiert. Immer wieder machen sie das Personal im Altenheim dafür verantwortlich, dass der Sterbende über Tage und Wochen nichts isst. Auch das gehört zum Können der Mitarbeiter, solche Vorwürfe mit professioneller Distanz zu behandeln und eine Familie trotzdem seelisch in dieser emotionalen Ausnahmesituation zu unterstützen.

Weiterbildung über die neuesten Möglichkeiten der Schmerztherapie ist ein wichtiger Baustein bei der Sterbebegleitung. Dazu gehört in Einzelfällen auch die Verordnung von Cannabisprodukten. »Wir bekommen genau mit, wenn sich der Gesundheitszustand eines sterbenden Bewohners verändert, können unsere Beobachtungen den Ärzten schildern und erhalten dann die entsprechenden Medikamente für die Patienten – auch nachts und am Wochenende«, sagt Yvonne Hinz. »Manchmal werde ich auch von Kollegen um Rat gebeten – wenn es um Probleme mit der Mundhygiene geht oder Patienten wenige Tage oder Stunden vor ihrem Lebensende noch einmal unruhig werden.«

Altenpflegerin Hinz weiß, dass Sterben zum Leben gehört. Um diesen Prozess auch nach dem Tod angemessen zu begleiten, gehört es dazu, den Verstorbenen zu versorgen. Ihm wird etwas Schönes angezogen, und ein paar Blumen werden ins Zimmer gestellt. Doch was tut Yvonne Hinz für sich, um nach einem Abschied wieder zurück in ihren normalen Alltag zu kommen? »Wenn ich nach Hause komme, muss ich mich um meine sieben und zehn Jahre alten Söhne kümmern. Das tut mir gut. Abends gehe ich so einen Tag noch einmal durch. Das funktioniert ganz ordentlich.«

Hunde sind die besten Therapeuten

Schon als Willi klein war, hat sich gezeigt, dass er der sensibelste von acht Welpen aus diesem Wurf war. Ganz vorsichtig tastete er sich ins Leben vor, drängelte seine Geschwister nie zur Seite. Das war für seine Besitzerin, Dr. Caro Carstens (68), die ideale Voraussetzung, um ihn als Therapiehund in der Altenpflege auszubilden. Seit 16 Jahren ist die in klassischer Tibetologie promovierte Altindologin in der Hospizbewegung aktiv. Seit der Pensionierung ist das ihre Aufgabe. Sie besucht ehrenamtlich Altenheimbewohner und unterstützt sie auf ihrem nicht

Golden Retriever Willi (2) öffnet die Herzen der Menschen.

immer ganz einfachen Lebensabschnitt. Seit zwei Jahren ist Hund Willi dabei. Der Vierbeiner hat ein ausgeprägtes Gespür für kranke und schutzbedürftige Menschen. Im Dementenwohnbereich geht er behutsam auf die Menschen zu, aber auch im Rahmen der Hospizarbeit hat das Tier einen siebten Sinn für Menschen an ihrem Lebensende. »Willi verhält sich ganz ruhig, wedelt nicht mit dem Schwanz, legt seinen Kopf aufs Bett und bietet ganz still seine Nähe an«, berichtet Caro Carstens. Das ist eine unerklärliche Ebene zwischen Mensch und Tier. »Einer der letzten Eindrücke einer Dame war es, das weiche Fell von Willi zu spüren. Erinnerungen an ihre eigenen Hunde kamen noch einmal hoch. Das war ein großer Glücksmoment und gleichzeitig ein Abschied für immer«, erinnert sich Carstens.

Der Unterschied zwischen Hospiz und Palliativ

Unter dem Begriff Palliativmedizin sind alle ärztlich verordneten Maßnahmen zu verstehen, um die typischen Begleiterscheinungen zu behandeln, mit denen sterbende Menschen zu kämpfen haben – wie etwa Schmerzen, Ängste, Atemnot und Übelkeit. Diese spezialisierten Ärzte und Pflegekräfte sind bundesweit in einem umfangreichen Netzwerk organisiert. Palliativmedizin ist im Krankenhaus, Hospiz oder Altenheim möglich, aber auch zu Hause in Zusammenarbeit mit dem Hausarzt.

Einen wichtigen Baustein innerhalb dieses Netzwerks bilden die ambulanten Hospizdienste. Sie unterstützen die Familien zu Hause. Der Unterstützungsbedarf ist groß. »Ehefrauen möchten den Partner, der wahrscheinlich nicht mehr lange leben wird, nicht allein lassen und fragen, ob sich ein ehrenamtlicher Hospizbegleiter für ein paar Stunden ans Sterbebett setzen kann«, beschreibt Ulrike Wohlgemuth ei-

Ulrike Wohlgemuth ist examinierte Krankenschwester und hat sich im Laufe der Jahrzehnte ein profundes Fachwissen zum Thema Hospiz angeeignet.

nen typischen Anruf. Die leitende Koordinatorin bei einem ambulanten Hospizdienst berät aber auch Menschen, die sich ganz grundsätzlich informieren wollen: Eine ältere Dame hatte vor, zum Sterben in die Schweiz zu fahren, wollte dann jedoch zunächst einmal wissen, wie die Versorgung hierzulande aussieht. »Diese Anruferin weiß jetzt, an wen sie sich an ihrem Lebensende wenden kann«, berichtet Ulrike Wohlgemuth. Außerdem rufen Menschen an, die gerade erfahren haben, dass sie mit ihrer Krankheit kaum noch eine Perspektive auf Heilung haben. Sie wollen nicht zum Psychologen, mögen die Angehörigen nicht belasten, sondern brauchen lediglich einen geschulten Zuhörer, der ihnen beim Sortieren der Gedanken zur Seite steht. Außerdem werden regelmäßige Besuche für ein bis zwei Stunden zu Hause, im Altenheim oder im Krankenhaus angeboten.

Nähere Informationen sind für jedes Bundesland im Internet unter dem Suchbegriff »Hospiz und Palliativmedizin« zu finden.

Wie geht es nach dem Tod weiter?

Zu Lebzeiten lassen sich bereits viele Details regeln

Die Vorsorge rund um den eigenen Tod gilt zwar als Tabuthema, weil man darüber nicht mal eben so beim Kaffeeklatsch mit Freunden spricht. Dennoch liegt es den Menschen am Herzen, für die Zeit danach vorzusorgen. Es ist eine enorme Erleichterung, einen Bestattungsvorsorgevertrag abzuschließen und damit die eigene Beerdigung bereits zu Lebzeiten zu organisieren. Der Trauer um einen geliebten Angehörigen lässt sich zwar nicht vorgreifen, es hilft jedoch zu wissen, welche Strategien der Trauerbewältigung es gibt. Außerdem sollten die notwendigen Dokumente, die bei einer Bestattung vorliegen müssen, rechtzeitig bereitgelegt werden.

Angemessenes Verhalten im Trauerfall

Häufig reagieren wir mit Sprachlosigkeit, wenn wir mit dem Tod eines Angehörigen, Freundes, Arbeitskollegen oder Nachbarn konfrontiert werden – egal, ob wir die traurige Botschaft per Brief, aus einer Traueranonce in der Zeitung oder in einem persönlichen Gespräch erfahren haben. So eine Nachricht verschlägt uns buchstäblich die Sprache. Aus Angst, das Falsche zu sagen, schweigen wir. »Doch diese Verunsicherung kann mit dem einfachen Satz ›Ich möchte mein herzliches Beileid ausdrücken‹ überwunden werden«, weiß Trauer-Experte Dr. Horst Sebastian.

Durch den Ausdruck der Anteilnahme oder des Mitgefühls kommt man mit dem Hinterbliebenen wieder ins Gespräch. Wer Menschen in einer Krise helfen möchte, erreicht viel, wenn er einfach nur zuhört und auf die Erteilung gut gemeinter Ratschläge verzichtet. Die Betroffenen wün-

Der Theologe Dr. Horst Sebastian arbeitet als Trauerredner für ein Bestattungsunternehmen.

schen sich meist einen verständnisvollen Zuhörer, dem sie erzählen können, was ihnen selbst gerade auf der Seele brennt. Falls die Beziehung zu dem Verstorbenen nicht eng war, zum Beispiel bei Bekannten oder Arbeitskollegen, rät Dr. Sebastian zu einer Trauerkarte. Mit ein paar persönlichen Zeilen könne man signalisieren: »Ich denke an dich.« Als Trauerredner kommt der 48-jährige Theologe mit vielen Hinterbliebenen ins Gespräch und kennt deren Gemütszustand. Seine Erfahrung: »Jeder geht mit seiner Trauer anders um, das muss man akzeptieren.« Der eine zieht sich in sein Schneckenhaus zurück, der andere reagiert mit Wut und Tränen.

Das Umfeld kann eine große Hilfe bieten, indem es die Reaktionen des Trauernden aushält und diesem das Gefühl vermittelt: »Ich bin da, wenn du mich brauchst.« Mit etwas Fingerspitzengefühl lässt sich herausfinden, welche Art von Zuwendung gewünscht wird. Behutsame Fragen bringen ans Licht, ob der Hinterbliebene gerade Nähe oder Distanz benötigt. Aber auch lange nach dem Todesfall ist die Frage erlaubt: »Wie geht es dir heute?« Denn oft können die Hinterbliebenen erst Monate oder sogar Jahre nach der Beerdigung über ihren Verlust sprechen.

Sinnvoll ist ein Bestattungsvorsorgevertrag

Im Alter wollen viele Menschen ihr Leben sortieren und die eigene Beerdigung organisieren. So auch Ursula und Horst Schroeder. Das Ehepaar hat sich vor fünf Jahren dazu entschieden, die Details ihrer Bestattungen festzulegen und einen Vorsorgevertrag bei einem Beerdigungsinstitut abzuschließen. Der Vorschlag dazu kam von Tochter Angelika.

»Es ging uns gut, deshalb konnten wir das Thema vollkommen entspannt angehen«, erinnert sich Ursula Schroeder. Die 91-Jährige hat sich einen weißen Sarg ausgesucht, auf dem bei der Trauerfeier weiße und rote Rosen liegen sollen. Sie möchte schick angezogen sein. Ein Trauerredner ist bestellt, das Vaterunser soll gesprochen werden, und die Musik ist auch schon ausgesucht: das Ostpreußenlied »Land der dunklen Wälder«, »Gute Nacht, Freunde« und »Nimm mich mit, Kapitän, auf die Reise«. Ins offene Grab sollen Blumen nachgeworfen werden. Die Eltern werden ihre endgültige Ruhe neben ihrer vor 13 Jahren verstorbenen Tochter Monika finden.

Das Thema hat auch einen finanziellen Hintergrund: »Im Pflegefall wäre unser Erspartes schnell aufgebraucht. Das Geld, das wir für unsere Beerdigung ausgegeben haben, kann uns jetzt keiner mehr wegnehmen«, erklärt Ursula

Ursula Schroeder hat gern die Fotos von Ehemann Horst, den Töchtern, beiden Enkeln und der Urenkelin um sich.

Schroeder. Es ist laut Bundessozialgericht unpfändbar. Bei den Vorsorgeverträgen ist außerdem zu beachten, dass das Beerdigungsunternehmen eine Preisgarantie übernimmt und eine Bankbürgschaft anbietet, damit das Geld bei einer Insolvenz des Bestatters nicht verloren geht.

Nach dem Tod von Horst Schroeder, der im Alter von 93 Jahren verstorben ist, sollte sich zeigen, wie weitsichtig die Bestattungsvorsorge war. »Mein Mann hat elf Monate im Pflegeheim gelebt, ich habe fast rund um die Uhr bei ihm am Bett gesessen und ihn begleitet«, erzählt die Witwe. »Ich selbst war am Ende, hätte nicht mehr die Kraft gehabt, mich um die Beerdigung zu kümmern.« Und wie geht es ihr heute? »Es ist gut, dass mein Mann gehen durfte, denn er ist erlöst worden. Aber ich muss das Lachen wieder lernen, sagt meine Tochter.«

Gerichtsurteil zur Bestattungsvorsorge

Das Bundessozialgericht bekennt sich in seinem Urteil vom 18. März 2008 (B 8/9b SO 9/06 R) ausdrücklich zur gängigen Praxis der Bestattungsvorsorge. Das Gericht würdigt den Wunsch des Menschen, für die Zeit nach seinem Tod durch eine angemessene Bestattung und Grabpflege vorzusorgen. Dies entspreche dem Gedanken der Selbstbestimmung und Menschenwürde. Vermögen, das dafür bereitgehalten wird, müsse daher als Schonvermögen im Sinne der sozialrechtlichen Härtefallregelungen angesehen werden.

Familiendokumente rechtzeitig bereitlegen

Wenn im Familien- oder Freundeskreis ein Trauerfall eintritt, ist der Schmerz groß. Doch trotz Trauer um einen nahestehenden Menschen muss die Beerdigung organisiert werden. Es stehen Entscheidungen zu Fragen wie Feierlichkeiten, Beisetzungsart und Grabpflege an. Ein wichtiger Aspekt wird im Vorwege häufig vergessen: Um eine Beerdigung überhaupt in die Wege leiten zu können, müssen die wichtigsten Familiendokumente vorliegen, um den Verstorbenen beim Standesamt, der Krankenkasse und der Rentenversicherung abzumelden. Dazu gehören Personalausweis, Krankenversicherungskarte sowie die Rentenversicherungsnummer.

Die Bürokratie nimmt keine Rücksicht auf trauernde Menschen. In dieser schwierigen Zeit sind folgende Dokumente beim Standesamt vorzulegen: Mit Personalausweis und Totenschein wird die Identität des Verstorbenen gegenüber dem Standesamt nachgewiesen. Bei Ledigen ist zusätzlich die Geburtsurkunde einzureichen. Bei verwitweten Personen müssen die Heiratsurkunde sowie die Sterbeurkunde des Ehepartners vorgelegt werden. Bei Geschiedenen ist ein rechtsgültiges schriftliches Scheidungsurteil vorzulegen.

Tipp: Sinnvoll ist es, wenn ein Stammbuch (soweit vorhanden) und alle relevanten Dokumente – am besten im Original – in einer Mappe bereitliegen. Die Angehörigen, die im Todesfall die Beerdigung organisieren werden, sollten wissen, wo diese Unterlagen aufbewahrt werden.

Sollte es beim Auffinden der Familiendokumente Probleme geben, helfen die Bestattungsunternehmen weiter. Sie können die fehlenden Papiere beschaffen. Allerdings kann es in diesen Fällen zu Verzögerungen kommen. So kann der Erbschein erst ausgestellt werden, wenn die Sterbeurkunde vorliegt. Darüber hinaus können ohne dieses unerlässliche Dokument auch die Konten des Verstorbenen nicht aufgelöst werden. Daher der eindringliche Rat: Legen Sie die nötigen Familiendokumente bitte rechtzeitig bereit.

Dokumente für das Standesamt

Ledige:	*Verwitwete:*	*Geschiedene:*
Personalausweis	*Personalausweis*	*Personalausweis*
Krankenkarte	*Krankenkarte*	*Krankenkarte*
Geburtsurkunde	*Geburtsurkunde*	*Geburtsurkunde*
	Heiratsurkunde	*Scheidungsurteil*
	Sterbeurkunde des Ehepartners	

Nach dem Tod des Ehepartners

Vor zwei Jahren mussten Heidi und Heinz F. mit einer erschütternden ärztlichen Diagnose zurechtkommen. Heinz F. hatte Darmkrebs. »Wir dachten, jetzt geht die Welt unter«,

»Niemand muss seine Trauer allein bewältigen«, berichtet Heidi F.

erinnert sich Ehefrau Heidi, »trotzdem haben wir unser Leben auf die Krankheit eingestellt. Alle 14 Tage hat mein Mann die Chemotherapie über sich ergehen lassen. In der Zeit dazwischen haben wir sogar noch eine Kreuzfahrt nach England, Spanien, Portugal und Frankreich unternommen.« Doch der gesundheitliche Zustand des 75-Jährigen verschlechterte sich. Er hat den Krebs nicht besiegen können und verstarb.

Heidi F. wusste nicht, wie sie nach 52 gemeinsamen Ehejahren allein mit der Trauer fertigwerden sollte. Geholfen hat der 72-Jährigen eine Trauergruppe. Die Hemmschwelle, sich vor fremden Menschen zu offenbaren, war groß. Außerdem muss man sich auf die Trauergeschichten der anderen Teilnehmer einlassen. Gleichzeitig verbindet es, vergleichbare Schicksale gemeinsam zu durchleben und sich gegenseitig zu unterstützen. So eine Trauergruppe trifft sich über einen Zeitraum von einem halben Jahr – zehn Termine von jeweils zwei Stunden.

Die Erfahrung zeigt, dass die Menschen erst lernen müssen, ohne den Partner weiterzuleben. Die Macht der Gefühle ist gewaltig. Sie zu ertragen und zu kanalisieren, ist ein langer Prozess.

Heidi F. berichtet inzwischen von einem großen und für sie sehr wichtigen Schritt: »Leider haben mein Mann und ich es nicht geschafft, uns den Kölner Dom anzuschauen. Deshalb habe ich mich allein mit der Bahn auf den Weg gemacht. Fünf Stunden habe ich mir das Kölner Wahrzeichen angesehen.« Eine Reise, ein Besuch im Restaurant oder am Sonntag etwas zu unternehmen – all das will allein erst einmal gelernt sein. Heidi F. ist mit ihrer Trauererfahrung ungern an die Öffentlichkeit gegangen, aber sie möchte Menschen in einer vergleichbaren Situation auf die Möglichkeit von Trauergruppen aufmerksam machen.

Ein Trauertagebuch führen

Nach dem Tod eines Angehörigen fühlen sich viele Menschen einsam und isoliert, auch wenn sie Freunde haben, die sich um sie kümmern. Die Freunde fühlen zwar mit, aber für sie geht das Leben in der Regel normal weiter, während der Trauernde eine große Leere in seinem Alltag spürt. Er braucht jetzt Zeit für sich, um zu verstehen, was sich hinter dem unermesslichen Schmerz verbirgt. Angst oder Wut, Mutlosigkeit oder Schuldgefühle, vor allem aber Orientierungslosigkeit wollen erst einmal erkannt werden.

Ein Trauertagebuch kann beim Sortieren der Gefühle eine große Hilfe sein. Es ist hervorragend geeignet, um den innerlichen Prozess des Abschiednehmens in Gang zu bringen. Man kann die erste Begegnung mit dem Verstorbenen zu Papier bringen, ihm einen Abschiedsbrief schreiben oder einfach nur Fragen nach dem Warum stellen. Für die Öffentlichkeit oder die Familie ist das Tagebuch nicht bestimmt, folglich darf es auch zu Wiederholungen kommen. Es ist jedoch nur scheinbar immer dasselbe, was die Menschen erzählen. Im Laufe der Zeit verändern sich die Trauergefühle – vom unerträglichen Schmerz hin zu einer Trauer im Sinne von positiver Erinnerung. Außerdem stellen viele trauernde Menschen nach einigen Monaten fest, dass sie immer seltener etwas aufschreiben wollen. Das Trauertagebuch hat seine Aufgabe dann bereits zu großen Teilen erfüllt. Es bietet die Möglichkeit, zu reflektieren und den großen Verlust ins eigene Leben zu integrieren. Einen Versuch ist es wert, sich so ein kleines Schreibheft zu kaufen und mit dem ersten Eintrag zu beginnen.

Unterstützung bei der Trauerarbeit

Im Laufe unseres Lebens machen wir in unterschiedlichen Lebensbereichen Verlusterfahrungen. Dennoch setzen wir uns mit Themen wie Krankheit, Tod und Trauer nur ungern auseinander. Hinterbliebene finden daher bei Freunden und Verwandten nicht immer Trost und das benötigte Verständnis. Andere möchten ihre Angehörigen nicht mit ihrem Schmerz behelligen und kämpfen sich lieber allein durch diese dunkle Zeit.

Das Umfeld vergisst oft, wie groß die Lücke ist, die der Verstorbene hinterlassen hat. Gerade bei Paaren, die Jahrzehnte zusammengelebt haben, ist der Verlust des Partners nur schwer zu ertragen. Angehörige sind bisweilen überfordert mit der Situation. Aus Unsicherheit oder aus Angst, etwas Falsches zu sagen, ziehen sie sich zurück und lassen die Trauernden mit ihrer Qual allein. »In einer Welt, in der alles möglich scheint, fällt es uns schwer zu akzeptieren, dass das Leben nicht unendlich ist«, hat Trauerbegleiterin

»Jeder trauert anders, deshalb gibt es kein Patentrezept«, weiß Trauerbegleiterin Dr. Claudia Heinemann.

Dr. Claudia Heinemann beobachtet. »Tod und Trauer werden deshalb zu etwas Bedrohlichem, mit dem wir uns nur ungern beschäftigen.«

In jeder der zehn Doppelstunden ihrer Trauergruppen erarbeiten die Teilnehmer ein Thema. So steht zum Beispiel die Erinnerungsarbeit auf dem Programm. Die Gruppe bringt ihre Erfahrungen ein, hört zu, schweigt und hält den Trauerschmerz gemeinsam aus. »Es gibt keine fertigen Patentrezepte«, weiß die 48-jährige Kursleiterin aus Erfahrung. Auch wenn der Verlust für immer bleibt, dürfen Hinterbliebene durchaus ihre Lebensfreude wiederfinden.

Trauerbegleitung in Einzelsprechstunden oder Gruppen gibt es bei öffentlichen Stellen oder Vereinen. Im Internet sind die entsprechenden Hilfsangebote unter folgenden Suchbegriffen zu finden: Trauer, Trauerarbeit, Trauercafé oder Trauergruppe

Gesundheit

Demenz aus medizinischer Sicht

Dr. Ann-Kathrin Meyer klärt auf

Der Begriff »Demenz« leitet sich vom lateinischen »demens« ab (de: »weg von« und mens: »Geist«) und bedeutet sinngemäß »weg vom Geist«. Demenz ist heute der Oberbegriff für mehr als 50 Krankheitsformen.

Weltweit leiden etwa 0,5 bis 1 Prozent aller Menschen im Alter von 60 bis 64 Jahren an einer Demenzerkrankung. Die Anzahl der an Demenz erkrankten Personen steigt in der zweiten Lebenshälfte mit zunehmendem Alter an. Nichtsdestotrotz ist Demenz keine zu erwartende Alterserscheinung, in Deutschland sind bei den 65- bis 69-Jährigen nur etwa 1,2 Prozent betroffen, bei den 80- bis 84-Jährigen etwa 13,3 Prozent und bei den über 90-Jährigen ca. 35 Prozent. Für Frauen ist das Risiko, an einer Demenz zu erkranken, höher als für Männer – das Verhältnis liegt bei 3:2.

In der Bundesrepublik leben laut Deutscher Alzheimer Gesellschaft derzeit etwa 1,6 Millionen Demenzpatienten. Sofern kein Durchbruch in Prävention und Therapie gelingt, wird sich die Zahl der Erkrankten bis zum Jahr 2050 auf drei Millionen erhöhen. Die Befürchtung vieler Menschen, selbst einmal betroffen zu sein, ist daher nicht unbegründet. Zweifellos ist die Zahl der Demenzkranken in den letzten Jahrzehnten stark angestiegen, dieser Anstieg lässt sich durch die höhere Lebenserwartung erklären.

Wer sich rechtzeitig informiert, über den Verlauf und die Erscheinungsformen der Krankheit Bescheid weiß, kann sachgerechte, wohlüberlegte Entscheidungen treffen. Angehörige können lernen, die Grenzen des Machbaren zu akzeptieren. Dr. Ann-Kathrin Meyer, Fachärztin für Innere Medizin und Altersheilkunde (Geriatrie), hat im folgendem Beitrag die Fakten zusammengefasst.

Definition von Demenz

Demenz ist eine chronische Krankheit, die zu Einschränkungen der Hirnleistungsfähigkeit wie zum Beispiel des Gedächtnisses und des Denkvermögens führt. Doch erst, wenn solche Beeinträchtigungen mindestens sechs Monate anhalten, spricht man von einer Demenz. In einem solchen Fall bestehen die Symptome dauerhaft und erreichen ein Ausmaß, das zu Einschränkungen bei der Bewältigung des täglichen Lebens führt (zum Beispiel beim Einkaufen oder Umgang mit Geld, bei der Orientierung, Haushaltsführung oder der persönlichen Hygiene), sodass der Erkrankte zunächst Unterstützung und Hilfe braucht und im späten Krankheitsstadium pflegebedürftig wird.

Dr. Ann-Kathrin Meyer

Vermehrte Vergesslichkeit im Alter und Probleme, sich an Ereignisse zu erinnern, die noch nicht lange zurückliegen, führen nicht zwangsläufig zu einer Demenz. Derartige milde Einschränkungen der Hirnleistungen treten ab dem 65. Lebensjahr bei rund 15 bis 35 Prozent aller Menschen auf. Die Betroffenen verlieren nicht ihre Alltagskompetenz, sie behalten ihr Leben im Griff. Dennoch sollte man sich vergewissern, ob es sich nicht doch um das Frühstadium einer Demenz handelt. Spezielle Untersuchungs- und Testverfahren beim Haus- oder Facharzt bringen Klarheit. Die Symptome der verschiedenen Demenzerkrankungen ähneln sich, doch es gibt auch große Unterschiede.

Ursachen der unterschiedlichen Demenzformen

1. Primäre Demenz

Primäre Demenzen haben ihren Ursprung im Gehirn. Dort sterben Nervenzellen nach und nach ab, die Verbindungen zwischen den Zellen gehen dauerhaft verloren. 80 Prozent aller demenziellen Erkrankungen sind primäre Demenzen. An erster Stelle steht die Alzheimer-Demenz – benannt

Tagespflegemitarbeiterin Doris Nordmann freut sich, dass Niels Neumann so gern »Mensch, ärgere dich nicht!« spielt.

nach dem Erstbeschreiber Alois Alzheimer. Beinahe zwei Drittel aller Demenzkranken sind von dieser Diagnose betroffen. Meist beginnt die Erkrankung im 7. Lebensjahrzehnt mit Gedächtnisstörungen. In etwa 5 Prozent aller Fälle beginnt eine Alzheimer-Krankheit schon vor dem 65. Lebensjahr. Bisher sind keine Unterscheidungsmerkmale der früh und der spät beginnenden Alzheimer-Krankheit bekannt, Diagnostik und Therapie sind für beide Formen gleich. Bei jüngeren Betroffenen spielen meist genetische Faktoren eine Rolle. Bei Alzheimer sind es bestimmte Eiweißablagerungen im Gehirn, die den Stoffwechsel der Nervenzellen stören.

Häufig wird Demenz mit Alzheimer gleichgesetzt. Tatsächlich ist die Alzheimer-Krankheit aber lediglich eine von vielen Formen der Demenzerkrankung – wenn auch die mit Abstand häufigste. Die Alzheimer-Demenz ist eine chronische, langsam fortschreitende Erkrankung des Gehirns. Der Beginn ist schleichend. Von der ersten Diagnose bis zum Tod vergehen durchschnittlich sieben bis zehn Jahre. Heilbar ist diese Form der Demenzerkrankung bislang nicht, durch die richtige Therapie lässt sich ihr Verlauf jedoch verzögern.

Die genaue Ursache ist bisher ungeklärt. Die alzheimertypischen Veränderungen im Gehirn werden jedoch mit der Ablagerung von schädlichen Eiweißen (Amyloid-Plaques) an den Nervenzellen und mit einer Störung der Übermittlung von Nervenimpulsen in Verbindung gebracht. Die Übermittlung von Informationen von einer Nervenzelle zur nächsten erfolgt durch chemische Botenstoffe, sogenannte Neurotransmitter. Bei der Alzheimer-Krankheit entsteht in der Hirnrinde ein Mangel des Botenstoffs Acetylcholin und ein Überschuss des Botenstoffes Glutamat, beides führt zu Funktionsstörungen der Nervenzellen. Die Eiweißablagerungen und die Glutamat-Überproduktion führen darüber hinaus vermutlich zur Schädigung der Nervenzellen.

Diese Veränderungen sind der Grund für nachlassende Denkleistungen, Veränderungen des Verhaltens, des Wesens und für körperliche Störungen wie ein schlurfender oder schwankender Gang oder Inkontinenz. Es ist nicht selten, dass Alzheimer-Erkrankungen in Familien gehäuft vorkommen, es besteht allerdings meist nur ein sehr geringes Risiko der Vererbung, sodass sich Verwandte von Alzheimer-Patienten nicht unnötig sorgen sollten. Eine detaillierte Beratung durch einen Facharzt bringt auch hier Klarheit.

Darüber hinaus gibt es eine erbliche Variante der Alzheimer-Krankheit, bei der es zu Mutationen auf verschiedenen Genen kommt, die die Entwicklung der Krankheit begünstigen. Der Gesamtanteil der erblichen Fälle unter allen Alzheimer-Erkrankten beträgt weniger als fünf Prozent, meist finden sie sich unter den früh erkrankten Alzheimer-Patienten. Von einer erblichen Variante kann man ausgehen, wenn der Krankheitsbeginn vor dem 65. Lebensjahr liegt und in zwei vorhergehenden Generationen ebenfalls eine Alzheimer-Erkrankung früh aufgetreten ist.

Am Verlust der Nervenzellen bei der Alzheimer-Krankheit sind chronisch-entzündliche Vorgänge beteiligt, wie zum Beispiel bei Rheumaerkrankungen. Es geht nicht um akute Entzündungen im Sinne einer ansteckenden Erkrankung. Wissenschaftler haben beobachtet, dass Rheumapatienten, die über einen langen Zeitraum mit entzündungshemmenden Medikamenten behandelt werden, einen gewissen Schutz vor der Alzheimer-Krankheit haben. Ein Allheilmittel sind diese Arzneimittel allerdings nicht. Darüber hinaus haben Forscher festgestellt, dass es einen Zusammenhang zwischen Alzheimer-Demenz und geringer Schulbildung sowie Schädelhirnverletzungen gibt, insbesondere in Verbindung mit Bewusstlosigkeit. Auch Umwelteinflüsse können Auswirkungen auf die Entstehung und den Verlauf dieser Demenz haben.

Leitsymptome der Alzheimer-Erkrankung:

- ausgeprägte (Neu-) Gedächtnisstörung
- Störung des visuell-räumlichen Denkens
- Sprachstörung (v. a. Wortfindungsstörung)
- Störung der Handlungsplanung: Schwierigkeiten bei komplexen Tätigkeiten (z. B. Kochen, Finanzen, Gerätebedienung)

Vaskuläre Demenz

Bei etwa jedem fünften Patienten, der an Demenz erkrankt, liegt die Ursache in Durchblutungsstörungen. Die sogenannte »vaskuläre Demenz« ist damit nach Alzheimer die häufigste Form der Demenz.

Vaskuläre Hirnschädigungen, die zu einer Demenz führen, entstehen durch (meist kleine) Hirninfarkte, z. B. auf-

Das Pflegepersonal in der Geriatrie leistet auch Orientierungshilfe, damit sich die Patienten in der unbekannten Umgebung zurechtfinden.

Wer immer wieder seinen Schlüsselbund suchen muss, ist nicht dement. Problematisch wird es, wenn man nicht mehr weiß, was ein Schlüssel ist.

grund von Thrombosen, Embolien oder Blutungen im Gehirn. Die Demenz kann nach einer Reihe von Schlaganfällen plötzlich, als Folge der Anhäufung vieler kleiner Infarkte aber auch erst allmählich einsetzen (Multiinfarkt-Demenz). Der Beginn liegt meist im späteren Lebensalter. Heilbar ist auch die vaskuläre Demenz nicht. Betroffene sollten sich aber so früh wie möglich in ärztliche Behandlung begeben. Die vaskuläre Demenz verwechseln Laien häufig mit Alzheimer: Oft wirken die Patienten verwirrt, weil es ihnen schwerfällt, zusammenhängend zu reden, aufmerksam zuzuhören und sich zu orientieren. Diese Symptome treten oft früher und heftiger auf als bei der tatsächlichen Alzheimer-Krankheit. Das Gedächtnis kann bei einer vaskulären Demenz deutlich länger erhalten bleiben als bei Alzheimer. Diese Form der Demenz verläuft oft unter dem klinischen Bild eines Schlaganfalls. Die vaskuläre Demenz ist ebenfalls chronisch, der Zustand des Patienten verschlechtert sich aber eher in Etappen, zwischen den Schüben kommt es zur Stabilisierung und auch zu leichten Verbesserungen. Neben der Multiinfarkt-Demenz und der

Demenz nach Schlaganfall tritt eine gefäßbedingte Demenz häufig als Folge einer sogenannten subkortikalen arteriosklerotischen Enzephalopathie (SAE) auf. Es handelt sich hierbei um eine Erkrankung von tiefer liegenden Gehirnbereichen; die Gehirnrinde ist – anders als bei der Alzheimer-Erkrankung – meist kaum betroffen. Nur bei einer starken Ausprägung der SAE tritt eine Demenz hinzu, wie bei der Alzheimer-Erkrankung ist der Krankheitsverlauf prozesshaft fortschreitend.

Andere, seltenere Gehirnerkrankungen können ebenfalls zu einer Demenz führen: Hirntumor, Schädelhirnverletzung, Epilepsie, Multiple Sklerose oder auch Parkinson.

Leitsymptome bei vaskulärer Hirnschädigung:

- Verlangsamung
- Konzentrationsschwäche
- Antriebsminderung

2. Sekundäre Demenzen

Krankheiten außerhalb des Nervensystems (des Gehirns) bedingen ebenfalls einen demenziellen Prozess durch Störung der Sauerstoff- und Nährstoffversorgung der Nervenzellen. Dazu zählen:

- fortgeschrittene Herz-Kreislauf-Erkrankungen wie Herzschwäche, Herzinfarkt oder Bluthochdruck
- unbefriedigend eingestellte Blutzuckerkrankheit (Diabetes mellitus)
- mangelhafte Vitaminzufuhr
- starke Veränderungen der Blutsalzzusammensetzung
- chronischer Alkoholmissbrauch

Stadieneinteilung

Auch die Demenz wird, wie andere chronische Erkrankungen, nach verschiedenen Schweregraden eingeteilt. Ärzte sprechen von einer leichten, einer mittelschweren und einer schweren Demenz.

Bei einer Demenz im Anfangsstadium spürt der Betroffene selbst geringfügige Veränderungen und Unsicherheiten: Vergesslichkeit, Probleme mit dem Kurzzeitgedächtnis, Orientierungsprobleme, Passivität und Antriebslosigkeit. Bei komplizierten Anforderungen des Alltags, zum Beispiel bei Behörden- und Bankangelegenheiten oder der Buchung einer Reise, benötigt er Hilfe.

Bei einer fortgeschrittenen demenziellen Erkrankung mittelschwerer Ausprägung sind die Gedächtnisstörungen sehr viel schwerwiegender: Der Patient ist verwirrt, findet sich weder zeitlich oder räumlich noch in der aktuellen Situation zurecht. Verhalten und Reaktion sind unangemessen, die Fähigkeit, sich in das soziale Leben zu integrieren, lässt rapide nach.

Charline Gubernatis (3. Lehrjahr) will Altenpflegerin werden. Wenn die 22-Jährige anklopft, freuen sich die von ihr betreuten Bewohner.

Im Endstadium der schweren Demenz ist der Erkrankte vollständig verwirrt und von Hilfe und Pflege abhängig. Körperliche Symptome wie Inkontinenz, Sprach- und Schluckstörungen sind sehr häufig.

Risikofaktoren:

In epidemiologischen Studien wurden folgende Risikofaktoren für die Entwicklung einer Demenz gefunden:

- weibliches Geschlecht: Frauen sind häufiger von Demenz betroffen als Männer, was nur teilweise mit der höheren Lebenserwartung und hormonellen Unterschieden erklärbar ist.
- Demenz bei Verwandten ersten Grades
- Schädel-Hirn-Trauma
- Leichte kognitive Störung (»Mild Cognitive Impairment«= MCI)
- Vorliegen bestimmter neurologischer Erkrankungen: zum Beispiel Parkinson-Krankheit, Down-Syndrom, Chorea Huntington
- Schlaganfall (auch weiter zurückliegend), insbesondere in Kombination mit weiteren kardiovaskulären Risikofaktoren
- geringe psychosoziale Betätigung und geringe geistige Aktivität: Menschen mit höherem Bildungsniveau und einem intellektuell anregenden sozialen Netz scheinen weniger zur Entwicklung einer Demenz zu neigen. Dabei ist es vermutlich eher so, dass die Demenz durch die größere »geistige Reserve« erst später zum Vorschein kommt.
- riskanter Alkoholkonsum und Alkoholabhängigkeit
- vaskuläres Risikoprofil: zum Beispiel Bluthochdruck, Diabetes mellitus, Fettleibigkeit oder Rauchen

Vorbeugung

Zur Vorbeugung einer Demenz empfiehlt sich die gezielte

Beeinflussung der Risikofaktoren durch entsprechende Maßnahmen:

- rege geistige Aktivität
- regelmäßige körperliche Bewegung
- ausgewogene Ernährung (z. B. mediterrane Diät)
- ein aktives soziales Leben
- Senkung der vaskulären Risikofaktoren

Symptome

Typische Beeinträchtigungen betreffen die geistige und körperliche Leistungsfähigkeit sowie das Verhalten im Alltag. Kein einzelnes Symptom ist für eine Demenz spezifisch, sondern nur die Gesamtheit der Ausfallerscheinungen:
Nachlassen des Kurzzeitgedächtnisses: Das Aufnehmen, Verarbeiten und der Abruf neuer Informationen wird zunehmend schwierig. Betroffene sind »tüdelig«, verlegen Gegenstände, und es fällt ihnen schwer, sich zu konzentrieren.
Wortfindungsstörungen: Wörter für Alltagsgegenstände fallen dem Erkrankten nicht mehr ein. Die Sätze werden kürzer. Es wird zusehends schwieriger, präzise Formulierungen zu finden. Das Sprechen wird undeutlich, die Lesefähigkeit und das Rechenvermögen lassen nach.
Orientierungsstörungen: Der Demente kann sich in fremder Umgebung immer schlechter orientieren. Nach dem Einkauf im Supermarkt findet er nicht den vertrauten Weg nach Hause oder verläuft sich innerhalb der eigenen vier Wände, findet zum Beispiel nicht mehr zum WC. Eingeliefert in ein Krankenhaus, weiß der Patient nicht, wo er sich befindet (räumliche Orientierung). Die Grenzen zwischen Werktagen, Wochenenden und Feiertagen verschwimmen, wie auch die jahreszeitliche Einordnung. Das

Wer sich Aufgaben sucht und Freude hat, tut viel für seine Gesundheit.

Zeitgefühl geht verloren (zeitliche Orientierung). An seine persönlichen Daten erinnert sich der Demenzkranke noch am besten: Alter, Geburtsdatum, verheiratet, Kinder? Je aktueller der zeitliche Bezug ist, desto eingeschränkter sind die Fähigkeiten des Patienten, sich zu orientieren (Orientierung zur Person). Besonders schmerzlich für liebevoll betreuende Angehörige ist, dass sie in diesem Stadium häufig vom Kranken nicht mehr erkannt werden. Dessen Möglichkeiten, sich in neuen Situationen zurechtzufinden oder angemessen zu reagieren, nehmen zusehends ab (situative Orientierung).

Antriebsminderung und Interessenlosigkeit machen sich bemerkbar. Eine allgemeine Tendenz, sich zurückzuziehen, ist zu beobachten. Es besteht kaum noch Interesse an Hobbys, Enkelkindern oder Haustieren.

Innere Unruhe: In einer Übergangsphase von der mittleren zur späten Demenz schlägt die Stimmung mancher Patienten bisweilen jäh um: Stundenlang kann ein demenzkranker Mensch reglos am Fenster sitzen – um dann urplötzlich aufzustehen und ruhelos in der Wohnung auf und ab zu gehen. Angehörige sollten sicherstellen, dass die Haustür gut verschlossen ist. Verirren sich Demenzkranke auf die Straße, finden sie kaum zurück – und sind den Gefahren des Autoverkehrs ausgeliefert.

Das Verhalten des Patienten ändert sich komplett: Für die Familie kann es belastend sein, wenn sich das Verhalten des Demenzkranken verändert. Der früher so besonnene Vater reagiert plötzlich gereizt, ängstlich oder abweisend. Die Mutter fühlt sich verfolgt, rastlos und ungeliebt. Viele Erkrankte versuchen verzweifelt, sich zu orientieren und sind unglücklich, weil diese Versuche scheitern. Dieser Frust macht sich nicht selten in Form von Aggressionen gegenüber ihrer Umwelt bemerkbar. Ein Stadium, für das Angehörige viel Kraft und Geduld aufbringen müssen.

Sich bedroht fühlen: Der Erkrankte nimmt seine Umwelt oft als fremd wahr, er fühlt sich bedroht. Was er als beängstigend erlebt, wird mit Abwehr und Gegenwehr beantwortet, zum Beispiel mit dem drohend erhobenen Gehstock. Verzweiflung, Weinen und Hoffnungslosigkeit sind mindestens ebenso häufig. Sinnestäuschungen und Halluzinationen, das Sehen, Hören und Wahrnehmen von Personen, Tieren und Dingen, die nicht real sind, machen die Umwelt für den Erkrankten unkontrollierbar.

Die Urteilsfähigkeit ist zunehmend eingeschränkt.

Unangemessene Offenheit über Persönliches und Intimes, unangebrachtes Lachen und lächerliches Verhalten sind weitere Facetten. Auf solche Enthemmungen angemessen zu reagieren, ist für Pflegende oft sehr schwierig.

Den Sommer fühlen, zusammen sein, das Vogelgezwitscher wahrnehmen – für diese Atmosphäre ist jeder empfänglich.

Die körperlichen Symptome treten im Verlauf der Krankheit zunehmend deutlicher auf. Der Gang wird unsicher, kleinschrittig, schlurfend, der Oberkörper ist nach vorn gebeugt. So kommt es häufig zu Stürzen. Es entwickelt sich eine zunehmende Geh- und Bewegungsunfähigkeit, gefolgt von Bettlägerigkeit mit der Gefahr einer Ausbildung von Druckgeschwüren. Die Kontrolle über Blase und Darm geht verloren. Die Nahrungsaufnahme kann problematisch werden. Reduziertes Durst- und Hungergefühl können Austrocknung und Unterernährung bewirken. Auch Schluckstörungen mit häufigem Verschlucken und dadurch bedingten Lungenentzündungen sind ernst zu nehmende Probleme.

Diagnostik

Wer über Monate hinweg an Vergesslichkeit leidet, sollte sich untersuchen lassen. Die Ursache könnte eine Krankheit sein, die behandelt werden muss. Damit Ärzte die richtige Therapie empfehlen können, ist eine exakte Diagnose wichtig. Meist führt der erste Weg in die Hausarztpraxis. Weisen die Symptome auf Alzheimer oder eine andere Form der Demenz hin, können im Einzelfall Spezialisten weiterhelfen, zum Beispiel mit neuropsychologischen Tests. Eine gründliche Erhebung der individuellen Krankheitsvorgeschichte, gezieltes Fragen nach Gedächtnisstörungen und Alltagskompetenz, ergänzt durch die ärztliche Befragung von Angehörigen oder Freunden, sind die Grundlage der Diagnostik. Es folgt die körperliche Untersuchung mit besonderer Berücksichtigung des internistischen und neurologischen Status. Sie dient dem Erkennen anderer Krankheiten, die sekundär zu einer Demenz führen.

Die häufigste Untergruppe, die Demenz vom Alzheimer-Typ, zeigt bei diesen Untersuchungen keine typischen Merkmale. Der Ausschluss anderer Demenzformen macht eine Alzheimer-Erkrankung wahrscheinlich. Eine sicherere Alzheimer-Diagnose kann allerdings erst nach dem Tod durch eine Autopsie und mikroskopische Untersuchung des Gehirns gestellt werden. Sehr wichtig sind außerdem sogenannte psychometrische Testverfahren. Standardisierte Tests der Hirnleistungen bilden Defizite ab, aber auch verbleibende Ressourcen des Gedächtnisses oder der Aufnahme von Informationen und Wahrnehmung. Als Tests sind beispielhaft der Syndromkurztest (SKT), die Mini-Mental-State-Examination nach Folstein (MMST) oder der Test zur Früherkennung von Demenzen und Depressionsabgrenzung von Ihl (TFDD) zu nennen. Doch gerade in den frühen Stadien der Demenzen sind diese Testverfahren leider noch recht unpräzise, sodass ein von der Norm abweichendes Testergebnis keine Diagnose zulässt. Oft wird der Hausarzt mit Fachärzten aus den Bereichen Neurologie, Psychiatrie und Innere Medizin und auch in Zusammenarbeit mit (Neuro-)Psychologen bei der Diagnosestellung zusammenarbeiten.

Begriffsverwirrung und Differenzialdiagnose

Wenn ein Mensch kürzlich Erlebtes schnell vergisst und sich selbst bei einfachen Tätigkeiten kaum konzentrieren kann, muss nicht immer eine Demenz schuld sein. Es gibt Krankheiten, die ähnliche Symptome auslösen, aber ganz andere Ursachen haben. Bei Verwechslung besteht die Gefahr einer nicht ausreichenden oder falschen Behandlung. Bei einem alten Menschen, der beispielsweise verwirrt wirkt, nachts aktiv ist und sich schlecht orientieren kann, vermutet man schnell Demenz. Dabei könnte dafür auch eine schwere Depression verantwortlich sein. Ärzte müssen diese Möglichkeiten bei der Diagnose in Betracht ziehen. Milde Hirnleistungsschwächen kommen in zunehmendem Alter häufig vor. Sie bedeuten jedoch keine Einschränkung der Alltagskompetenz. Ein Übergang in eine Demenz ist möglich, muss aber nicht stattfinden. Der Betroffene sollte den Hausarzt zurate ziehen. Oftmals werden auch Angehörige die Initiative übernehmen müssen.

Eine weitere Störung, die manchmal mit Demenz verwechselt wird, ist das Delir oder Delirium. Damit bezeichnen Mediziner akut auftretende Zustände der Verwirrung, die oft mit weiteren demenzartigen Symptomen einhergehen. Dazu gehört unter anderem, dass sich die Betroffenen kaum situativ orientieren können und nachts »herumgeistern«. Das Delir hat aber ganz andere Ursachen als eine Demenz und muss deshalb auch anders behandelt werden. Die Symptome können beispielsweise Folge von Fieber, Stoffwechselstörungen, Leber- oder Nierenschäden sein. Aber auch Mangelerscheinungen, beispielsweise Flüssigkeitsmangel, und bestimmte Medikamente können Delirien auslösen. Wird die Ursache des Delirs gefunden und behoben, klingen die Beschwerden meist rasch ab.

Was kann man tun?

Die Befürchtung wird zur Realität – die Ärzte diagnostizieren Demenz. Für die meisten ist diese Nachricht ein großer Schock, der erst einmal verdaut werden muss. Ein offenes Gespräch mit Freunden und der Familie kann helfen, die verständlichen Ängste und Sorgen zu verarbeiten. Das Le-

Bei diesem Test wird der Patientin ein Bild mit Dominosteinen gezeigt. Sie erklärt, was sie auf dem Bild sieht.

ben geht auch mit Alzheimer oder einer anderen Form der Demenz weiter. Aber die Schädigungen des Gehirns können nicht rückgängig gemacht werden. Im Gegenteil: Sie werden im Laufe der Zeit zunehmen. Umso wichtiger ist es, schon jetzt vorzusorgen und rechtliche, gesundheitliche und finanzielle Angelegenheiten für die Zukunft in gute Hände zu geben.

Doch auch ein Demenzkranker, dessen Wesen und Verhalten nicht mehr wiederzuerkennen sind, der die Fähigkeit, ein selbstbestimmtes Leben zu führen, verloren hat und pflegebedürftig geworden ist, verliert nicht seine Menschenwürde. Freundlichkeit, sanfte Berührungen, menschliche Wärme, Nähe und Geborgenheit wird der Kranke weiter spüren. Damit Angehörige immer wieder die Kraft finden, die Würde des Kranken zu erhalten, sind folgende Hinweise hilfreich:

Wissen über die Krankheit erwerben: Sich über die Krankheit zu informieren, macht sie kalkulierbar. Angehörige können sich auf das Kommende einstellen und Lösungen aktiv planen und gestalten.

Die Krankheit als Tatsache annehmen: Es gibt noch keine Heilung bei Demenz, die Krankheit verläuft chronisch. Nur die Linderung vieler Symptome durch gezielte Medikamentengabe ist möglich: bei Unruhe beruhigende, bei trauriger Stimmung aufhellende, bei Aggressivität ausgleichende und bei Antriebslosigkeit aktivierende Medikamente. Arzneimittel, die an den Nervenzellen im Gehirn und an den Botenstoffen die Übertragung von Informationen fördern, können die Denkleistung eine Zeit lang stabilisieren und vielleicht verbessern. Der Krankheitsverlauf kann also verlangsamt werden. Dafür sollte die Behandlung möglichst im frühen Stadium der Demenz beginnen, dann sind die Erfolge am wahrscheinlichsten und am größten.

Den Kranken verstehen: Dem Pflegenden erscheinen viele Verhaltensweisen als unangemessen, zum Beispiel Gereiztheit oder Passivität. Durch Gespräche sind Lösungen kaum noch möglich. Pflegende Angehörige sollten herausfinden, wovor der Kranke Angst hat, was ihn wütend oder ungeduldig macht. Häufig können körperliche Nähe, vertraute Musik oder Streicheln den Patienten beruhigen und seine Anspannungen lösen.

Das eigene Verhalten an den Kranken anpassen: Ruhe, Freundlichkeit, Bestimmtheit und Geduld, eine klare Sprache, kurze Sätze sowie einfache Formulierungen verbessern die Verständigung.

Die äußeren Lebensbedingungen anpassen: Die fremde Umgebung eines Pflegeheims oder Krankenhauses verunsichert den Patienten. Vertraute Möbel, Bilder, aber auch Musik helfen ihm, zur Ruhe zu kommen. Bezugspersonen sollten nicht wechseln. Ein vertrautes Gesicht sollte die täglichen Abläufe möglichst in gleicher Art und Weise verrichten. Das schafft einen sicheren und strukturierten Tagesablauf. Ein Demenzkranker, der beruflich immer sehr früh aufstehen musste, wird dies mit großer Wahrscheinlichkeit auch weiterhin tun wollen. Änderungen der Lebensgewohnheiten sind kaum noch möglich. Pflegende müssen für Sicherheit in der Umgebung des Kranken sorgen, zum Beispiel Stolperfallen wie Kabel, Stühle und Teppiche aus dem Weg räumen und für ausreichende Beleuchtung sorgen.

Fähigkeiten erhalten: Ein Demenzpatient möchte nicht wie ein Kleinkind behandelt werden, sondern freut sich über sinnvolle Beschäftigung. Indem man die Kranken in den Alltag einbindet, können Fertigkeiten integriert und erhalten werden. Ob es möglich ist, dass sie den Tisch decken, den Gartenweg fegen oder Wäsche aufhängen, muss im Einzelfall probiert werden. Eine ständige Überforderung ist allerdings nicht empfehlenswert, genauso wenig wie eine ständige Unterforderung. Das Aufsagen von Zahlenreihen ist zum Beispiel nicht geeignet, die Hirnleistung anzuregen. Wer tut dies schon im normalen Alltagsleben! Folglich würde sich der Kranke eher als Schulkind behandelt fühlen und nicht als erwachsener Mensch mit vielen Jahrzehnten Lebenserfahrung.

Körperliche Bewegung tut jedem Menschen gut. Experten wissen, dass sich im fortgeschrittenen Krankheitsstadium einer Demenz Stürze häufen. Daher ist es gut, frühzeitig mit dem Training der Koordination von Bewegungsabläufen zu beginnen. Durch Gymnastikübungen und Spaziergänge wird die Muskulatur gekräftigt und die körperliche Beweglichkeit erhalten. Nach ärztlicher Verordnung kann der Patient gemeinsam mit einem Physiotherapeuten gezielt an seiner Kraft und Ausdauer arbeiten. In der Ergotherapie werden alltagsrelevante Handlungsabläufe trainiert, beispielhaft zu nennen ist das Küchentraining.

Für sich selbst etwas tun: Nur wer belastbar und ausgeglichen ist und sein eigenes Befinden nicht aus den Augen verliert, kann dem Demenzkranken wirklich dauerhaft helfen. Körperlich und seelisch überlastete Angehörige schaden sich selbst. Der Verzicht von Beruf, Freizeit und Urlaub führt oft zu eigenen gesundheitlichen Problemen wie Schlafstörungen, Depressionen, Rückenschmerzen. Schuld- und Versagensgefühle stellen sich fast zwangsläufig ein. Um sich vor Überforderung zu schützen, sollte man sich nicht scheuen, professionelle Pflege in Anspruch zu nehmen. Ambulante Pflegedienste, Pflegeheime, Kurzzeitpflege, Tages- oder Nachtpflegeeinrichtungen bieten die in vielen Fällen dringend notwendige Entlastung und Unterstützung. Die Kurzzeitpflege ermöglicht es Angehörigen zum Beispiel, einen Urlaub oder eine Kur zu machen, auszuspannen und die eigenen Batterien wieder aufzutanken. Neben der körperlichen sollte auch die psychische Überanstrengung nicht auf die leichte Schulter genommen werden. Angehörigen fällt es oft schwer, sich ihre Erschöpfung aufgrund der 24-stündigen Dauerbelastung einzugestehen und über ihre Sorgen und Nöte offen zu sprechen. Der Austausch mit anderen Betroffenen, zum Beispiel in Gesprächskreisen oder einer Selbsthilfegruppe, kann helfen, die eigene Seele zu entlasten.

Tipps von Pflegeprofis

Von Altenpflegern und in Selbsthilfegruppen lernen

Innere Unruhe, Ängste, Aggressivität und eine Wesensveränderung sind typische Begleiterscheinungen der Demenz. Dadurch entstehen oft Streitigkeiten in der Familie. Ein Blick über die Schulter der Profis hilft Ehepartnern und Kindern.

Die Lust auf den Tag wecken

»Wir lassen unsere Bewohner morgens ausschlafen«, erklärt Pflegedienstleiter Holger Carstensen. »Beim Wachwerden ist erst einmal wichtig, dass wir wahrgenommen werden«, ergänzt Johannes van Dijk, Fachkraft für Gerontopsychiatrie. Diese drei Minuten, in denen der Pfleger auf der Bettkante sitzt und langsam Kontakt aufnimmt, wirken Wunder. Zum Ritual gehört der Hinweis auf frische Brötchen und Kaffee. Das ermöglicht einen entspannten Start in den Tag. Die Bewohner haben dann mehr Lust und Kraft aufzustehen, sich zu waschen und anzuziehen. So wird die Selbstständigkeit gefördert. Wenn es zum Frühstück geht, finden einige Bewohner den Weg sofort. Andere verlaufen sich, finden ihr Ziel aber trotzdem. Geholfen wird nur, wenn sich ein Bewohner gar nicht mehr zurechtfindet.

Bei fortgeschrittener Demenz sind einige Menschen mit einem fertig gedeckten Frühstückstisch überfordert. »Das Brötchen landet in der Tasse, die Milch auf dem Brot«, erklärt van Dijk, »wir übernehmen dann die Koordination und sind die Schutzengel.« So wird zunächst nur der Brötchenkorb gereicht, danach die Butter, der Käse, die Wurst

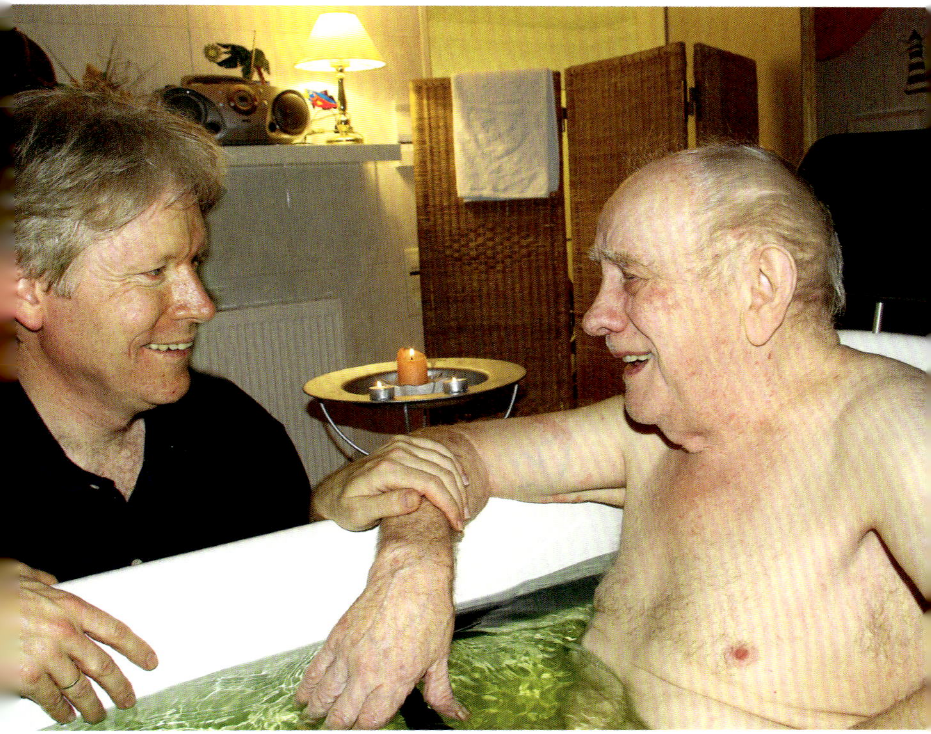

Was mögen die Menschen? Johannes van Dijk hat herausgefunden, dass dieser Bewohner gern badet. Damit ist die Körperpflege einfacher.

oder die Marmelade. Diese Übersichtlichkeit ermöglicht, sich das Frühstück selbst zuzubereiten. »In der Gruppe hilft man sich gegenseitig«, ergänzt Carstensen. Außerdem gehören das Tischdecken und der Abwasch zum Tagesablauf. Beide Tätigkeiten ermöglichen Erfolgserlebnisse: »Das kann ich noch, ich habe etwas für die Gemeinschaft getan.«

Langsam an neue Bewohner herantasten

Angehörige sind schnell überfordert, wenn ein Familienmitglied tüdelig geworden ist. Doch wer das Prinzip der Krankheit verstanden hat, kann den richtigen Umgang mit

Regine le Francois blättert mit Antonia Ganz ihr Fotoalbum durch.

Demenz lernen. Regine le Francois arbeitet als Fachkraft für Gerontopsychiatrie im Altenheim und gibt vier Tipps.

Zu Beginn einer Demenzerkrankung haben die Menschen häufig Probleme mit dem Denken, dem Kurzzeitgedächtnis oder sie können nicht mehr rechnen. Aber der Antrieb, etwas tun zu wollen, und die Gefühle sind noch da. Und so erleben die entsetzten Angehörigen oft, dass der Demenzkranke unruhig ist, ständig seine Sachen packt und weglaufen will. An diesem Punkt kommt es nun darauf an, einen Zugang zu diesem Menschen zu finden. »Wenn ein demenzkranker Bewohner bei uns eingezogen ist und wegläuft, um in seine alte Wohnung zu kommen, unternehme ich mit ihm gemeinsam einen Rundgang im Stadtteil. Wenn wir zurückkommen, ist derjenige froh, sich hinsetzen und erholen zu können.« Tipp 1: Spaziergänge sind ideal, um Bewegungsmangel und innere Unruhe zu bekämpfen.

Wenn der Therapiehund ins Altenheim kommt, stehen die Bewohner auf und wollen ihn streicheln. Es ist kaum zu erklären, warum die Menschen nach einer Stunde mit dem Hund ruhig und ausgeglichen sind. Tipp 2: Gehen Sie mit einem Demenzkranken dorthin, wo Tiere sind. Zu Freunden, die eine Katze haben, oder in einen Streichelzoo.

Es geht nicht um die Heilung dieser schweren Erkrankung des Gehirns, sondern darum, den Moment zu genießen. Tipp 3: Schöne Erinnerungen können mit einfachen Mitteln geweckt werden, zum Beispiel mit Musik oder einem Fotoalbum. Sie werden sehen, worauf Ihr Angehöriger positiv reagiert.

Regine le Francois versucht, die Gefühle ihrer Bewohner zu teilen, Misstrauen abzubauen und sich Vertrauen zu erarbeiten. Tipp 4: Auch Menschen, die ihr Leben lang immer etwas distanziert waren, mögen im Alter körperliche Nähe. Eine Umarmung wirkt oft Wunder.

Selbsthilfe bei Demenz

»Für Menschen mit beginnender Demenz kann der Austausch mit ebenfalls Betroffenen sehr hilfreich sein«, ermutigt Gabriele Harloff.

Wer einen altersverwirrten Menschen betreut, gerät schnell in die Isolation. Deshalb ist der Erfahrungsaustausch im Rahmen der Selbsthilfe mit anderen Familien so wichtig. Ich bin nicht allein und kann etwas über die kleinen Tricks und Kunstgriffe der anderen Teilnehmer lernen, um selbst besser mit der Situation zurechtzukommen. Doch mit wem können die Betroffenen selbst reden? Wer diese Marktlücke bei den Selbsthilfegruppen vermisst, ist aufgerufen, so etwas in seinem Heimatort selbst ins Leben zu rufen.

Gabriele Harloff hat seit Jahrzehnten immer wieder mit Demenzkranken zu tun – in ihrem gelernten Beruf als Krankenschwester genauso wie heute als ausgebildete Gedächtnistrainerin und Pflegedienstleiterin. Und so ist der engagierten Pflegekraft aufgefallen, dass Demenzkranke oft keinen Ansprechpartner haben. »Alle Angebote sind für Angehörige, doch die Betroffenen brauchen gerade am Anfang der Krankheit einen Austausch mit Gleichgesinnten«, erklärt Harloff die Idee zu einer begleiteten Selbsthilfegruppe.

Die regelmäßigen Treffen gibt es seit einem Jahr. So leidet etwa eine ältere Dame unter Depressionen und Gedächtnisstörungen. Auf einer Überweisung an den Neurologen stand nun zu lesen: »Verdacht auf Alzheimer.« Die 67-Jährige möchte jetzt wissen, was das für sie bedeutet. Immer wieder berichten die Teilnehmer, dass sie von ihren Familienangehörigen seit der Diagnose plötzlich überfürsorglich behandelt werden. Das wiederum führt dazu, dass sie um ihre Selbstständigkeit fürchten. Und es gibt Menschen, für die eine Welt zusammenbricht – und die genau an diesem Punkt eine Anlaufstelle brauchen. »Es ist eine Mischung aus Verzweiflung, Perspektivlosigkeit und Hilflosigkeit«, beschreibt Gabriele Harloff das Gefühlschaos.

Die Unterstützung der Gruppe besteht darin, die Panik zu lindern, eine Haltung zu der Krankheit zu entwickeln und sich gegenseitig mit Rat und Tat zur Seite zu stehen. Zur Strategie gehört auch, humorvoll mit sich selbst umzugehen. Am Ende des Treffens gibt es noch ein Bewegungstraining oder eine Wort- und Gedächtnisübung. Danach fahren die Teilnehmer gelöst und mit einer Perspektive für die nächsten Tage wieder nach Hause.

Die häufigsten Fragen bei Demenz

Im Alltag gibt es häufig Situationen, in denen die Angehörigen schlicht fassungslos sind. Wenn der demenzkranke Vater wegläuft oder verrückte Dinge macht. Vielfach hilft da ein Wechsel der Perspektive, den Humor darf man nicht verlieren, und man muss sich Hilfe holen. Die Fachärztin für Innere Medizin und Altersheilkunde Dr. Ann-Kathrin Meyer sowie die beiden Einrichtungsleiter Diaz Liedicke und Susanne Lorenz beantworten die häufigsten Fragen.

Mein Vater (85) ist »tüdelig«: Der Kühlschrank ist leer. Beim Anziehen unterscheidet er nicht mehr zwischen sauberer und schmutziger Wäsche. Brauche ich einen Pflegedienst?

Dr. Ann-Kathrin Meyer: Ihr Vater ist offenbar nicht mehr in der Lage, sein Leben selbst in die Hand zu nehmen. Holen Sie sich Hilfe, denn auf Dauer werden Sie es allein nicht schaffen.

Wie diagnostizieren Sie eine Demenz?

Dr. Meyer: Die meisten Patienten kommen nicht freiwillig zu uns, sondern erst, wenn sie von ihren Angehörigen gebracht werden. Zur Untersuchung gehören ein Ultraschall, um Ablagerungen in den Hirnarterien feststellen zu können, sowie ein EKG zur Überprüfung von Herzrhythmusstörungen. Auch eine Bestimmung der Blutwerte ist wichtig. Und zur Abbildung des Gehirns ist eine Röntgenschichtaufnahme nötig. Dazu kommen neuropsychologische Tests, um Gedächtnis, Handlungsplanung und das Neulernen standardisiert abzuprüfen.

Ist Demenz vererbbar?

Dr. Meyer: Es besteht nur ein geringes Risiko der Vererbung von Alzheimer, sodass sich Verwandte von Alzheimer-Patienten nicht unnötig sorgen sollten. Das Auftreten der Erkrankung hängt hauptsächlich vom Lebensalter ab. Die Hirnleistung lässt nach, genauso wie wir Falten und graue Haare bekommen. Bis zu 5 Prozent der 65-Jährigen, 20 bis 25 Prozent der über 80-Jährigen und etwa ein Drittel der über 90-Jährigen haben demenzielle Erscheinungen. Es gibt jedoch eine Vererbbarkeit der Risikofaktoren – nämlich Bluthochdruck und Diabetes. Blutdruck, Blutzucker und Blutfette, wenn Sie das im Griff haben, dann ist es gut.

Es ist gar nicht so einfach, Handlungsabläufe richtig zu koordienieren.

Wird den Bewohnern im Heim im Rahmen der Dementenbetreuung möglichst viel abgenommen?

Diaz Liedicke: Nein, im Gegenteil. Es wird ihnen möglichst wenig abgenommen. Unser Haus hat einen Reha-Ansatz: Wir geben Anleitungen, das fördert die Selbstständigkeit, und unsere Bewohner haben Erfolgserlebnisse.

Warum ist die Biografiearbeit in der Altenpflege so wichtig?

Liedicke: Ich gebe Ihnen mal ein Beispiel: Einer unserer Bewohner legte sich immer unter die elektrischen Pflegebetten. Wir hatten das zunächst nicht verstanden. Erst als wir herausfanden, dass er früher ein leidenschaftlicher Hobby-Kfz-Mechaniker war, erklärte sich sein Verhalten. Das ist Biografiearbeit.

Meine Mutter lebt in einem Zweibettzimmer und passt gut auf ihre Sachen auf. Aber wenn Sie mit ihrem Wagen im Haus unterwegs ist und auf »Shopping-Tour« geht, kommt sie mit Dingen zurück, die ihr nicht gehören. Wie soll ich mich verhalten?
Dr. Meyer: Das Verhalten ist aus biografischer Sicht verständlich. Die Zeit um den Krieg war von Armut gezeichnet. Dieses Trauma sitzt bei vielen tief. Ihre Mutter hat wahrscheinlich den Wunsch, sich zu versorgen, so lange etwas da ist.
Eine Bekannte von mir lebt im Heim. Ihre Kleidung wird auch von den Mitbewohnern getragen. Was kann ich dagegen tun?
Liedicke: Altersverwirrte Menschen können ihre Kleidung nicht mehr als die eigene erkennen. Deshalb ziehen sie das an, was ihnen gefällt. Ein gutes Heim begrenzt seine Bewohner nicht bei der Auswahl der Kleidung.

Diaz Liedicke hat mit den Bewohnern Kekse gebacken.

Wie bringe ich meine Mutter dazu, dass sie sich abends auszieht?
Dr. Meyer: Im Zweifelsfall gar nicht. Wenn sie angezogen schlafen möchte, ist das in Ordnung. Ein Problem wäre es, wenn Ihre Mutter im Sommerkleid in die Kälte nach draußen ginge.
Meine Frau ist mal himmelhoch jauchzend und mal zu Tode betrübt. Ist das normal?
Dr. Meyer: Demenzkranke haben ihre Stimmungsschwankungen nicht mehr unter Kontrolle, die Emotionen können nicht mehr gesteuert werden. Freude, Traurigkeit oder Aggression kommen relativ ungebremst aus ihnen heraus. Dadurch erscheint Ihnen das Weinen dramatischer, als es eigentlich ist.
Meine Mutter (83) will sich kein Heim ansehen. Muss ich jetzt darauf warten, bis etwas Schlimmes passiert, oder gibt es einen Trick?
Dr. Meyer: Das mit dem Trick funktioniert in der Regel nicht. Oft ist mit Verstand und Vernunft nichts zu erreichen. Es muss erst etwas Einschneidendes passieren. In diesem Fall haben Sie aber die Möglichkeit, ein Verfahren beim Betreuungsgericht zu beantragen.
Meine altersverwirrte Nachbarin lebt jetzt in einem Altenheim, in dem es morgens und nachmittags zwar jeweils zwei Stunden Betreuung gibt. Ansonsten ist sie aber auf sich gestellt, und ihr bleibt nur der Gang in einem kleinen Hühnerhof. Ist das alles, was einem Menschen im Alter noch bleibt?
Dr. Meyer: Es gibt unterschiedliche Häuser. Jeder, der mit seinen Angehörigen sorgsam umgeht, sollte sich mehrere Heime ansehen. Dabei würde der kleine Hühnerhof auffallen. Man sollte eine Einrichtung wählen, in der man sich selbst auch wohlfühlen würde.

Was soll man tun, wenn der an Demenz Erkrankte jegliche Hilfe ablehnt, auch den Pflegedienst und das Essen auf Rädern abbestellt? Soll man ihn in sein Unglück laufen lassen?
Liedicke: Nein. Nicht mehr zu essen, ist Selbstgefährdung. Spätestens jetzt brauchen Angehörige professionelle Hilfe, um angemessen handeln zu können. Außerdem sollten Sie darauf achten, ob möglicherweise eine psychische Erkrankung, zum Beispiel eine Depression, vorliegt, die gesondert behandelt werden kann.
Meine Frau ist seit Jahren dement und zeitweise sehr aggressiv. Was kann man dagegen tun?
Dr. Meyer: Wir haben die Erfahrung gemacht, dass Verhaltensauffälligkeiten wie Aggressionen und Ängste häufig nicht allein durch beruhigendes Verhalten in den Griff zu bekommen sind. Wenn Tabletten gegen Aggressivität eine positive Wirkung erzielen und richtig dosiert sind, kann deren Einsatz sinnvoll sein.
Ich möchte meinen Vater verstehen. Er wird kindisch. Wie soll ich mit ihm umgehen?
Dr. Meyer: Es gibt keine Patentlösung. Ein Rollentausch kann angemessen sein, wenn ihr Vater damit zufrieden ist. Gehen Sie empathisch vor. Hinter den Bedürfnissen eines Kindes steht oft die Suche nach Trost und Geborgenheit.
Unser Vater hat keine Hobbys und war schon immer ein kontaktarmer Mensch. Warum ist er so passiv?
Susanne Lorenz: Um Anregungen zu finden, ist die Biografie eines Menschen wichtig. Was für einen Beruf hatte Ihr Vater?
Er war 38 Jahre bei den Elektrizitätswerken. Im Altenheim, in dem er wohnt, hat er schon mal gefragt, wann er endlich zur Arbeit eingeteilt wird.
Lorenz: Das Gefühl, gebraucht zu werden, ist wichtig. Wenn Sie Ihrem Vater einen Werkzeugkasten hinstellen, kann das

»Es ist ein Erfolg, wenn sich ein Demenzkranker zurechtfindet und weiß, wie eine Schranktür geöffnet wird«, erklärt Heimleiterin Susanne Lorenz.

ein wichtiger Impuls für ihn sein. Es kann aber auch passieren, dass er sagt: »Nimm deinen Kasten und geh raus.« Der Umgang mit Demenzerkrankten ist immer auch mit Schauspielerei verbunden. Verlieren Sie aber bitte nicht Ihren Humor – trotz der Traurigkeit, weil sich Ihr Vater so verändert hat.

Meine Mutter wird 90 Jahre alt und spielt am liebsten »Mensch ärgere dich nicht«. Meistens gewinnt sie. In mir sieht sie die nette Schwiegertochter, die nur vorbeikommt, um einen Piccolo zu trinken. Aber das Anziehen und Waschen ist ein riesengroßes Problem.

Liedicke: Da muss man sich herrantasten. Es gibt Patienten, die gern baden. Bei anderen ist das Duschen abends eher möglich als morgens oder umgekehrt. Das muss man ausprobieren.

Lorenz: Demenzkranke können beim Duschen Angst bekommen, weil sie sich nicht mehr erklären können, woher das Wasser kommt. Eine Ganzkörperwäsche ist in diesem Fall viel angenehmer für alle Beteiligten.

Mein Mann verliert sein Zeitgefühl. Fast jede Nacht weckt er mich. Deshalb bin ich müde und habe Kopfschmerzen. Heute Nacht bin ich sogar laut geworden.

Lorenz: Auch Ihre Belastbarkeit hat Grenzen. Wann diese Grenze erreicht ist, müssen Sie entscheiden. Gönnen Sie sich eine Verschnaufpause und fahren Sie ein paar Tage in den Urlaub. Schlagen Sie bitte Angebote von außen nicht von vornherein aus, wie zum Beispiel die Kurzzeitpflege.

Meine Mutter leidet unter vaskulärer Demenz. Sie ist in ihrer Wohnung mehrfach gestürzt. Aber sie will nicht ins Heim.

Dr. Meyer: Auch im Heim stürzen die Bewohner. Wichtig ist, dass Ihre Mutter gründlich untersucht wird, um die Ursachen für die Stürze zu finden. Dann haben Sie wirklich alles getan.

Meine Freundin lebt auf einer Pflegestation. Mal redet sie völlig normal, dann wieder dummes Zeug. Was soll ich davon halten?

Dr. Meyer: Bei dieser Erkrankung gibt es erhebliche Schwankungen der Hirnleistung. Nutzen Sie die Zeit, in der es Ihrer Freundin gut geht, zum Gespräch.

Überlagern sich die Krankheitsbilder?

Dr. Meyer: Ja, eine gute Diagnostik ist wichtig. Depressionen, Parkinson, Alzheimer und Hirntumore haben häufig demenzielle Erscheinungen zur Folge, müssen aber unterschiedlich behandelt werden.

Unter www.deutsche-alzheimer-gesellschaft.de ist in der Rubrik »Unser Service« ein Adressverzeichnis aller Anlaufstellen in Deutschland zu finden.

Wenn das Herz aus dem Takt gerät

Vorhofflimmern gehört zu den häufigsten Herzrhythmusstörungen

»Achten Sie auf Ihr Herz und gehen Sie zum Arzt, sobald etwas nicht in Ordnung scheint«, rät die Kardiologin Dr. Aischa Nitardy. Ein normaler Puls liegt zwischen 60 und 100 Schlägen pro Minute. Schlägt das Herz mit unter 40 Schlägen pro Minute zu langsam oder leiden die Menschen unter Herzstolpern, Herzrasen oder unregelmäßigem Puls, werden diese Symptome als Herzrhythmusstörungen bezeichnet. In vielen Fällen sind Leistungsabfall und Müdigkeit zu spüren, oft berichten die Patienten auch über Herzrasen, Schwindel, Luftnot oder dicke Beine, aber auch über häufigen Harndrang. Allerdings hat ein Teil der Betroffenen überhaupt keine Krankheitserscheinungen. Eine Untersuchung beim Hausarzt mit einem EKG bringt schnell Klarheit – und es kann gegebenenfalls eine weitere Behandlung eingeleitet werden. Über ein Blutdruckmessgerät kann jeder selbst kontrollieren, ob der Puls zu langsam, zu schnell oder unregelmäßig ist.

Der Vollständigkeit halber sei erwähnt, dass bei einem zu langsamen Puls unter 50 Schlägen pro Minute ein Herzschrittmacher wieder für einen normalen Herzschlag sorgen kann.

Etwa zwei Millionen Menschen leiden in Deutschland unter dem sogenannten Vorhofflimmern. »Das ist eine häufige und weit verbreitete Herzrhythmusstörung«, meint Dr. Aischa Nitardy. Meistens beginnt das Vorhofflimmern spontan und endet von selbst nach weniger als 7 Tagen, manchmal sogar innerhalb von 24 Stunden. Hören die Herzrhythmusstörungen nicht mehr von selbst auf, spricht man vom anhaltenden Vorhofflimmern. »Verantwortlich

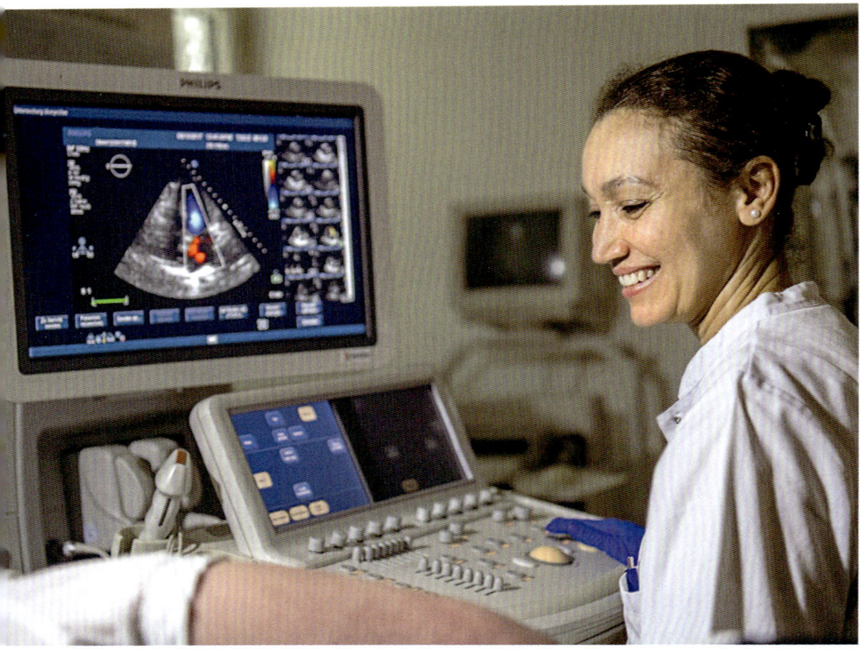

Bereits auf dem Ultraschall erkennt Dr. Aischa Nitardy viel über die Gesundheit des Herzens.

für diesen oft viel zu hohen und unregelmäßigen Puls sind Verwirbelungen im Vorhof«, erklärt die Kardiologin. Eine effektive Pumpfunktion des Herzens ist nicht mehr gewährleistet. Ernste Komplikationen des Vorhofflimmerns können Schlaganfall oder Herzschwäche sein.

Vorhofflimmern kann zwar ohne erkennbare Ursache auftreten, jedoch begünstigt eine Vielzahl häufiger Erkrankungen wie Bluthochdruck, Diabetes, Herzmuskelschwäche (Herzinsuffizienz) oder eine koronare Herzerkrankung das Auftreten von Vorhofflimmern. Deshalb sollten diese begünstigenden Erkrankungen und Risikofaktoren rechtzeitig und konsequent behandelt werden.

Die Medizinerin macht den Patienten dabei Mut. Es gibt mehrere Therapiemöglichkeiten, die jede für sich gute Erfolgsaussichten bietet. So kann der Rhythmus durch Medikamente wieder in den richtigen Takt gebracht werden. Das Vorhofflimmern kann auch mittels Kardioversion beendet werden, das ist eine Stromstoßtherapie unter Kurznarkose. Außerdem können mithilfe eines Spezialkatheters verschiedene Orte auf der Herzinnenseite, die für die Rhythmusstörungen verantwortlich sind, durch Hochfrequenzstrom verödet werden. Bei diesem Eingriff werden meist mehrere Katheter von der Leiste aus unter Röntgen-Durchleuchtung ins Herz vorgeschoben.

»Das Spannendste an der Kardiologie und den Herzrhythmusstörungen ist, dass man den Erfolg häufig sofort sieht«, freut sich die engagierte Kardiologin. Die Menschen sind nach einer erfolgreichen Therapie wieder glücklich und erlangen schnell ihre körperliche Leistungsfähigkeit zurück. Sie haben wieder die Kraft, um zum Beispiel Treppen zu steigen und ihren Alltag gut zu meistern.

Die Schwerhörigkeit bekämpfen

Hörgeräte, Tinnitus und Chochlea-Implantate

Im Alter lässt die Kraft unserer Sinnesorgane nach. Dazu gehört, dass wir schlechter hören, denn ab dem 60. Lebensjahr degenerieren die Hörzellen. Zunächst werden die hohen Töne nicht mehr wahrgenommen. Schleichend breitet sich der Hörverlust auf die mittleren und tiefen Frequenzen aus. Die Menschen passen sich diesem schleichenden Prozess an. Häufig überspielen sie ihre Schwerhörigkeit und tun so, als würden sie alles verstehen. Doch dadurch geraten viele Senioren in die soziale Isolation: Sie bleiben Familienfeiern fern oder telefonieren nicht mehr mit den Enkeln. Schwerhörigkeit ist ein Tabu. Dr. Parwis Mir-Salim, Facharzt für Hals-Nasen-Ohren-Heilkunde, erlebt nicht selten, wie Patienten in seiner Sprechstunde »in Tränen ausbrechen, wenn ich den langjährigen Hörverlust offen anspreche.«

Den ersten Schritt müssen die Patienten selbst gehen und einen Hörtest machen, denn gutes Hören ist die Voraussetzung, um aktiv am gesellschaftlichen Leben teilzunehmen. Diese Untersuchung beim Hals-Nasen-Ohren-Arzt bringt schnell Klarheit. Moderne Hörgeräte sind klein und unauffällig. Die Krankenkassen übernehmen einen Teil der Kosten. Wer bereit ist, so ein modernes Hörgerätesystem zu tragen, wird wieder mehr Freude am gesellschaftlichen Leben haben. An das neue künstliche Hören muss man sich jedoch erst gewöhnen. »Ich konnte plötzlich das Singen der Vögel wieder hören«, erinnert sich Ruth C. begeistert, die zuvor immer wieder in Gesprächen nachfragen musste: »Können Sie bitte etwas lauter sprechen?« Sie ist froh, dass das vorbei ist. Aus eigener Erfahrung weiß die Rentnerin: »Wagen Sie den ersten Schritt. Wenn Sie sich nicht helfen lassen, verzichten Sie auf Lebensqualität!«

Was tun gegen Tinnitus?

Es rauscht, pfeift, zischt oder rattert im Ohr und im Kopf. Die Töne haben keine äußere Schallquelle und setzen sich hartnäckig fest. Diese nervigen Phantomgeräusche verschwinden nach kurzer Zeit, manchmal werden sie jedoch zur Dauerbelastung. Als häufigste Ursache für diesen subjektiven Tinnitus wird Stress vermutet. »Doch die häufigste Ursache für eine Schwerhörigkeit und die damit einhergehenden Geräusche ist ein Verschluss des Gehörgangs aufgrund von Ohrenschmalz«, erklärt Dr. Mir-Salim. Diese

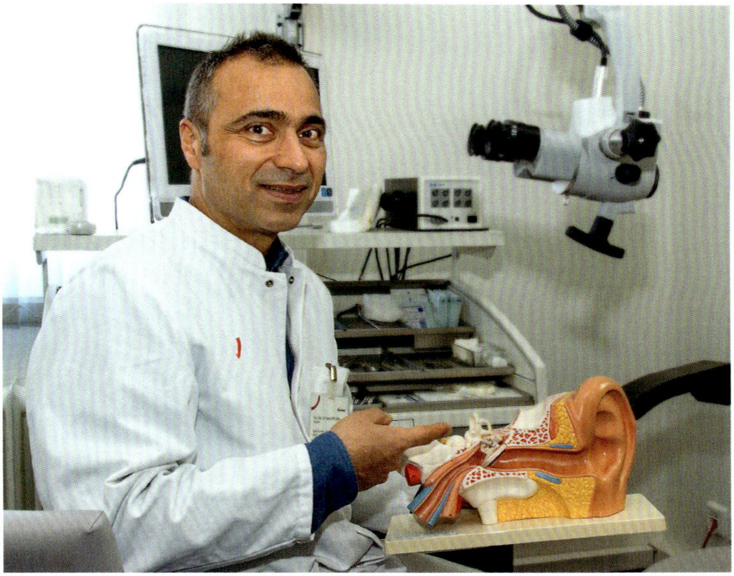

Dr. Parwis Mir-Salim demonstriert seinen Patienten die verschiedenen Ohrenerkrankungen am Modell.

Verstopfung kann vom Arzt leicht behoben werden. Wattestäbchen sind dafür ungeeignet, weil sie das Sekret noch weiter ins Ohr drücken.

Der mikroskopische Blick ins Ohr durch den niedergelassenen Facharzt ist deshalb auch so wichtig, um entzündliche Erkrankungen am Mittelohr, Gehörgang und Trommelfell diagnostizieren und gegebenenfalls behandeln zu können. Unbehandelte Ohrenentzündungen können sowohl das Gehör als auch den Gleichgewichtssinn schädigen.

Cochlea-Implantate

Schwerhörigkeit ist ein generationsübergreifendes Thema. Ein Blick auf die Funktionsweise unserer Ohren schafft Ver-

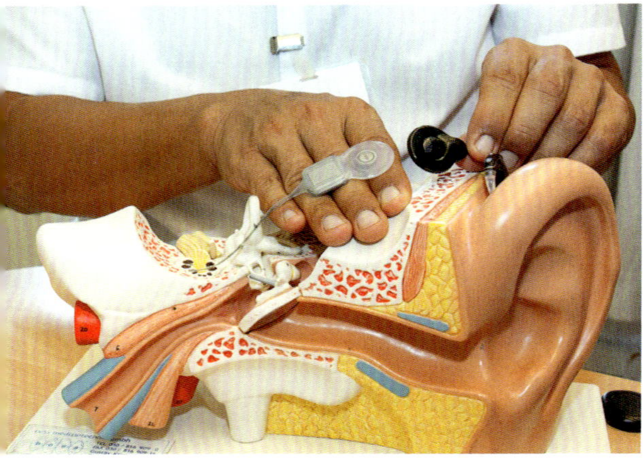

Der schwarze Audio- und Sprachprozessor sitzt außen am Kopf und überträgt codierte Schallsignale an das graue Implantat.

ständnis für das Problem. Die Wellenbewegungen des Schalls werden über das äußere Ohr durch den Gehörgang geleitet. Sie versetzen das Trommelfell in Schwingungen, die über die Gehörknöchelchen des Mittelohrs 16-fach verstärkt und in Richtung des Innenohrs übertragen werden. Das Innenohr hat die Form einer Schnecke (lateinisch: Cochlea). Durch einen spiralförmigen, mit Flüssigkeit gefüllten Gang wandert die Druckwelle bis zur Spitze der Schnecke. Auf dem Weg innerhalb der Schnecke wird die sogenannte Basilarmembran verformt und erregt letztlich über 30.000 hochempfindliche Haarzellen. Hier wird die Bewegungsenergie umgewandelt und gelangt über den Hörnerv ins Gehirn.

Ein häufiger Grund für eine Schwerhörigkeit ist die Degeneration der Haarzellen im Innenohr. Im Alter ist das ein ganz natürlicher Prozess. Durch moderne Hörgeräte kann der Schall so weit verstärkt werden, dass die verbleibenden Haarzellen Sprache, Geräusche und Musik an den Hörnerv weiterleiten können. Doch moderne Hörgeräte kommen an ihre Grenzen, wenn die Haarzellen zu weit degeneriert sind.

Seit etwa 25 Jahren gibt es gut funktionierende Hörimplantate, die stetig weiterentwickelt werden. Hinter dem

Ohr wird unter der Kopfhaut ein Implantat mit einer Empfängerspule und einer Stimulationselektrode eingesetzt. Von da aus werden Signale über die im Innenohr sitzende Elektrode direkt an den Hörnerv abgegeben. Damit lässt sich ein Defekt an den Haarzellen umgehen. Der Hörnerv leitet die Signale direkt ins Gehirn. Erst dort entsteht dann eine Hörwahrnehmung.

Das Cochlea-Implantat selbst hat keine Batterie. Der außen hinter der Ohrmuschel liegende Audio- und Sprachprozessor mit Batterie und Senderspule übernimmt per Induktion die Stromversorgung des inneren Bauteils. Radiowellen übertragen die codierten Schallsignale.

»Doch der Patient muss nach dem Klinikaufenthalt mitarbeiten.« Darauf weist Dr. Parwis Mir-Salim hin und erklärt: »Es treffen keine Informationen der Haarzellen, sondern direkte elektrische Impulse auf den Hörnerv. Der Patient muss wie bei einer Fremdsprache lernen, diese neuen Signale im Gehirn als Sprache, Musik und Geräusche wahrzunehmen.« Häufig trägt der Patient auf der einen Seite noch ein Hörgerät. Sein Gehirn muss die Schallverstärkung auf diesem Ohr erst mit den ungewohnten elektronischen Signalen auf dem »neuen Ohr« in Einklang bringen. Voraussetzung dafür ist, dass der Patient das Hörimplantat unbedingt haben will. Das lässt sich im Rahmen der Beratung in der Sprechstunde herausfinden. Kontraindikationen sind geistige Einschränkungen wie etwa eine Demenz.

Pro Jahr werden in Deutschland etwa 4.500 bis 5.000 Hörimplantate eingesetzt. Die Operation dauert etwa eineinhalb Stunden. Die Krankenkassen übernehmen die Kosten. Dr. Parwis Mir-Salim freut sich über die Erfolge, von denen seine Patienten berichten. Er selbst setzt etwa 100 Implantate pro Jahr ein. Sein jüngster Patient ist viereinhalb Monate, der älteste 94 Jahre alt.

Das Thromboserisiko steigt im Alter

Auf die Warnzeichen des Körpers achten

Die Zahlen sind erschreckend: In Deutschland sterben Hochrechnungen zufolge jährlich rund 100.000 Menschen an einem Gefäßverschluss aufgrund von thrombotischen Erkrankungen. Das sind mehr Todesfälle als durch Verkehrsunfälle, AIDS, Brust- und Prostatakrebs zusammen. Über die Thrombose, das ist ein verstopftes Blutgefäß in den Venen, und die gefährlichen Folgekomplikationen einer Lungenembolie weiß die Bevölkerung wenig: Laut einer Umfrage haben 50 Prozent der Befragten den Begriff Lungenembolie noch nie gehört.

Die Lungenembolie nimmt bei den tödlichen Herz-Kreislauf-Erkrankungen den dritten Platz ein, auf den beiden traurigen ersten Plätzen stehen Herzinfarkt und Schlaganfall. Durch Aufklärung können Patienten die Vorwarnzeichen dieser tückischen Erkrankung selbst erkennen. Bei einem kleinen Blutgerinnsel in den Beinen ist der Blutfluss zwar behindert, es kommt allerdings noch nicht zu einem vollständigen Verschluss der Vene. Die Patienten berichten über Muskelkater, obwohl sie keinen Sport getrieben haben. Außerdem fällt ihnen auf, dass ihre schweren Beine am nächsten Morgen nicht abgeschwollen sind. »Genau das sind die Vorwarnzeichen einer Thrombose, die auf keinen Fall wochenlang ignoriert werden sollten«, erklärt Dr. Robert Klamroth, Facharzt für Angiologie (Gefäßerkrankungen) und Hämostaseologie (die Lehre von der Blutgerinnung). Denn Teile dieses Blutgerinnsels können sich lösen und im Körper wandern – über die rechte Herzkammer in die Lunge. Dort können sie die Lungenstrombahn blockieren. Bei einer Lungenembolie mit Atemnot, starken Brustschmerzen – vor allem beim Einatmen, Schweißausbrüchen,

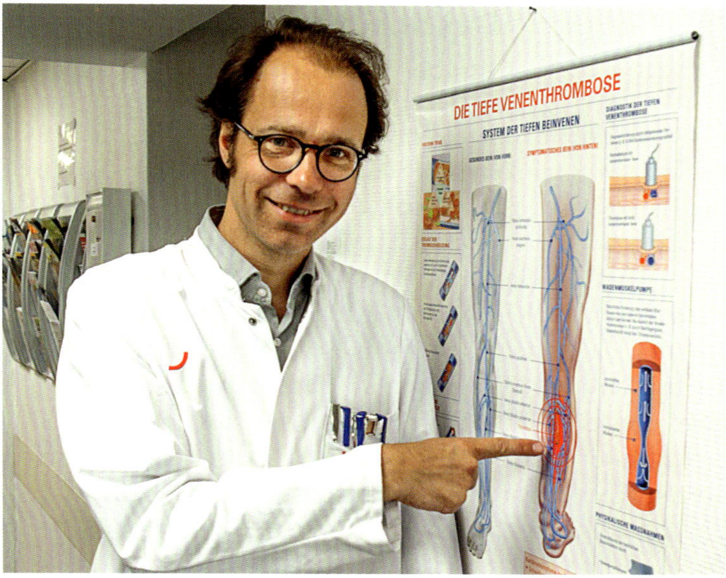

Dr. Robert Klamroth erläutert, dass die oft tödlich verlaufende Lungenembolie ihren Ursprung in einem Blutgerinnsel in den Beinen hat.

Angst und Beklemmungsgefühlen besteht Lebensgefahr. Es ist sofort ein Notarzt zu rufen.

Doch so weit sollte es nicht kommen. Bei den typischen Vorwarnzeichen einer Thrombose sollten Patienten zu ihrem Hausarzt gehen. Über einen Labortest lassen sich Hinweise auf eine Gerinnselbildung im Blut feststellen und ein Ultraschall der Venen zeigt eine mögliche Behinderung des Blutflusses. Zur Vorbeugung sollten die Patienten mindestens 1,5 Liter am Tag trinken. Getränke halten das Blut flüssig. Eine eingeklemmte Sitzhaltung wie bei langen Flügen, Bus- oder Autofahrten, aber auch zu Hause oder auf Familienfeiern behindert den Blutfluss in den Beinen. Deshalb sind häufiges Aufstehen und Gymnastik zwischendurch die beste Thromboseprophylaxe.

Das Schlaflabor

Was tun bei Schlafstörungen?

Babys schlafen wenige Stunden, werden dann wach und wollen etwas trinken. Ihr Schlaf-Wach-Rhythmus wechselt im Stundentakt. Bei Erwachsenen pendelt sich das ein. Sie schlafen nachts etwa acht Stunden. Im Rentenalter verändern sich diese Gewohnheiten wieder, Senioren halten zwischendurch vielleicht einen Mittagsschlaf. Viele von ihnen schlafen dafür nachts nicht mehr so lange. »Das Schlafbedürfnis und das Gefühl, gut erholt aufzuwachen, sind subjektiv«, erklärt Dr. Achim Lies, Leiter eines Schlaflabors.

Schlafstörungen sind aus seiner Erfahrung vollkommen normal. »Jeder von uns hatte schon mal Probleme mit dem Ein- oder Durchschlafen und fühlte sich morgens wie gerädert«, beruhigt der Schlafmediziner. Deshalb sein Rat: »Gehen Sie Ihre Schlafprobleme entspannt an, und versuchen Sie bitte nicht sofort, die Sache mit Schlafmitteln in den Griff zu bekommen.« Jeder Mensch hat mal Sorgen oder Stress, leidet unter Trauer oder muss mit einer schlechten ärztlichen Diagnose zurechtkommen. Das begleitet die Menschen auch nachts.

Von einer chronischen Schlafstörung spricht man, wenn die Schlafstörungen länger als sechs Wochen dauern. In diesen Fällen ist den Patienten ein Schlafprotokoll zu empfehlen. Wann bin ich eingeschlafen? Wie oft bin ich wach geworden und konnte nicht mehr einschlafen? Warum bin ich überhaupt aufgewacht? Diese Aufzeichnung gibt wichtige Hinweise: Stören womöglich nächtliche Geräusche in der Wohnung den Schlaf? Können Medikamente (Blutdruckmittel, Herztabletten oder Psychopharmaka) als Ursache ausgemacht werden? Das alles sollte mit dem Hausarzt besprochen werden. Erst dann kommt das Schlaflabor von Dr.

Dr. Achim Lies hat schon vielen Patienten zu einem guten Schlaf verholfen.

Achim Lies ins Spiel. Er und sein Team können Krankheiten diagnostizieren wie zum Beispiel die »nervösen Beine« (Restless Legs) oder bei schnarchenden Patienten eine Schlafapnoe.

Dr. Achim Lies ist Internist und Lungenfacharzt. Das Schlafen hat etwas mit der richtigen Atmung zu tun. Das hat ihn fasziniert. Deshalb hat er es näher untersucht und zu seinem Beruf gemacht.

Heilungsraten bei Krebs im Frühstadium

Vorsorge: auf die Warnsignale des Körpers achten

»Die Heilungsraten bei Krebs sind in den vergangenen 30 Jahren deutlich gestiegen – dank moderner Diagnostik, neuer Operationsmethoden sowie Chemo- und Bestrahlungstherapien«, macht Prof. Dr. Maike de Wit den Menschen Mut. »Es gibt viele Tumorerkrankungen, die wir in einem frühen Stadium heilen können«, erklärt die Onkologin. Für die Früherkennung sind die regelmäßigen Vorsorgeuntersuchungen genauso wichtig wie die Beachtung der Warnsignale, die uns der eigene Körper gibt.

Immer wieder berichten Krebspatienten, dass ihnen bereits seit Längerem Veränderungen aufgefallen sind. Sie

Prof. Dr. Maike de Wit setzt bei der Früherkennung von Krebs auf die Mitarbeit der Patienten.

wussten diese Symptome nur nicht richtig zu deuten, haben eher verdrängt. Motto: »Ich war immer gesund, habe noch nicht einmal einen Hausarzt und kann deshalb gar nicht krank werden.«

Wer weiß schon, dass zum Beispiel häufiges Zahnfleischbluten auf Blutkrebs hinweisen kann? Bei Rückenschmerzen kommt der Laie kaum auf die Idee, dass es sich um Hodenkrebs mit einem Befall der Lymphknoten handeln könnte. Eine Gewichtsabnahme ist in unserer Wohlstandsgesellschaft eher ein Grund zur Freude, kann aber auch ein Warnsignal sein. Veränderungen auf der Haut (Fibrome), Magen-Darm-Probleme, Knochenschmerzen oder Erschöpfung sind ebenfalls zu beachten. »Damit muss man jedoch nicht gleich eine onkologische Praxis aufsuchen, denn in der Regel sind dies keine Anzeichen für eine bösartige Krebserkrankung«, beruhigt Prof. Dr. de Wit. Wer keinen Hausarzt hat, kann sich auch direkt an den Zahnarzt oder Facharzt wenden. Meist gibt es Entwarnung, »in den anderen Fällen sind wir froh, dass wir die Patienten jetzt endlich behandeln können«, erklärt Prof. Dr. de Wit.

Auch die »psychologische Scham« hält manche Patienten davon ab, zum Arzt zu gehen. Fragen nach dem Konsum von Zigaretten, Alkohol und Drogen oder solche wie »Haben Sie das schon länger?« sind unangenehm. »Allerdings wollen wir uns damit nur ein Bild vom Patienten machen, denn niemand hat Schuld an seiner Krankheit«, betont die Professorin. »Bei schweren Krankheiten liegt die Ursache nämlich oft an der erblichen Veranlagung und nicht am Lebenswandel«, gibt Prof. Dr. de Wit zu bedenken.

Wissenswertes über die Schilddrüse

Aufgedreht wie ein Uhrwerk oder antriebslos

Die Schilddrüse sitzt unterhalb des Kehlkopfs. Die von ihr produzierten Hormone steuern zahlreiche, lebenswichtige Körperfunktionen wie zum Beispiel die Herzfrequenz. Sie sind für die Aufrechterhaltung der Körpertemperatur verantwortlich und fungieren als Motor unseres Stoffwechsels. Wenn es zu einer Über- oder Unterfunktion der Schilddrüse mit den entsprechenden Symptomen kommt, können sich die Familie und Freunde das Ganze nicht erklären, deshalb heißt es dann oft: »Damit musst du leben. Das ist eben das Alter.« Doch eine Schilddrüsenfehlfunktion ist gut zu behandeln.

Eine Überfunktion der Schilddrüse

Manchmal leiden ältere Menschen an unspezifischen Beschwerden wie zum Beispiel innerer Unruhe und Schlaflosigkeit. Sie haben einen hohen Herzschlag, schwitzen und zittern. Außerdem ist eine plötzliche Gewichtsabnahme zu beobachten. Doch diese Symptome können auf eine Schilddrüsenüberfunktion hindeuten. Gerät die Hormonproduktion aus dem Takt, kann es sogar zu Herzrhythmusstörungen und dem gefährlichen Vorhofflimmern kommen. »Ursache ist oft eine Bildung von gutartigen Knoten in der Schilddrüse, die für die Überfunktion verantwortlich sind«, erklärt Dr. Jens Aberle, Facharzt für Stoffwechselerkrankungen. Grund dafür sind die jodarmen Böden in unseren Regionen, mit denen eine jodarme Ernährung einhergeht. Der

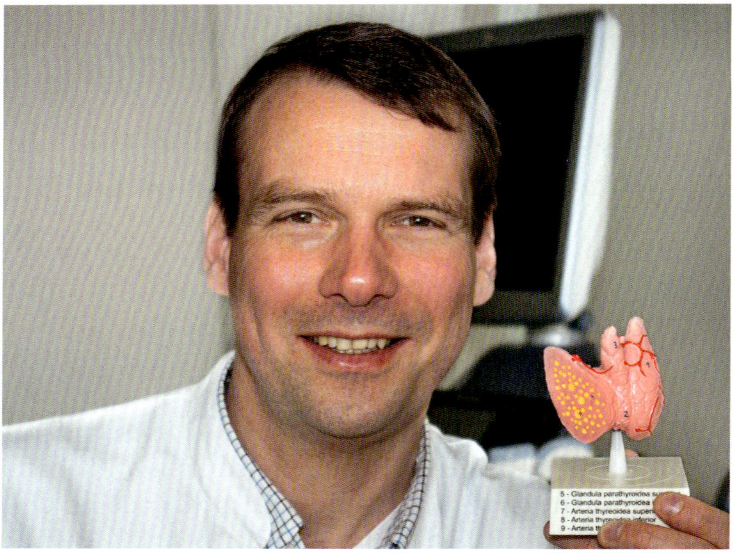

Dr. Jens Aberle zeigt ein Modell der nur wenige Zentimeter großen Schilddrüse. Die gelb markierten Punkte zeigen Knoten im Gewebe.

lebenslange Verzehr von Seefisch und Jodsalz ist die einzige wirkungsvolle Gegenmaßnahme, um den jahrzehntelangen Jodmangel zu bekämpfen. Drei Prozent der über 60-Jährigen leiden an einer Schilddrüsenüberfunktion, Frauen sind eher betroffen als Männer.

Sollte bei einer Blutuntersuchung zu viel dieses Steuerhormons der Schilddrüse nachgewiesen werden, helfen Medikamente, die die Schilddrüsenfunktion dämpfen. Möglich wären auch eine Operation oder eine Radio-Jod-Therapie. »Lassen Sie Ihre Schilddrüse untersuchen und bei einer Überfunktion behandeln«, rät der Endokrinologe Aberle, »denn eine nicht behandelte Schilddrüse kann gefährlich für das Herz sein, und man verzichtet bei einer Nicht-Behandlung auf Lebensqualität.«

Schilddrüsenunterfunktion

Bei rund einem Prozent der Bevölkerung – Frauen sind fünfmal häufiger betroffen als Männer – entwickelt sich im Laufe des Lebens genau das Gegenteil, nämlich eine Unterfunktion der Schilddrüse. »Typische Anzeichen sind eine Gewichtszunahme, Müdigkeit und Antriebslosigkeit, Haarausfall oder eine Abnahme der geistigen Leistung«, erklärt Dr. Jens Aberle, »Ursache dafür ist häufig eine Fehlsteuerung des Immunsystems, die Schilddrüse wird im Laufe von Jahrzehnten vom Körper zerstört.« Doch was früher als unvermeidbar hingenommen werden musste und eine Einbuße an Lebensqualität zur Folge hatte, kann heute medikamentös durch Schilddrüsenhormone behandelt werden.

Erster Ansprechpartner bei einer vermuteten Schilddrüsenfehlfunktion ist der Hausarzt. Eine Blutuntersuchung, bei der der TSH-Wert bestimmt wird, bringt Klarheit. Danach kann eine weitere Behandlung eingeleitet werden.

© BCE ECB EZB
10
EURO

Recht und Geld

Das Betreuungsrecht

Vorsorgevollmacht, Betreuungsverfügung und Patientenverfügung rechtzeitig erstellen

Genau genommen gibt es das Betreuungsgesetz gar nicht. Es ist ein Teil des Familienrechts, nennt sich rechtliche Betreuung und ist in den Paragraphen 1896 bis 1908 i im Bürgerlichen Gesetzbuch (BGB) zu finden. Das Recht bietet die Möglichkeit der persönlichen Vorsorge. Jeder Bürger kann bestimmen, von wem und wie er im Notfall versorgt werden möchte. Dazu ist es möglich, eine Vorsorgevollmacht, Betreuungsverfügung oder Patientenverfügung zu verfassen und gegebenenfalls Bankvollmachten zu erteilen.

Vorsorgevollmacht

In der Vorsorgevollmacht wird eine Person genannt, die mein größtmögliches Vertrauen genießt. Dieser Freund oder Familienangehörige kann dann in meinem Sinne handeln. Das Betreuungsgericht bleibt außen vor. Allerdings werden von zahlreichen Banken die Vorsorgevollmachten nicht akzeptiert, parallel sollten daher Kontovollmachten erteilt werden. Falls Grundstücke oder Immobilien verkauft werden müssen, um etwa die Pflegekosten im Altenheim bezahlen zu können, sollte die Vorsorgevollmacht notariell beurkundet sein. Es genügt aber auch eine einfache öffentliche Beglaubigung.

Die Vorsorgevollmacht ist schnell ausgefüllt. Damit ist der Sohn oder die Tochter bevollmächtigt, zum Beispiel Rechnungen für einen Pflegedienst oder ein Altenheim zu bezahlen. Doch immer wieder werden Vollmachtnehmer bei den Banken abgewiesen, so auch Tochter Petra W. Mit dem Hinweis auf die allgemeinen Geschäftsbedingungen haben sich die Mitarbeiter geweigert, Geld vom Girokonto oder Sparbuch der an Demenz erkrankten Mutter auszuzahlen. Die 52-jährige Tochter musste auf ihr eigenes Sparvermögen zurückgreifen, um die Rechnungen für das Altenheim und die Wohnungsauflösung zu bezahlen, insgesamt 15.000 Euro innerhalb von vier Monaten. Der Weg über die Vorsorgevollmacht ohne Bankvollmachten führte in eine Sackgasse. Petra W. blieb nichts anderes übrig, als eine Betreuung beim Betreuungsgericht zu beantragen. Doch das dauerte. Inzwischen ist Petra W. vom Amtsgericht als ehrenamtliche Betreuerin für ihre Mutter eingesetzt worden und kann jetzt bei der Bank im Sinne der Mutter handeln.

Vorsorgevollmacht plus Bankvollmachten sind sinnvolle Maßnahmen. Voraussetzung ist jedoch größtmögliches Vertrauen gegenüber dem Vollmachtnehmer.

Betreuungsverfügung

In der Betreuungsverfügung wird ebenfalls eine vertrauenswürdige Person vorgeschlagen. Im Betreuungsfall entscheidet dann ein Betreuungsrichter beim Amtsgericht und setzt diesen Angehörigen als Betreuer ein. Nur in begründeten Ausnahmefällen kann dieser Wunsch abgelehnt werden. Im Gegensatz zur Vorsorgevollmacht muss der Angehörige dem Gericht gegenüber Rechenschaft über seine Tätigkeit ablegen.

Große Sorgen haben Alleinstehende, die niemanden haben, der diese verantwortungsvolle Aufgabe übernehmen kann. Sofern es keinen Angehörigen gibt, wird vom Betreuungsgericht ein Betreuer eingesetzt. Allerdings kann man sich den nicht vorher aussuchen, denn dieser wird erst im

Fall einer Betreuung bestimmt. Die Betreuung durch einen Profi hat einen großen Vorteil: Hermann Middendorf hat als Betreuer 24 Jahre Berufserfahrung. Aktuell übernimmt der 50-jährige Sozialpädagoge für rund 50 Menschen die gesetzliche Betreuung. Etwa die Hälfte davon lebt in der eigenen Wohnung, die andere Hälfte in stationären Einrichtungen. »Ich habe acht bis zehn Häuser, die ich genau kenne und mit denen ich gute Erfahrungen gemacht habe.«

Wie arbeitet ein Betreuungsrichter?

Viele ältere Menschen sind ängstlich, weil sie nicht wissen, nach welchen Kriterien das Betreuungsgericht entscheidet. Kann mich ein Nachbar dort »anschwärzen«? Muss ich dann ins Heim ziehen? Wenn ein Betreuungsrichter beim Amtsgericht ein Schreiben eines besorgten Nachbarn, Angehörigen oder Pflegedienstes erhält, lässt er zunächst von einem Sozialarbeiter der Betreuungsbehörde die Lage vor Ort klären. Es wird recherchiert, ob zum Beispiel eine Vorsorgevollmacht oder Betreuungsverfügung vorliegt. Falls keine Vorsorgevollmacht vorliegt und eine Betreuung eingerichtet werden soll, fordert der Richter in jedem Fall ein ärztliches Gutachten an. Außerdem lernt der Richter zunächst den Betroffenen und den von ihm benannten künftigen Betreuer persönlich kennen, ehe er eine Entscheidung trifft.

Jeder kann aufgrund einer Krankheit oder Behinderung in die Lage kommen, seine Belange nicht mehr selbst regeln zu können. In diesen Fällen ist im Gesetz vorgesehen, dass diese Person vom Gericht »unter Betreuung« gestellt wird. Ein Betreuer entscheidet dann über die Vermögenssorge, das Aufenthaltsbestimmungsrecht sowie die Gesundheits-

Was über die Vorsorgevollmacht geregelt werden kann, muss nicht vom Betreuungsgericht entschieden werden.

sorge. Bei älteren Menschen tritt dieser Fall der Fälle immer wieder bei einer sichtbar werdenden Demenz ein. Ein Bewohner eines Mietshauses kommt nicht mehr allein in seiner Wohnung zurecht, klingelt dauernd bei den Nachbarn und irrt nachts im Treppenhaus umher. Doch deshalb muss derjenige noch lange nicht ins Heim ziehen. Oftmals reicht es schon, wenn der Betreuer veranlasst, dass sich täglich ein Pflegedienst um den Betroffenen kümmert oder er regelmäßig eine Tagespflegeeinrichtung besucht. Damit kann wieder eine Struktur in seinen Tagesablauf gebracht werden. Nur wenn die Versorgung zu Hause absolut nicht mehr möglich ist, weil zum Beispiel der Tag-Nacht-Rhythmus des Patienten durcheinander ist, entscheidet das Betreuungsgericht erneut über das Aufenthaltsbestimmungsrecht. Erst dann kann der Betreuer über einen Wechsel in ein Pflegeheim entscheiden.

Hermann Middendorf arbeitet in der Betreuungsstelle Hamburg.

Die drei Aufgabenkreise

Vermögenssorge: Vom monatlichen Heimentgelt über die Zuzahlungen bei den Medikamenten bis zum neuen Wintermantel – der Vollmachtnehmer oder Betreuer prüft meine Rechnungen, überweist die fälligen Beträge von meinem Konto und hebt Bargeld für mich ab. Notfalls werden auch Sparguthaben aufgelöst oder Immobilien verkauft. Neben der Kontenverwaltung sind die Versorgungs- und Unterstützungleistungen zu beantragen – etwa bei der Krankenkasse, Pflegeversicherung, dem Versorgungsamt, der Rentenversicherung, dem Sozial- oder Wohnungsamt.

Beim Aufenthaltsbestimmungsrecht geht es darum, ob der zu Betreuende in ein Altenheim zieht. Es kann jedoch auch eine Entscheidung darüber zu treffen sein, ob etwa eine Behandlung in einer Klinik abgebrochen wird, um sie in einem anderen Krankenhaus fortzusetzen.

Bei der Gesundheitssorge ist der wichtigste Aspekt, für eine Krankenversicherung zu sorgen. Es geht um Einwilligungen zu Behandlungen, in begründeten Fällen jedoch auch um Ablehnungen, wenn zum Beispiel eine wirksame Patientenverfügung vorliegt. Nicht zuletzt sind Pflegeleistungen und Medikamentengabe zu kontrollieren. Dazu gehört der Einblick in die Pflegedokumentation im Altenheim, Krankenhaus oder des ambulanten Pflegedienstes.

Immobilienverkauf im Pflegefall

Eine Rentnerin lebt recht günstig in ihrer Eigentumswohnung, hat 1.600 Euro Rente und 30.000 Euro Sparguthaben. Für das Altenheim, in das die 78-Jährige im Notfall gern einziehen würde, wäre jedoch ein Eigenanteil in Höhe von 2.200 Euro monatlich zu zahlen. Diese Dame will nun wissen: Wer kümmert sich um die Vermietung oder den Verkauf meiner Wohnung, wenn ich das Geld fürs Altenheim brauche?

Viele Senioren wären glücklich darüber, wenn sich eines ihrer Kinder bereit erklären würde, sich um die Gesundheitssorge sowie die finanziellen Angelegenheiten zu kümmern. Eine Tochter hätte beispielsweise die Möglichkeit, die Immobilie zu vermieten oder zu verkaufen. »Über eine Vorsorgevollmacht lässt sich beides regeln, sofern dieses Dokument öffentlich beglaubigt ist«, erklärt Hermann Middendorf von der Betreuungsstelle Hamburg. Doch was tun Alleinstehende, die niemanden haben, der sich um die Vermietung oder den Verkauf der Immobilie kümmern kann? »Das kommt relativ oft vor«, weiß Hermann Middendorf aus Erfahrung und erläutert: »Häufig wird von Sozialdiensten im Krankenhaus eine Betreuung beim zuständigen Betreuungsgericht angeregt.« Sofern eine Betreuung eingerichtet wird, wird ein Betreuer bestimmt, der die gesundheitliche Entwicklung seines Schützlings beobachtet.

Falls sich nach etwa einem halben Jahr herausstellen sollte, dass die Patientin künftig im Altenheim und nicht mehr in ihrer Wohnung leben wird, kann ein Antrag auf Verkauf der Immobilie beim Betreuungsgericht gestellt werden. Ein Makler würde ein Wertgutachten erstellen und einen Käufer suchen. Ein Rechtspfleger beim Betreuungsgericht müsste dann den Vorvertrag genehmigen. »Ein Betreuer wird in der Regel verkaufen und eher nicht renovieren lassen sowie einen Mieter suchen«, erklärt Hermann Middendorf.

Von einem vorzeitigen Verkauf einer Eigentumswohnung, um davon irgendwann einmal die Pflegekosten bezahlen zu können, rät Middendorf ab, »denn es gibt ein geregeltes Verfahren mit zahlreichen Kontrollinstanzen. Das gilt insbesondere beim Immobilienverkauf zu einem marktüblichen Preis.«

Häufige Fragen zur Betreuung

Ich möchte meiner Frau und meinen beiden Kindern eine Vorsorgevollmacht erteilen. Geht das überhaupt?
Es können mehrere Personen gleichzeitig eingesetzt werden. In der Praxis hat sich das aber nicht bewährt. Besser ist eine Hierarchie: Hiermit setze ich meine Frau ein. Falls die nicht kann, soll mein Sohn …

Ich habe meine Patientenverfügung vom Arzt bestätigen und gegenzeichnen lassen, der inzwischen nicht mehr praktiziert. Muss ich diese jetzt erneuern?
Die Verfügung sollte individuell erstellt sein und alle zwei Jahre durch erneute Unterschrift aktualisiert werden. Sinn-

voll ist, dass der Hausarzt die Geschäftsfähigkeit attestiert.

Was kostet die Betreuung?

Ein ehrenamtlicher Betreuer erhält eine Aufwandspauschale von 399 Euro im Jahr. Ein Berufsbetreuer wird ebenfalls vom Vermögen seines Schützlings bezahlt. Ansonsten übernimmt der Staat die Kosten.

Bei meiner Nachbarin funktioniert die Pflege nicht. Die Mitarbeiter des ambulanten Pflegedienstes sind nach fünf Minuten wieder weg. Die Betreuerin kümmert sich nicht. Wo kann ich mich beschweren?

Wenden Sie sich ans Vormundschaftsgericht. Der Betreuer ist auch für Fragen der Gesundheitssorge zuständig.

Kann ich in der Betreuungsverfügung meine Verwandtschaft ausschließen?

Im Regelfall fragt die Betreuungsbehörde zunächst die Angehörigen, ob sie bereit wären, diese Aufgabe zu übernehmen. Wenn Sie das nicht wollen, müssen Sie das unbedingt in die Betreuungsverfügung schreiben.

Meine Tante hat mir vor einem Jahr die Vorsorgevollmacht erteilt und leidet zunehmend an Demenz. Ich bin unsicher, was ich jetzt tun soll.

Die Betreuungsvereine bieten eine Beratung für Bevollmächtigte an, um angemessen handeln zu können.

Entscheidet der Betreuer eigentlich über Leben und Tod, wenn es am Lebensende etwa um die Frage geht: Künstliche Ernährung ja oder nein?

Nein. Wer im Rahmen einer Vorsorgevollmacht oder als Betreuer für die Gesundheitssorge verantwortlich ist, hat nicht seinen eigenen Willen umzusetzen, sondern den mutmaßlichen Willen seines Schützlings. Das ist ein riesengroßer Unterschied. Hilfreich ist es daher, rechtzeitig darüber zu sprechen, was der Betroffene im Notfall wünscht.

Patientenverfügung

Für viele Menschen ist es schwierig, eine Patientenverfügung zu erstellen, weil sie noch keine Details festlegen können. Sie wissen nicht, an welcher Krankheit sie irgendwann einmal leiden werden, welche Einstellung sie dazu im Laufe der Zeit entwickeln und welche Fortschritte die Medizin machen wird. Hilfreich ist in diesen Fällen eine rechtliche Beratung bei der Formulierung, damit der Patientenwille unmissverständlich zu Papier gebracht wird, und dieser im Notfall von den Ärzten umgesetzt und von den Gerichten anerkannt wird.

Wer sich noch nicht auf Details festlegen will, sollte wenigstens eine Vorsorgevollmacht ausfüllen und darin eine

Dr. Ann-Kathrin Meyer, Fachärztin für Innere Medizin und Altersheilkunde (Geriatrie)

vertraute Person benennen, die im Notfall Entscheidungen treffen kann. »Bei einem plötzlichen Krankenhausaufenthalt brauchen wir dringend eine Vollmacht des Patienten, in dem er einen Angehörigen oder eine vertraute Person benennt, die ihn in allen Fragen der Gesundheitssorge vertreten soll, Operationen zustimmen kann und dem wir Auskünfte geben dürfen«, erklärt Dr. Ann-Kathrin Meyer. Die Vorsorgevollmacht ist schnell verfasst und unterschrieben. »Bei lebenserhaltenden Maßnahmen können wir zwar ohne Vollmacht handeln, aber bei allen anderen Behandlungen müssen wir, wenn keine Vollmacht vorliegt, das Vormundschaftsgericht einschalten. Das kann notwendige Operationen und weitere medizinische Behandlungen verzögern«, erklärt die Fachärztin für Innere Medizin und Altersheilkunde (Geriatrie).

Die Betreuungsbehörde bietet die Möglichkeit der Beratung und kann anschließend die Vorsorgedokumente für 10 Euro öffentlich beglaubigen. Unter den Suchbegriffen »Öffentliche Beglaubigung« und »Betreuungsbehörde« sind im Heimatort die zuständigen Stellen zu finden.

Hilfreich ist das Onlinelexikon Betreuungsrecht ww.reguvis.de/betreuung/wiki

Die Vorsorgevollmachten können im Internet unter www.vorsorgeregister.de bei der Bundesnotarkammer hinterlegt werden. Die Kosten liegen zwischen 13 und 18,50 Euro.

Pflegeversicherung

Wie erhalte ich einen Pflegegrad?

Neulich hat uns eine Leserin angerufen: »Ich bin 80 Jahre alt und mir wird immer schwindelig. Zahlt dafür schon die Pflegeversicherung?« Wir haben nachgefragt, wobei der Dame schwindelig wird. Die Antwort: »Immer wenn ich meine Gardinen aufhänge und auf der Leiter stehe. Da muss jetzt ein Pflegedienst kommen, der von der Pflegekasse bezahlt wird.« Ob dieser Antrag Aussicht auf Erfolg hat? Welche Voraussetzungen müssen erfüllt sein, um einen Pflegegrad zu erhalten?

Für Einsteiger: das MDK-Gutachten

Um Leistungen zu erhalten, muss der Versicherte einen Antrag bei der Pflegekasse seiner Krankenkasse stellen. Entscheidend ist dabei der Tag der Antragstellung. Stelle ich den Antrag zu früh, wird dieser abgelehnt. Wird der Antrag zu spät gestellt, verzichtet der Versicherte auf Geld.

Hat der Versicherte einen Antrag auf Leistungen aus der Pflegekasse gestellt, meldet sich der Medizinische Dienst der Krankenkassen (MDK) zu einem Hausbesuch an. In diesem etwa einstündigen Gespräch werden viele Fragen gestellt, anschließend wird ein Gutachten angefertigt. Innerhalb von fünf Wochen entscheidet die Pflegekasse aufgrund dieses Gutachtens, welcher Pflegegrad und welche Leistungen bewilligt werden – rückwirkend ab dem Tag der Antragstellung. Bei Privatpflegeversicherten erfolgt die Begutachtung durch die MEDIC-Proof Gesellschaft für medizinische Gutachten in Köln.

Im MDK-Gutachten geht es insgesamt um sechs pflegerelevante Module. Zu jedem Modul werden Punkte verteilt, anhand der Gesamtpunktzahl wird ein Pflegegrad bewilligt. Je mehr Punkte, desto höher der Pflegegrad.

Modul 1: Mobilität

Ist der Versicherte in der Lage, sich im Bett umzudrehen und aufzurichten, aufzustehen, sich im Wohnbereich fortzubewegen oder die Treppen zu steigen? Hier geht es um Körperkraft, Balance und Bewegungskoordination. Bei dieser Abfrage gibt es zwischen 0 und 10 Punkte.

Modul 2: Kognitive und kommunikative Fähigkeiten

Liegt eine Demenz vor, wie weit ist sie fortgeschritten, und welche Fähigkeiten sind noch vorhanden? Von der zeitlichen und örtlichen Orientierung über das Erkennen von Risiken und Gefahren (Strom, Feuer, Verkehr, Treppen) bis zum Mitteilen von Bedürfnissen (Hunger, Durst, Frieren, Schmerzen) erfasst der MDK-Gutachter zahlreiche Details.

Modul 3: Verhaltensweisen und psychische Problemlagen

In diesem Modul werden psychische Erkrankungen erfasst, um eine mögliche Pflegebedürftigkeit zu bestätigen. Erfasst werden zum Beispiel selbstschädigendes Verhalten, nächtliche Unruhe, das Beschädigen von Gegenständen oder die Verweigerung von Nahrung und Medikamenten.

Die Module 2 und 3 ergeben bis zu 15 Punkte.

Modul 4: Selbstversorgung

Zur Selbstversorgung gehören das Essen und Trinken, die Körperpflege, die Toilettengänge sowie das An- und Auskleiden. Bei der Abfrage werden die Punkte nach dem Grad der Selbstständigkeit vergeben. Maximalwert: 40 Punkte.

Modul 5: Krankheits- oder therapiebedingte Arbeiten

Wer krank ist, hat damit eine ganze Reihe von »krankheitsbezogenen« Arbeiten zu erledigen. Schafft es der Patient, ärztliche Anweisungen durchzuführen? Ist er in der Lage, seine Tabletten selbstständig zu nehmen? Macht er regelmäßig seine Atemübungen? Schafft er den Weg zum Arzt oder zum Therapeuten? Es geht um die Selbstständigkeit des Versicherten – mit maximal 20 Punkten.

Modul 6: Gestaltung des Alltags und sozialer Kontakte
Hier wird bewertet, ob der Antragsteller seinen Tagesablauf gestaltet, sich beschäftigen oder etwas planen kann und Kontakte mit anderen Menschen pflegt. Hier gibt es bis zu 15 Punkte.

Wie viele Punkte werden für einen Pflegegrad benötigt?

Grad 1	Grad 2	Grad 3	Grad 4	Grad 5
12,5–<27	27–<47,5	47,5–<70	70–<90	90–100

Zur Selbsteinschätzung: das MDK-Gutachten

Ein Blick in das MDK-Gutachten hilft bei der Selbsteinschätzung. Zahlreiche Details werden abgefragt. Hilfreich ist es, die Fragen einmal für sich ganz persönlich zu beantworten. Damit bekommt man ein Gespür dafür, ob der Antrag bei der Pflegekasse Aussicht auf Erfolg hat.

Im MDK-Gutachten geht es insgesamt um sechs Themenbereiche (Module). Zu jedem Modul werden zunächst die Punkte gezählt, die dann umgerechnet und gewichtet werden. Erst anhand der gewichteten Punkte wird ein Pflegegrad bewilligt. Zum besseren Verständnis rechnen wir ein anschauliches Beispiel vor.

Wie viele Punkte gibt es pro Modul?

Modul 1: Mobilität [0 bis 10 gewichtete Punkte]

Modul 2: Kognitive und kommunikative Fähigkeiten

Modul 3: Verhaltensweisen und psychische Problemlagen
Aus den Modulen 2 und 3 zählt nur der Maximalwert, der dann gewichtet wird [0 bis 15 gewichtete Punkte]

Modul 4: Selbstversorgung [0 bis 40 gewichtete Punkte]

Modul 5: Krankheits- oder therapiebedingte Arbeiten
[0 bis 20 gewichtete Punkte]

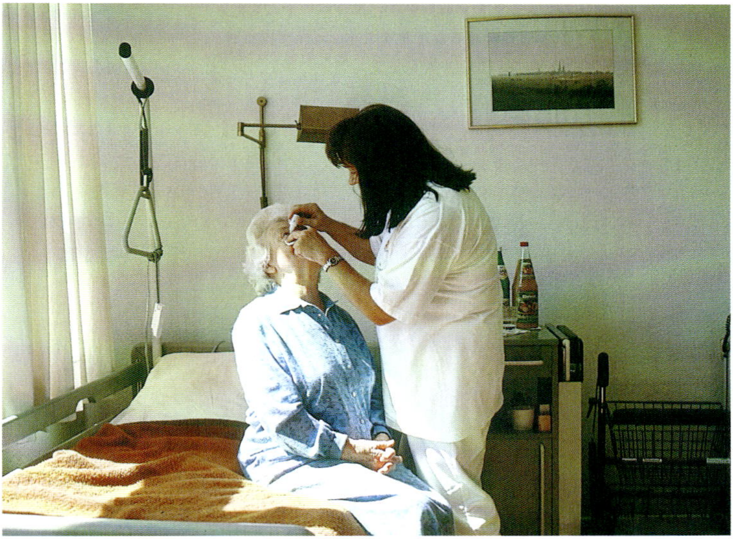

Das Verabreichen von Augentropfen wird im Modul 5 erfasst.

Modul 6: Gestaltung des Alltags und sozialer Kontakte [0 bis 15 gewichtete Punkte]

Modul 1: Mobilität

Die Punkte werden nach dem Grad der Selbstständigkeit vergeben.

- selbstständig: 0 gezählte Punkte
- überwiegend selbstständig: 1 gezählter Punkt
- überwiegend unselbstständig: 2 gezählte Punkte
- unselbstständig: 3 gezählte Punkte

Bei dieser Abfrage zur Mobilität geht es um fünf Kriterien.

1. Positionswechsel im Bett [0, 1, 2, 3 gezählte Punkte]
2. Stabile Sitzposition [0, 1, 2, 3 gezählte Punkte]
3. Umsetzen [0, 1, 2, 3 gezählte Punkte]
4. Fortbewegen innerhalb des Wohnbereichs [0, 1, 2, 3 gezählte Punkte]
5. Treppensteigen [0, 1, 2, 3 gezählte Punkte]

Beispiel: Ein Patient kann sich im Pflegebett umdrehen und sich mit Hilfe des Bettgalgens aufrichten. Dafür gibt es 0 Punkte. Er kann auf der Bettkante sitzen, ergibt 0 Punkte. Hilfe von einer Pflegekraft benötigt er beim Umsetzen vom Bett in den Sessel (1 Punkt). Er kann nur wenige Schritte gehen und muss sich dabei bei der Pflegekraft einhaken (1 Punkt). Fürs Treppensteigen fehlt ihm die Muskelkraft, deshalb muss er gestützt werden (2 Punkte). Macht zusammen 4 Punkte.

Gezählte in gewichtete Punkte umrechnen

Der neue Ansatz der Pflegeversicherung lautet: Wie steht es um die Selbstständigkeit des Versicherten? Körperliche Handicaps werden genauso berücksichtigt wie geistige Einschränkungen. Doch die Module fließen unterschiedlich in das Gesamtergebnis ein: Die Punkte werden gewichtet. Die Mobilität (Modul 1) zählt im Gesamtergebnis weniger als die Selbstversorgung (Modul 4). Deshalb werden die gezählten Punkte in gewichtete Punkte umgerechnet.

Modul 1: Umrechnung gezählte in gewichtete Punkte

gezählt:	0–1	2–3	4–5	6–9	10–15
gewichtet:	0	2,5	5	7,5	10

Im **Beispiel** hat unser Patient bei der Mobilität (Modul 1) 4 gezählte Punkte erreicht. Diese werden laut Tabelle zu 5 gewichteten Punkten umgerechnet. In der Gesamtrechnung schlagen die 5 gewichteten Punkte zu Buche, um einen Pflegegrad zu erhalten.

Modul 2: Kognitive und kommunikative Fähigkeiten

Die gezählten Punkte werden nach den vorhandenen Fähigkeiten vergeben.

- Die Fähigkeit ist vorhanden: 0 Punkte
- Die Fähigkeit ist größtenteils vorhanden: 1 Punkt
- Die Fähigkeit ist in geringem Maß vorhanden: 2 Punkte
- Die Fähigkeit ist nicht vorhanden: 3 Punkte

Modul 2 hat 11 Kriterien zur Demenz:
1. Erkennen von Personen aus dem näheren Umfeld
2. Örtliche Orientierung
3. Zeitliche Orientierung
4. Erinnerungsvermögen
5. Steuern von mehrschrittigen Alltagshandlungen (Tischdecken, Anziehen)
6. Entscheidungen im Alltag: dem Wetter angemessene Kleidung
7. Verstehen von Sachverhalten und Informationen
8. Erkennen von Risiken und Gefahren (Strom, Feuer, Verkehr, Treppen)
9. Mitteilen von Bedürfnissen (Hunger, Durst, Frieren, Schmerzen)
10. Verstehen von Aufforderungen (Essen, Trinken, sich kleiden)
11. Beteiligen an einem Gespräch

Modul 3: Verhaltensweisen und psychische Problemlagen

Die Punkte werden nach der Häufigkeit des Verhaltens vergeben.
- nie oder sehr selten: 0 Punkte
- selten: 1 Punkt
- häufig: 3 Punkte
- täglich: 5 Punkte

Die acht Verhaltensauffälligkeiten dieses Moduls können sowohl auf demenzielle Erscheinungen als auch auf geistige Erkrankungen hinweisen.

1. Motorisch geprägte Verhaltensauffälligkeiten
2. Nächtliche Unruhe
3. Selbstschädigendes und autoaggressives Verhalten
4. Beschädigen von Gegenständen
5. Physisch aggressives Verhalten gegenüber Personen
6. Verbale Aggression
7. Vokale Auffälligkeiten (Schreien, Schimpfen)
8. Abwehr pflegerischer, unterstützender Maßnahmen (Nahrung, Medikamente)
9. Wahnvorstellungen
10. Ängste
11. Antriebslosigkeit und depressive Verstimmungen
12. Sozial inadäquates Verhalten (z. B. Distanzlosigkeiten)
13. Sonstige inadäquate Handlungen (z. B. Nesteln an der Kleidung)

Zurück zu unserem Patienten aus dem **Beispiel**: Er hat demenzielle Erscheinungen. Aus dem Modul 2 ergeben sich 6 gezählte Punkte (örtliche Orientierung: 1 Punkt, zeitliche Orientierung 1 Punkt, Erinnerungsvermögen 2 Punkte, Beteiligen am Gespräch 2 Punkte).
Aus dem Modul 3: Unser Patient ist nachts unruhig und erhält dafür 1 gezählten Punkt.

Es zählt der Maximalwert aus Modul 2 oder 3

Bei den Modulen 2 und 3 werden nur die gezählten Punkte aus dem Modul mit der höheren Punktzahl berücksichtigt.

Modul 2/3: Umrechnung gezählte in gewichtete Punkte

gezählt 2:	0–1	2–5	6–10	11–16	17–33
gezählt 3:	0	1–2	3–4	5–6	7–65
gewichtet:	0	3,75	7,5	11,25	15

Unser Patient nimmt 6 gezählte Punkte aus dem Modul 2 für die Gesamtrechnung mit, der eine Punkt aus dem Modul 3 bleibt damit unberücksichtigt. Aus der Umrechnungstabelle ergeben sich 7,5 gewichtete Punkte.

Modul 4: Selbstversorgung

Bei dieser Abfrage werden die Punkte nach dem Grad der Selbstständigkeit vergeben. Es gibt jedoch eine Ausnahme: Beim Kriterium 13 (Ernährung parenteral oder über Sonde) wird nach der Häufigkeit gefragt.

1. Waschen des vorderen Oberkörpers [0, 1, 2, 3 Punkte]
2. Körperpflege am Kopf (Kämmen, Zahnpflege, Reinigung der Zahnprothese, Rasieren) [0, 1, 2, 3 Punkte]
3. Waschen des Intimbereichs [0, 1, 2, 3 Punkte]
4. Duschen, Baden inkl. Haare waschen [0, 1, 2, 3 Punkte]
5. An- und Auskleiden des Oberkörpers [0, 1, 2, 3 Punkte]
6. An- und Auskleiden des Unterkörpers [0, 1, 2, 3 Punkte]
7. Mundgerechtes Zubereiten der Nahrung und Eingießen von Getränken [0, 1, 2, 3 Punkte]
8. Essen [0, 3, 6, 9 Punkte]
9. Trinken [0, 2, 4, 6 Punkte]
10. Toilettenbenutzung [0, 2, 4, 6 Punkte]
11. Bewältigung der Folgen einer Harninkontinenz, Umgang Katheter Urostoma [0, 1, 2, 3 Punkte]
12. Bewältigung der Folgen einer Stuhlinkontinenz, Umgang mit Stoma [0, 1, 2, 3 Punkte]
13. Ernährung parenteral oder über Sonde [nicht täglich, nicht auf Dauer: 0 Punkte; täglich, zusätzlich zu oraler Ernährung: 3 Punkte; ausschließlich oder nahezu ausschließlich: 6 Punkte]

Das Kämmen gehört zur Selbstversorgung im Modul 4.

Modul 4: Umrechnung gezählte in gewichtete Punkte

gezählt:	0–2	3–7	8–18	19–36	37–54
gewichtet:	0	10	20	30	40

Unser **Beispiel**-Patient erhält 14 gezählte Punkte. Rund um die Körperpflege benötigt er Anleitungen und Hilfe, macht 12 Punkte. Bei der Toilettenbenutzung gibt es 2 Punkte. Laut der Umrechnungstabelle ergeben sich 20 gewichtete Punkte.

Modul 5: Krankheits- oder therapiebedingte Arbeiten

Bei den »krankheitsbezogenen« Arbeiten geht es um Fragen der Häufigkeit und der Selbstständigkeit. Schafft es der Patient, ärztliche Anweisungen durchzuführen? Ist er in der Lage, seine Tabletten selbstständig zu nehmen? Macht er regelmäßig seine Atemübungen? Kann er zum Beispiel seinen Blutdruck, Puls, Blutzucker sowie seine Körpertemperatur kontrollieren? Zieht er aus diesen Messungen die richtigen Schlüsse und spritzt sich die erforderliche Insulindosis? In welchen Fällen muss er den Arzt anrufen?

Bei den Kriterien 1 bis 7 geht es um die Häufigkeit. Dabei werden monatliche und wöchentlich vorkommende Maßnahmen durch 30 bzw. durch 7 geteilt und damit in einen Durchschnittswert pro Tag umgerechnet.

- gar nicht oder seltener als einmal täglich: 0 Punkte
- mindestens ein bis maximal dreimal täglich: 1 Punkt
- mehr als dreimal bis maximal achtmal täglich: 2 Punkte
- mehr als achtmal täglich: 3 Punkte

1. Medikation [0, 1, 2, 3 Punkte]
2. Injektionen [0, 1, 2, 3 Punkte]
3. Versorgung intravenöser Zugänge [0, 1, 2, 3 Punkte]
4. Absaugen und Sauerstoffgabe [0, 1, 2, 3 Punkte]
5. Einreibungen oder Kälte- und Wärmeanwendungen [0, 1, 2, 3 Punkte]
6. Messung und Deutung von Körperzuständen [0, 1, 2, 3 Punkte]

7. Körpernahe Hilfsmittel (Hörgerät, Prothesen, Kompressionsstrümpfe) [0, 1, 2, 3 Punkte]

Bei den Kriterien 8 bis 11 geht es ebenfalls um die Häufigkeit der Maßnahme. Auch hier werden monatliche und wöchentlich vorkommende Maßnahmen durch 30 bzw. durch 7 geteilt und damit in einen Durchschnittswert pro Tag umgerechnet.

- nie oder seltener als einmal wöchentlich: 0 Punkte
- ein- bis mehrmals wöchentlich: 1 Punkt
- ein- bis zweimal täglich: 2 Punkte
- mindestens dreimal täglich: 3 Punkte

8. Verbandwechsel und Wundversorgung [0, 1, 2, 3 Punkte]
9. Versorgung mit Stoma [0, 1, 2, 3 Punkte]
10. Regelmäßige Einmalkatheterisierung und Nutzung von Abführmethoden [0, 1, 2, 3 Punkte]
11. Therapiemaßnahmen in häuslicher Umgebung (Krankengymnastik, Atmen) [0, 1, 2, 3 Punkte]

Unser Patient braucht einmal täglich Hilfe beim Anziehen der Kompressionsstrümpfe – ergibt 1 gezählten Punkt.

Bei den Kriterien 12 bis 15 geht es um die Häufigkeit – vom Besuch beim Arzt oder Therapeuten über die Heimbeatmung bis zur Dialyse. Die Punkte werden nach den Kriterien gar nicht, täglich, wöchentlich oder monatlich vergeben.

12. Zeit- und technikintensive Maßnahmen in der häuslichen Umgebung, z. B. bei invasiver Beatmung [selbstständig oder gar nicht: 0 Punkte, täglich: 60 Punkte, wöchentlich: 8,6 Punkte, monatlich: 2 Punkte]

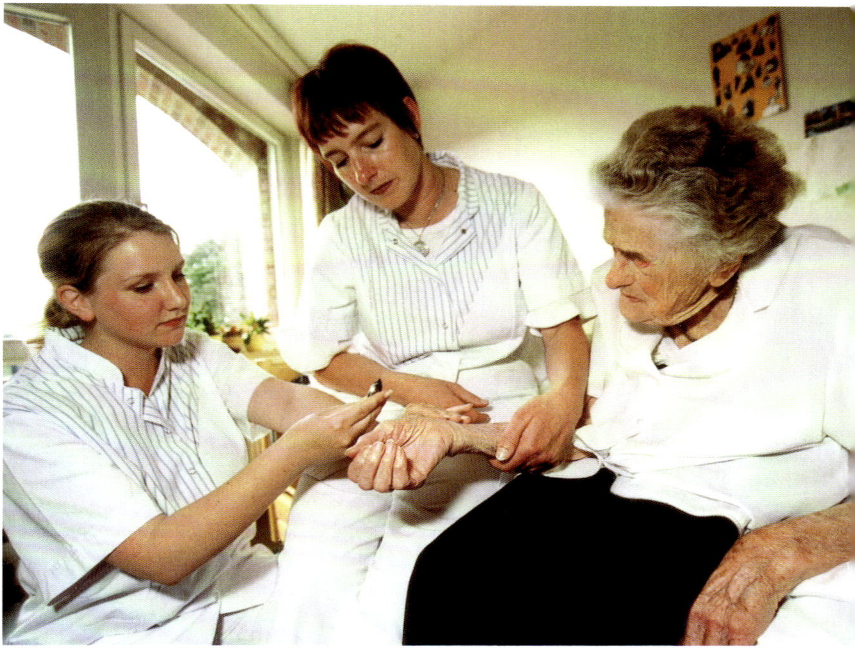

Die Pulsmessung gehört zu den krankheits- und therapiebedingten Arbeiten im Modul 5.

13. Arztbesuche [selbstständig oder gar nicht: 0 Punkte, wöchentlich: 4,3 Punkte, monatlich: 1 Punkt]
14. Besuche anderer medizinischer oder therapeutischer Einrichtungen (bis zu drei Stunden) [selbstständig oder gar nicht: 0 Punkte, wöchentlich: 4,3 Punkte, monatlich: 1 Punkt]
15. Zeitlich ausgedehnte Besuche anderer medizinischer oder therapeutischer Einrichtungen (länger als drei Stunden, z. B. bei Dialyse) [selbstständig oder gar nicht: 0 Punkte, täglich: 60 Punkte, wöchentlich: 8,6 Punkte, monatlich: 2 Punkte]

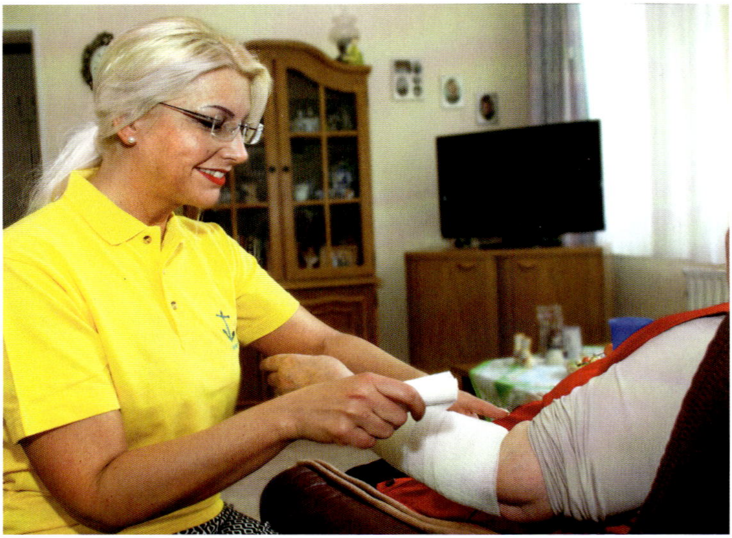

Verbandwechsel und Wundversorgung gehören zum Modul 5.

Zwischenergebnis

Die bei den Kriterien 12 bis 15 ermittelten Punkte werden zu einem Zwischenergebnis addiert und den nachstehenden Einzelpunkten zugewiesen:

0 bis unter 4,3 = 0 gezählte Punkte
4,3 bis unter 8,6 = 1 gezählter Punkt
8,6 bis unter 12,9 = 2 gezählte Punkte
12,9 bis unter 60 = 3 gezählte Punkte
60 und mehr = 6 gezählte Punkte

Beispiel: Unser Muster-Patient geht einmal monatlich zu einem »zeitlich ausgedehnten Besuch in eine therapeutische Einrichtung« (1 Punkt) und einmal wöchentlich zum Arzt (4,3 Punkte), ergibt 5,3 Punkte. Hieraus resultiert ein Wert von 1 Punkt laut Zwischenergebnis für die Kriterien 12 bis 15.

16. Einhaltung einer Diät und anderer krankheits- oder therapiebedingter Verhaltensvorschriften

Bei manchen Erkrankungen werden Diäten oder Essvorschriften vom Arzt angeordnet. Dazu zählen auch ärztlich angeordnete Nahrungs- und Flüssigkeitszufuhr, zum Beispiel bei Stoffwechselstörungen, Nahrungsmittelallergien, Essstörungen wie Appetitlosigkeit. Es kann jedoch auch um eine Langzeit-Sauerstoff-Therapie bei unruhigen Patienten gehen. Bewertet wird der Grad der Selbstständigkeit des Patienten bei der Einhaltung dieser Vorschriften und der daraus resultierende Bedarf an personeller Unterstützung.

- selbstständig: 0 Punkte
- überwiegend selbstständig: 1 Punkt
- überwiegend unselbstständig: 2 Punkte
- unselbstständig: 3 Punkte

Um die gezählten Punkte für das Modul 5 zu ermitteln, werden die Zwischenergebnisse addiert und in gewichtete Punkte umgerechnet.

Modul 5: Umrechnung gezählte in gewichtete Punkte

gezählt:	0	1	2–3	4–5	6–15
gewichtet:	0	5	10	15	20

Die 2 gezählten Punkte (1 Punkt fürs Anziehen der Kompressionsstrümpfe sowie 1 Punkt für Arzt- und Therapiebesuche) werden in 10 gewichtete Punkte umgerechnet.

Modul 6: Gestaltung des Alltagslebens und sozialer Kontakte

Die Punkte werden nach dem Grad der Selbstständigkeit vergeben: Die Person ist …

- … selbstständig: 0 Punkte
- … überwiegend selbstständig: 1 Punkt
- … überwiegend unselbstständig: 2 Punkte
- … unselbstständig: 3 Punkte

Im Modul 6 wird bewertet, ob der Antragsteller seinen Tagesablauf gestaltet, sich beschäftigen oder etwas planen kann und Kontakte mit anderen Menschen pflegt.

1. Gestaltung des Tagesablaufs und Anpassung an Veränderungen [0, 1, 2, 3 Punkte]
2. Ruhen und Schlafen [0, 1, 2, 3 Punkte]
3. Sich beschäftigen [0, 1, 2, 3 Punkte]
4. Vornehmen von in die Zukunft gerichteten Planungen [0, 1, 2, 3 Punkte]
5. Interaktionen mit Personen im direkten Kontakt [0, 1, 2, 3 Punkte]
6. Kontaktpflege zu Personen außerhalb des direkten Umfelds [0, 1, 2, 3 Punkte]

Modul 6: Umrechnung gezählte in gewichtete Punkte

gezählt:	0	1–3	4–6	7–11	12–18
gewichtet:	0	3,75	7,5	11,25	15

Unser Patient ist ein ruhiger Vertreter und auffallend passiv geworden, deshalb erhält er bei der Gestaltung des Tagesablaufs und beim Kriterium »sich beschäftigen« jeweils 2 Punkte. Er hat kaum noch Kontakt mit anderen Menschen, deshalb gibt es auch hier jeweils 2 Punkte. Macht insgesamt 8 gezählte Punkte. Nach der Umrechnung ergeben sich 11,25 gewichtete Punkte.

Einteilung in einen Pflegegrad

Grad 1	Grad 2	Grad 3	Grad 4	Grad 5
12,5–<27	27–<47,5	47,5–<70	70–<90	90–100

Modul 7: Außerhäusliche Aktivitäten

Modul 8: Haushaltsführung

Mit den »außerhäuslichen Aktivitäten« sind zum Beispiel das Verlassen der Wohnung, die Nutzung öffentlicher Verkehrsmittel oder die Teilnahme an Veranstaltungen gemeint. Bei der Haushaltsführung geht es um das Einkaufen, Putzen oder Behördengänge. Diese Lebensbereiche werden zwar in den Modulen 7 und 8 erfasst, fließen aber nicht in die Einstufung der Pflegebedürftigkeit ein. Sie dienen der Anpassung der Pflegeplanung und der Erfassung des Rehabilitations- und Präventionsbedarfs.

Unsere 80-jährige Leserin, der beim Aufhängen der Gardinen schwindelig wurde, hat offenbar erste Probleme bei der Haushaltsführung. Pflegebedürftig ist diese Dame jedoch nicht.

Ergebnis für unseren **Beispiel**-Patienten:

Modul 1 Mobilität:	5 Punkte
Modul 2 Demenz:	7,5 Punkte
Modul 3 psychische Erkrankungen:	0 Punkte
Modul 4 Selbstversorgung:	20 Punkte
Modul 5 Krankheitsbedingte Arbeiten:	10 Punkte
Modul 6 Alltagsgestaltung:	11,25 Punkte
	53,75 Punkte

Mit 53,75 gewichteten Punkten erhält dieser Versicherte den Pflegegrad 3.

Widerspruch

Wenn der Versicherte mit der Entscheidung der Pflegekasse über Leistungen aus der Pflegeversicherung nicht einverstanden ist, kann er dagegen Widerspruch einlegen. Der Widerspruch muss innerhalb eines Monats nach Bekanntgabe des Pflegegrades schriftlich bei der Pflegekasse erhoben werden.

Es reicht nicht aus, deshalb den Sachbearbeiter anzurufen. Allerdings muss die Pflegekasse den Widerspruch schriftlich aufnehmen, wenn der Versicherte dort persönlich vorspricht. Mit dieser Niederschrift bei der Pflegekasse soll denjenigen Versicherten die Wahrnehmung ihrer Rechte erleichtert werden, die im Verfassen von Schriftstücken ungeübt sind.

Der Versicherte hat einen Anspruch darauf, in die Akten der Pflegekasse Einsicht zu nehmen, insbesondere in das MDK-Gutachten. Dies ergibt sich aus § 25 SGB X (Sozialgesetzbuch, 10. Buch). Nur so kann der Widerspruch sinnvoll begründet werden. Es reicht also, zunächst Widerspruch innerhalb der vorgegebenen Frist einzulegen und gleichzeitig das Gutachten anzufordern, sofern es nicht bereits mitgeschickt worden ist. Die Begründung kann dann nachgereicht werden.

Sollte die Pflegekasse an ihrer ursprünglichen Entscheidung festhalten, muss sie einen schriftlichen Widerspruchsbescheid erlassen. Darin müssen eine Begründung für die Zurückweisung des Widerspruchs und eine Belehrung über die Möglichkeit einer Klage vor dem Sozialgericht enthalten sein.

Beihilfe für Beamte

Beamte erhalten Beihilfe. Dabei werden die Zuzahlungen der Pflegeversicherung um 50 Prozent gekürzt. Der gekürzte Betrag wird von der Beihilfe übernommen, muss aber jeden Monat beantragt werden.

Häusliche Pflege

Sach- und Geldleistungen

Zu Hause, im Residenz-Appartement oder in einer Seniorenwohnung werden Leistungen zur häuslichen Pflege gewährt. Pflegebedürftige und ihre Angehörigen können sich entscheiden, ob sie mit dem Pflegedienst Leistungspakete oder ein Zeitkontingent vereinbaren möchten. Beim Zeitkontingent entscheidet die Familie, welche Leistungen erbracht werden sollen.

Sachleistungen

Wird ein ambulanter Pflegedienst beauftragt, rechnet er diese Sachleistungen direkt mit der Pflegekasse ab, und zwar bis zur maximalen Zuschusshöhe des jeweiligen Pflegegrades. Leistungen, die darüber hinausgehen, muss der Versicherte selbst zahlen.

Monatliche Sachleistungen bis zu:

Grad 1	Grad 2	Grad 3	Grad 4	Grad 5
125,–*	689,–	1.298,–	1.612,–	1.995,–

*Die Euro 125,– werden nur gegen Rechnung für zusätzliche Entlastungsleistungen erstattet, siehe Seite 142.

Pflegegeld

Hierbei handelt es sich um eine Geldleistung. Angehörigen, Nachbarn und Freunden soll damit eine materielle Anerkennung für ihren Einsatz zukommen. Oft wird die häusliche Pflege in der Familie in geeigneter Weise und in ausreichendem Umfang sichergestellt, ohne Hilfe von außen. Dem Versicherten wird dann der Zuschuss in voller Höhe, der abhängig vom Pflegegrad ist, überwiesen.

Monatliche Geldleistungen:

Grad 1	Grad 2	Grad 3	Grad 4	Grad 5
125,–*	316,–	545,–	728,–	901,–

*Die Euro 125,– werden nur gegen Rechnung für zusätzliche Entlastungsleistungen erstattet, siehe Seite 142.

Pflegegeld im EU-Ausland

Deutsche Bundesbürger, die zu ihren Kindern ins EU-Ausland ziehen, verlieren teilweise ihre Ansprüche bei der Pflegeversicherung. Leistungen der deutschen Pflegeversicherung können nicht in ein anderes Land »exportiert« werden.

Pflege im sonnigen Süden Europas. Die deutsche Pflegeversicherung zahlt ihren Versicherten im EU-Ausland in jedem Fall das Pflegegeld.

Das Pflegerisiko ist nur in Deutschland abgesichert. Mit einer Ausnahme: Das Pflegegeld muss auch im EU-Ausland gezahlt werden. Dies hat der Europäische Gerichtshof vor einigen Jahren in einem Urteil entschieden. Danach fallen Geldleistungen aus der Pflegeversicherung unter die EU-Verordnung 1408/71 zum Export von Sozialleistungen. So kann auch bei einem Umzug in ein anderes EU-Land die Selbständigkeit des Pflegebedürftigen gefördert und der Verbleib in der Familie gewährleistet werden.

Kombinationsleistungen

Die Pflegekasse rechnet einen Teil direkt mit einem Pflegedienst ab, der Rest wird anteilig als Geldleistung ausgezahlt. Zu beachten ist aber, dass die Investitionskosten nicht durch die Versicherung übernommen werden. Beispiel für Pflegegrad 3: Der Versicherte nimmt Leistungen eines Pflegedienstes von € 1.068,40 in Anspruch. Davon müssen die Investitionskosten von 1 €/Tag abgezogen werden (1.068,40 – 30 = 1.038,40). Das sind 80 % von € 1.298,–. Bleibt ein Anteil von 20 % vom Pflegegeld (€ 545,–): € 109,00.

Tages- und Nachtpflege

Unter Tages- und Nachtpflege, der sogenannten teilstationären Pflege, versteht man die zeitweise Betreuung in einer Pflegeeinrichtung.

Monatliche Zuschüsse bis zu:

Grad 1	Grad 2	Grad 3	Grad 4	Grad 5
0,–	689,–	1.298,–	1.612,–	1.995,–

Außerdem können für die Finanzierung der Tages- und Nachtpflege auch die zusätzlichen Entlastungsleistungen in Höhe von € 125 ausgegeben werden, siehe Seite 142.

Zusätzliche Entlastungsleistungen

Demenz-Patienten brauchen viele Anleitungen, um zum Beispiel telefonieren zu können.

Die Betreuung eines Pflegebedürftigen reduziert sich nicht nur auf die Körperpflege, das An- und Ausziehen und Zubereiten der Mahlzeiten. Oft sind Ehepartner oder Kinder den ganzen Tag über damit beschäftigt, den Betroffenen zu beaufsichtigen, ihn zu unterhalten oder für Anregungen zu sorgen. Doch auch die Angehörigen brauchen Pausen von diesem harten 24-Stunden-Job. Deshalb stellt die Pflegeversicherung allen Pflegebedürftigen monatlich zusätzlich 125 Euro für Entlastungsleistungen zur Verfügung.

Das Geld kann für professionelle Betreuung ausgegeben werden, zum Beispiel für tagesstrukturierende Maßnahmen eines Pflegedienstes oder für den Eigenanteil bei der Kurzzeit-, Tages- oder Nachtpflege. Die Entlastungsleistungen werden nur gegen Vorlage einer Rechnung von der Pflegekasse erstattet.

Pflegehilfsmittel zum Verbrauch

Bei der Pflege eines Angehörigen durch ein Familienmitglied werden Hilfsmittel wie etwa Puder, Schwämme, Einmalhandschuhe, Mundschutz, Schutzschürzen, Fingerlinge, saugende Bettschutzeinlagen zum Einmalgebrauch sowie Desinfektionsmittel benötigt. Die Pflegekasse beteiligt sich an den Kosten für die Pflegehilfsmittel mit monatlich bis zu 40 Euro. Zunächst ist dazu im Voraus vom Versicherten ein Antrag auf Kostenübernahme bei der Pflegekasse zu stellen. Wird dieser bewilligt, reicht es danach aus, wenn die Quittungen zur Erstattung eingereicht werden. Falls die Pflege zu Hause durch einen Pflegedienst erbracht wird, muss der Versicherte nicht in Vorleistung treten, die Kosten werden direkt vom Pflegedienst mit der Pflegekasse abgerechnet.

Technische Pflegehilfsmittel

Technische Hilfsmittel wie ein Pflegebett, Rollator, Badewannensitz, eine Toilettensitzerhöhung oder Lagerungshilfen werden meist leihweise zur Verfügung gestellt. Ist das Hilfsmittel keine Leihgabe, trägt der Antragsteller zehn Prozent der Kosten pro Hilfsmittel, höchstens jedoch bis zu 25 Euro selbst. Anträge hierfür können formlos bei der Pflegekasse gestellt werden.

Der Badewannensitz ist eine große Erleichterung beim Duschen. Die Kosten dafür übernimmt die Pflegekasse.

Das Hilfsmittelverzeichnis ist beim Verband der Gesetzlichen Krankenversicherung (GKV) im Internet unter hilfsmittel.gkv-spitzenverband.de zu finden.

Unterstützung für Angehörige

Pflege und Betreuung erfordern einen hohen Einsatz von Familie, Freunden oder Nachbarn. Besonders gefordert sind Angehörige, die selbst pflegen. Ihnen ist dringend zu empfehlen, sich das nötige Fachwissen anzueignen – wie etwa die richtigen Handgriffe bei der Pflege oder rückenschonendes Arbeiten. Dazu sind die Kurse der Angehörigenschule hilfreich.

Oft können die Angehörigen ihren Beruf nur noch eingeschränkt oder gar nicht mehr ausüben. Deshalb wird die soziale Absicherung dieses Personenkreises per Gesetz besonders berücksichtigt. Damit soll die Pflegebereitschaft gefördert, der hohe Einsatz anerkannt sowie ein Ausgleich für einen möglichen Verzicht auf Berufstätigkeit geschaffen werden.

Die Angehörigenschule

Für viele Familien ist es selbstverständlich, im Pflegefall füreinander einzustehen. Ehepartner und Kinder meinen es gut, doch in der Praxis kommen die pflegenden Angehörigen schnell an ihre Grenzen. Eine große Hilfe bieten die Angehörigenschulen mit zahlreichen Kursen. Die Angebote sind für die Teilnehmer kostenlos, finanziert werden sie von den Pflegekassen.

Die Kurse haben maximal zehn Teilnehmer. Willkommen sind auch Freunde, Nachbarn und ehrenamtliche Helfer.

Das Engagement von jungen Menschen im Rahmen des Freiwilligen Sozialen Jahres ist wichtig: Sie helfen bei hauswirtschaftlichen Tätigkeiten, machen Boten- und Fahrdienste, begleiten bei Ausflügen und Spaziergängen.

Rund um die Pflege stehen zum Beispiel das rückenschonende Arbeiten, Hygiene und Krankenhauskeime, Sturzprophylaxe und Ernährung auf dem Programm. Oft kommen die Angehörigen erst sehr spät in die Kurse – so auch eine pflegende Ehefrau nach ihrem dritten Bandscheibenvorfall. Zahlreiche Angebote gibt es auch zu den großen Themen Demenz, Parkinson oder Depressionen. Der Austausch mit anderen Betroffenen ist dabei ein positiver Nebeneffekt. Die Teilnehmer erleben, dass sie nicht allein sind. Oft gibt es Tipps und Anregungen von Menschen, die sich in einer vergleichbaren Situation befinden. Das macht Mut, um für den Ehepartner oder die Eltern auch weiterhin auf Dauer da zu sein und die Fürsorge zu übernehmen.

Im Internet sind die Anbieter für die Pflegekurse unter den Suchbegriffen »Pflegekurse«, »Angehörigenschule« am Heimatort zu finden.

Renten- und Unfallversicherung

Die Pflegekasse zahlt für Pflegepersonen unter bestimmten Voraussetzungen Beiträge zur gesetzlichen Renten- und Unfallversicherung. Dazu sind die entsprechenden Anträge bei der Pflegekasse zu stellen. Nähere Informationen gibt:

- die Pflegekasse
- die Broschüre »Rente für Pflegepersonen – Ihr Einsatz lohnt sich«, die kostenlos erhältlich ist bei:
  Deutsche Rentenversicherung-Bund
  ☎ *0800/100 004 80 70*
  Vertriebs-Callcenter
  10704 Berlin
  www.deutsche-rentenversicherung-bund.de
- das kostenlose Faltblatt »Zu Ihrer Sicherheit – Unfallversichert bei häuslicher Pflege von Angehörigen«, erhältlich bei:
  Publikationsversand
  ☎ *030/18 27 22 721*
  der Bundesregierung
  www.bmas.de

Freistellung von der Arbeit

Die meisten pflegebedürftigen Senioren werden von der Familie zu Hause betreut und gepflegt. Um die Pflege von nahen Angehörigen und den Beruf besser miteinander zu verbinden, gibt es verschiedene Möglichkeiten der beruflichen Auszeit.

Kurzfristige Arbeitsverhinderung bis zu zehn Tage

Manchmal müssen Angehörige plötzlich bei der Pflege innerhalb der Familie einspringen. Die Pflegeversicherung ermöglicht Arbeitnehmern, sich bis zu zehn Tage ganz oder teilweise von der Arbeit befreien zu lassen. Dieser Anspruch auf Pflegezeit besteht, wenn ein pflegebedürftiger naher Angehöriger aufgrund einer akuten gesundheitlichen Krise gepflegt werden muss oder eine entsprechende Pflege zu organisieren ist. Hierzu zählt auch das Zusammentragen von Informationen, um die Pflege zu planen. Der Medizinische Dienst der Krankenkassen stellt in so einem Fall eine Bestätigung aus, die beim Arbeitgeber einzureichen ist. Diese Regelung gilt für alle Betriebe, egal, wie viele Mitarbeiter dort beschäftigt sind. Der Arbeitgeber zahlt für diese Zeit kein Gehalt. Für die bis zu zehntägige Auszeit erhalten berufstätige Angehörige von der Pflegekasse des Pflegebedürftigen als Lohnersatzleistung das Pflegeunterstützungsgeld. Der Antrag ist vom Beschäftigten bei der Pflegekasse des Pflegebedürftigen zu stellen. Wie viel Pflegeunterstützungsgeld gezahlt wird, richtet sich nach dem Einkommen. Gezahlt werden 70 Prozent des Bruttoverdienstes, maximal 90 Prozent vom Nettoverdienst.

Pflegezeit bis zu sechs Monate

Wer über einen längeren Zeitraum seinen Angehörigen zu Hause pflegen möchte, kann sich ganz oder teilweise bis zu sechs Monate von der Arbeit freistellen lassen. Die Pflegezeit muss zehn Tage vorher angemeldet werden. Dazu ist eine Bescheinigung vorzulegen, in der mindestens der Pflegegrad 1 bestätigt wird.

Für die bis zu sechsmonatige Freistellung von der Arbeit wird weder das Gehalt weitergezahlt, noch gibt es eine Lohnersatzleistung von der Pflegekasse. Zur teilweisen Finanzierung des eigenen Lebensunterhalts kann beim Bundesamt für Familie ein zinsloses Darlehen beantragt werden. Die Auszahlung des Darlehens erfolgt in monatlichen Raten. Die Rückzahlung beginnt mit dem Ende der Pflegezeit. Wer kein Gehalt bezieht, ist auch nicht kranken- oder pflegeversichert. Hier ist es ratsam, für die Pflegezeit bei der eigenen Krankenkasse eine freiwillige Versicherung abzuschließen. An den Kosten beteiligt sich die Pflegekasse des Pflegebedürftigen mit einem Beitragszuschuss. Diese Regelung gilt nur für Betriebe mit mindestens 16 Beschäftigten.

Familienpflegezeit

Wer einen Angehörigen zu Hause über längere Zeit pflegen will und berufstätig ist, kann mit seinem Arbeitgeber eine schriftliche Vereinbarung schließen, die das Einkommen bei reduzierter Arbeitszeit weitgehend sichert. Einen Rechtsanspruch auf Familienpflegezeit gibt es nur bei Betrieben mit mindestens 26 Mitarbeitern. In der Pflegephase kann für maximal 24 Monate die Arbeitszeit auf bis zu 15 Stunden pro Woche reduziert werden.

Wer zum Beispiel die Arbeitszeit seiner Vollzeitbeschäftigung halbiert, erhält in der Pflegephase 75 Prozent seines Bruttoeinkommens. In der Nachpflegephase arbeitet man wieder Vollzeit und erhält weiterhin 75 Prozent, bis das Zeitkonto ausgeglichen ist. Zur teilweisen Finanzierung des eigenen Lebensunterhalts kann beim Bundesamt für Familie ein zinsloses Darlehen beantragt werden. Die Auszahlung des Darlehens erfolgt in monatlichen Raten. Die Rückzahlung beginnt mit dem Ende der Familienpflegezeit.

Für den Fall, dass der Arbeitnehmer während der Familienpflegezeit erwerbsunfähig wird oder stirbt, muss eine private Familienpflegezeitversicherung abgeschlossen werden, die den Arbeitgeber vor einem Ausfall schützt.

Das Pflegetelefon der Bundesregierung bietet schnelle Hilfe für Angehörige, die rund um das Thema Pflege Unterstützung benötigen oder sich in einer schwierigen Situation befinden. Das Pflegetelefon ist von Montag bis Donnerstag zwischen 9 und 18 Uhr zu erreichen.
☎ 030/20 17 91 31
www.wege-zur-pflege.de

Eine Übersicht der Pflegestützpunkte vor Ort sind unter www.pflegestuetzpunkte-deutschlandweit.de zu finden.

Wohnungsanpassung

Wenn die körperliche Bewegungsfreiheit nachlässt, merkt man schnell, wie mühsam es sein kann, die Wohnung oder das eigene Haus zu nutzen. Es ist nicht mehr möglich, allein zu duschen, da der Einstieg in die Badewanne mittlerweile zu hoch geworden ist. Das Bad und das Schlafzimmer im ersten Stockwerk sind nur über eine Treppe zu erreichen, die man nicht mehr sicher herauf- und herunterkommt. Hier gilt es, Abhilfe zu schaffen. Zusätzliche Einbauten wie ein Treppenlift, die Umgestaltung des Badezimmers mit einer Dusche oder seine Verlegung ins Erdgeschoss kosten Geld. Dafür gibt es folgende Fördermaßnahmen.

4.000 Euro von der Pflegekasse

Wenn ein Pflegegrad vorhanden ist, zahlt die Pflegekasse einen Zuschuss. Unter Berücksichtigung einer angemessenen Eigenbeteiligung werden bis zu 4.000 Euro pro Maß-

Dieses Einfamilienhaus aus dem Jahr 1953 ist im vergangenem Jahr seniorengerecht renoviert worden.

nahme bezahlt. Der gleichzeitige Einbau eines Treppenlifts und der Umbau des Bades gelten als eine Maßnahme.

Eine Baumaßnahme darf erst begonnen werden, wenn der Zuschuss bewilligt wurde. Wer schon vorher mit dem Umbau anfängt, erhält im Nachhinein keinen Zuschuss.

KfW-Förderbank-Programme

Die Kreditanstalt für Wiederaufbau fördert den altersgerechten Umbau mit zinsgünstigen Krediten, um unabhängig von Alter und Einschränkung eine selbstbestimmte Lebensführung zu ermöglichen. Dazu zählen alle Maßnahmen zur Barrierereduzierung in der Wohnung, im Wohngebäude und im Umfeld. Privatpersonen oder Mieter können mit schriftlicher Zustimmung des Vermieters 100 Prozent der förderfähigen Kosten, maximal 50.000 Euro pro Wohneinheit, beantragen. Die Baumaßnahme darf auch hier erst beginnen, nachdem der Antrag genehmigt worden ist. Die Zinsen beginnen ab 0,78 Prozent per anno. Ein Antrag auf Leistungen des KfW-Förderbank-Programms Nr. 159 erfolgt immer über die eigene Hausbank. Als Privatperson kann alternativ über das Programm 455-B ein Zuschuss bis zu einer Höhe von 6.250 Euro beantragt werden – unabhängig vom Alter.

Vollstationäre Pflege

Im Alten- und Pflegeheim sowie im Pflegebereich einer Residenz werden Zuschüsse für vollstationäre Pflege gewährt.

Beantragt der Versicherte vollstationäre Pflege, nehmen die MDK-Mitarbeiter auch dazu Stellung, ob eine Unterbringung in einer vollstationären Einrichtung erforderlich ist. Sie bescheinigen dann die »Heimpflegebedürftigkeit«.

Heimpflegebedürftigkeit

Unter folgenden Voraussetzungen wird Heimpflegebedürftigkeit von der Pflegekasse attestiert:

- Fehlen einer Pflegeperson
- fehlende Bereitschaft möglicher Pflegepersonen
- drohende oder bereits eingetretene Überforderung der Pflegeperson
- drohende oder bereits eingetretene Verwahrlosung des Pflegebedürftigen
- Eigen- oder Fremdgefährdungstendenzen des Pflegebedürftigen
- räumliche Unzulänglichkeiten lassen die Pflege nicht zu

Leistungen der Pflegekasse

Grad 1	Grad 2	Grad 3	Grad 4	Grad 5
125,–*	770,–	1.262,–	1.775,–	2.005,-

*Die Euro 125,– werden nur gegen Rechnung für zusätzliche Entlastungsleistungen erstattet, siehe Seite 142.
Die Pflegekassen übernehmen dabei maximal 75 Prozent des Heimentgeltes.

Vorbereitung auf die Begutachtung

Bevor die Pflegekasse eine Entscheidung über die Pflegebedürftigkeit trifft, findet ein angemeldeter Besuch des Medizinischen Dienstes der Krankenkassen statt. Die Gutachter haben den Umfang der Pflegebedürftigkeit festzustellen und sind dabei auf die Angaben der Pflegebedürftigen und Angehörigen angewiesen. Zur Entscheidungsfindung werden Einzelheiten über alle Hilfestellungen und Pflegeleistungen benötigt, die am Tag und in der Nacht erbracht werden.

Hilfreich ist es, eine Woche lang ein Pflegetagebuch zu führen, das dem MDK bei der Begutachtung vorgelegt werden sollte. Dies ermöglicht eine detaillierte Aufzeichnung der Hilfs- und Pflegetätigkeiten. Das ist eine gute Gedächtnisstütze, um beim Besuch des Gutachters nichts zu vergessen. Ein Pflegetagebuch kann bei den Krankenkassen angefordert werden.

Kurzzeitpflege

Wer pflegebedürftig im Sinne der Pflegeversicherung ist, hat ab Pflegegrad 2 Anspruch auf 28 Tage Kurzzeitpflege im Jahr. Das kann nach einem Krankenhausaufenthalt nötig sein oder zur Bewältigung von Krisensituationen bei der

Wer nicht pflegebedürftig ist, muss die Kurzzeit- und Verhinderungspflege selbst zahlen. In jedem Fall ist ein Eigenanteil zu entrichten.

häuslichen Pflege. Hierfür steht ein Zuschuss in Höhe von bis zu 1.612 Euro für die Pflegekosten zur Verfügung. Unterkunft, Verpflegung und die Investitionskosten bezahlt man selbst. Mit der Übertragung der Ansprüche aus der Verhinderungspflege können bis zu 56 Tage Kurzzeitpflege mit einem Gesamtzuschuss von 3.224 Euro gewährt werden. Während der Kurzzeitpflege wird das hälftige Pflegegeld (siehe Seite 139) bis zu vier Wochen weitergezahlt.

Verhinderungspflege

Ist der pflegende Angehörige im Urlaub oder krank, wird eine externe Pflegekraft oder Vertretung benötigt. Die Verhinderungspflege wird bis zu 28 Tage bezuschusst. Hierfür stehen pro Jahr 1.612 Euro zur Verfügung. Mit der Übertragung von Ansprüchen aus der Kurzzeitpflege können Zuschüsse bis zu 2.418 Euro für 42 Tage Verhinderungspflege gewährt werden. Während der Verhinderungspflege wird das hälftige Pflegegeld bis zu vier Wochen weitergezahlt.

Tipp: Wer erst nach Ablauf der Kurzzeitpflege die Verhinderungspflege, oder umgekehrt, beantragt, dem wird das hälftige Pflegegeld nicht nur für vier Wochen, sondern bis zu acht Wochen weitergezahlt. Möglich ist es außerdem, die »zusätzlichen Entlastungsleistungen« zu nutzen, um die Rechnung zu begleichen. Trotzdem wird immer ein Eigenanteil zu zahlen sein.

Der schwere Gang zum Sozialamt

Kein Elternunterhalt bei Einkommen bis 100.000 Euro. Welche Regelungen gelten für Ehepaare?

Wenn Eltern pflegebedürftig werden und nicht genug Geld für die Pflege durch einen ambulanten Dienst oder im Pflegeheim vorhanden ist, springt die Sozialhilfe ein. Bisher hat sich das Sozialamt nach einer Einkommensprüfung das Geld von den Kindern anteilig zurückgeholt. Seit Anfang 2020 gibt es in diesen Fällen eine deutliche Verbesserung für die Angehörigen: Verdienen die Kinder jährlich weniger als 100.000 Euro brutto, müssen sie dem Sozialamt die entstandenen Kosten nicht mehr erstatten. Diese Regelung gilt jedoch nicht für Ehepaare. Was bleibt der gesunden Ehefrau zum Leben, wenn der demenzkranke Ehemann im Heim wohnt? Muss das Haus verkauft oder beliehen werden?

Was bleibt dem gesunden Ehepartner zum Leben?

In unserem Fallbeispiel lebt der Ehemann im Pflegeheim. Das Ehepaar hat zusammen ein Renteneinkommen in Höhe von 2.000 Euro. Es ist zunächst das Ersparte für die Heimkosten einzusetzen. Erst wenn dieses unter dem Sockelbetrag von 10.000 Euro liegt, springt die Sozialhilfe ein. Zur Ermittlung des Beitrags für die Heimkosten werden der gesunden Ehefrau insgesamt 1.805 Euro für Ausgaben vom Familieneinkommen anerkannt, und zwar Grundfreibetrag (878 Euro), Familienzuschlag (307 Euro), Kaltmiete (600 Euro), Versicherungsprämien (20 Euro pro Monat für Haftpflicht, Hausrat, Glas) sowie Schuldverpflichtungen und Kosten für eine Haushaltshilfe. Von diesem »bereinigten Nettoeinkommen« in Höhe von 195 Euro (2.000 – 1.805 Euro) werden 70 Prozent als Kostenbeitrag gefordert (136,50 Euro) zuzüglich 345 Euro für die Einsparung der Verpflegung. Grund: Der Ehemann wird ja bereits im Heim mit Essen und Trinken versorgt.

Das heißt: Von 2.000 Euro Rente bleiben dem gesunden Ehepartner 1.513,50 Euro zum Leben. 486,50 Euro (136,50 + 350 Euro) sind für die Heimkosten des Ehemanns abzuzweigen. Den Rest übernimmt das Sozialamt.

Berechnung des Heimkostenbeitrags

2.000,00 Rente
– 878,00 Grundfreibetrag
– 307,00 Familienzuschlag
– 600,00 Kaltmiete
– 20,00 Hausrat- und Haftpflichtversicherung
= 195,00 bereinigtes Nettoeinkommen
hiervon 70 Prozent
= 136,50 geforderter Kostenbeitrag für das Heimentgelt
+ 350,00 Einsparung der Verpflegung
= 486,50 Kostenbeitrag für das Heimentgelt

Oma bleibt in ihrem kleinen Häuschen

Gisela Meyer ist verzweifelt: Ihr Ehemann Günter (82) ist vor einiger Zeit an Demenz erkrankt. Bisher hat sie seine Betreuung zu Hause noch mit Hilfe eines Pflegedienstes geschafft. Jetzt hat sich sein Zustand so verschlechtert, dass ein Umzug in ein Pflegeheim bevorsteht. Die 76-jährige Ehefrau möchte in dem gemeinsamen Reihenhäuschen wohnen bleiben und befürchtet, nun für die Heimkosten eine Hypothek bei der Bank aufnehmen zu müssen.

Stefan Kinzel vom Betreuungsverein Insel e.V. kennt ähnliche Fälle aus der Praxis. Häufig kümmern sich die Kinder oder andere Familienmitglieder um die Angelegenheit. Gisela Meyer hat aber niemanden, der einspringt, darum würde das Gericht ihr einen amtlich bestellten Betreuer zur Seite stellen, der ihr auf dem Weg durch den Behördendschungel hilft. »Wenn ein Haus oder eine Eigentumswohnung im Spiel ist, wird es kompliziert«, weiß der Diplom-Sozialpädagoge Stefan Kinzel.

»Das Grundsicherungsamt gewährt ein Darlehen, sichert sich allerdings eine Grundschuld auf die Immobilie«, erklärt Stefan Kinzel vom Betreuungsverein Insel e.V.

Was tun, wenn das Ersparte aufgebraucht ist, die Rente und die Zuschüsse der Pflegeversicherung für den Eigenanteil an den Heimkosten und für den Lebensunterhalt von Frau Meyer nicht ausreichen? In solchen Fällen kann ein Antrag beim Grundsicherungsamt auf Übernahme der ungedeckten Heimkosten gestellt werden. Die gesunde Ehefrau kann in ihrem Reihenhaus wohnen bleiben! Ihre Immobilie muss nicht verkauft werden, solange sie dort selbst wohnt. Das Grundsicherungsamt sichert sich allerdings eine Grundschuld. Die Leistungen des Grundsicherungsamtes werden also als Darlehen gewährt. Nähere Informationen erteilen die Grundsicherungs- und Sozialämter.

Zwei Jahre früher in Rente

Mit einem Schwerbehindertenausweis ist das möglich

Die meisten Menschen haben sich über Jahrzehnte auf ihre Gesundheit verlassen können. Doch ein Unfall oder eine Erkrankung kann das schnell ändern. Viele Patienten erleben, dass sie danach noch über Jahre mit den Folgen zu kämpfen haben. Was zählt davon im Sinne einer Schwerbehinderung? »Das ist für Berufstätige interessant, weil sie mit einem Grad der Behinderung von mindestens 50 abschlagsfrei zwei Jahre früher in Rente gehen können«, erklärt Adolf Bauer, Präsident vom Sozialverband Deutschland (SoVD). Wer beispielsweise im November 1960 geboren ist und im April 2027 seine Regelaltersrente erhalten würde, kann bereits im April 2025 die »Altersrente für schwerbehinderte Menschen« in Anspruch nehmen.

Als Grundlage für die Prüfung und Genehmigung eines Antrags nutzt das zuständige Versorgungsamt die »Versorgungsmedizinverordnung«. Darin werden die körperlichen,

Der Präsident des Sozialverbands Deutschland Adolf Bauer freut sich: Der Behindertenpauschbetrag ist im Januar 2021 angehoben worden.

seelischen und geistigen Einschränkungen mit dem jeweiligen Grad der Behinderung bewertet. Dazu zählen etwa Krebserkrankungen, Rheuma, Herzrhythmusstörungen oder Tinnitus. Diese Übersicht ist hilfreich bei der Selbsteinschätzung. »Sämtliche Einschränkungen – auch etwa zusätzliche Schmerzen – sollten genau dokumentiert und dem Antrag beigefügt werden«, rät SoVD-Präsident Bauer. Die »Versorgungsmedizinverordnung« vom Bundesministerium für Arbeit und Soziales ist als 160-seitige Broschüre im Internet zu finden, sie kann auch kostenlos unter der Rufnummer 030/18 272 272 1 angefordert werden.

Zu empfehlen ist auch die Broschüre »Nachteilsausgleiche für Menschen mit Behinderungen«, die vom Sozialverband Deutschland herausgegeben wird. Die steuerlichen Behindertenpauschbeträge – zwischen 384 und 2.840 Euro pro Jahr – sind genauso aufgeführt wie die Voraussetzungen für einen früheren Renteneintritt. Ein Überblick, um seine Rechte durchsetzen zu können. Das Heft ist im Internet unter www.sovd.de zu finden.

Wie hoch ist die Witwenrente?

Das wollen viele Paare wissen

Für Ehepaare und eingetragene Lebenspartnerschaften ist es wichtig zu wissen, wie sich nach dem Tod des Partners die Witwenrente berechnet. Welche monatlichen Zahlungen sind dann von den Rentenkassen zu erwarten? Kann davon beispielsweise noch die Miete für die große Wohnung bezahlt werden, oder muss man sich verkleinern?

Wenn der Ehemann allein für die Familie gesorgt hat, die Ehefrau kein eigenes Einkommen und keine eigene Rente bezieht, ist die Rechnung einfach: Der verstorbene Ehemann hatte eine Rente in Höhe von 1.400 Euro monatlich. Sofern das Paar vor dem 1.1.2002 geheiratet hat, werden 60 Prozent Witwenrente gezahlt. Bei Ehepaaren, die danach geheiratet haben, sind es 55 Prozent. Danach erhält die Witwe 840 bzw. 770 Euro monatlich. Wer noch nicht so lange verheiratet ist, muss sich also auf eine um fünf Prozent gekürzte Hinterbliebenenrente einstellen.

Ursprünglich war die Witwenrente für unversorgte Hinterbliebene gedacht. Sofern diese jedoch über eigene Einkünfte (Arbeitseinkommen, Vermögensverträge oder Renten) verfügen, wird die Witwenrente gekürzt.

Ein Zahlenbeispiel: Rita und Willi sind seit 1978 verheiratet. Willi bekommt 1.400 Euro monatliche Rente. Nach Willis Tod würde Rita eine Witwenrente, so wie oben vorgerechnet, erhalten. Diese wird jedoch gekürzt, weil sie eine eigene Rente in Höhe von 960 Euro (netto) bekommt. In den alten Bundesländern wird darauf ein Freibetrag (902,62 Euro) anerkannt. In den neuen Bundesländern sind es 877,27 Euro. Von den über dem Freibetrag liegenden 57,38 Euro werden 40 Prozent (also 22,95 Euro) von der Witwenrente abgezogen. Damit erhält Rita eine gekürzte Witwenrente in Höhe von 817,05 Euro (840 – 22,95). Mit ihrer eigenen Rente kommt sie auf 1.777,05 Euro (817,05 + 960).

Berechnung der Witwenrente

Ritas Rente:	960,00 €	Willis Rente:	1.400,00 €
Freibetrag:	–902,62 €	60% von Willi:	840,00 €
	57,38 €	40% von 57,38 € :	–22,95 €
		Witwenrente:	**817,05 €**

Die Einkommensteuererklärung

Pflegekosten geltend machen und Steuern sparen

Nach dem Tod eines Familienangehörigen haben die Hinterbliebenen viel zu tun, um die Beerdigung zu organisieren und den Nachlass zu regeln. Was oft vergessen wird: Im Jahr danach ist noch eine Einkommensteuererklärung für den Verstorbenen beim Finanzamt einzureichen.

Wer das vergisst, wird dazu eine Aufforderung vom Finanzamt erhalten, »denn die Steuerbehörden werden automatisch vom Einwohnermeldeamt über den Erbschein und den Rechtsnachfolger informiert«, erklärt der Wirtschaftsprüfer und Steuerberater Christian Klett und berichtet von folgendem Fall: Einem Sohn flatterte ein Jahr nach dem Tod seines Vaters die Aufforderung ins Haus, die Einkommensteuererklärungen für die vergangenen drei Jahre einzureichen. Das Renteneinkommen des Verstorbenen war bekannt, da es einen Datenaustausch zwischen der Deutschen Rentenversicherung Bund und den Finanzämtern gibt. Doch der Erbe hatte alle Unterlagen vernichtet und konnte keine »außergewöhnlichen Belastungen« wie etwa die Pflegekosten für seinen verstorbenen Vater geltend machen.

Christian Klett rät den Familien von älteren Angehörigen zu einer regelmäßigen Durchsicht der Unterlagen, um Rechnungen bei der Steuer einreichen zu können.

Christian Klett versteht die Hinterbliebenen, die mit dem Thema abschließen und einen »emotionalen Kehraus« machen wollen. Doch mit den Rechnungen etwa für Taxikosten zum Arzt, Zuzahlungen für Medikamente und Therapien, Pflegekosten für die Pflege zu Hause oder im Altenheim kann die Steuerlast um bis zu 4.000 Euro jährlich gemindert werden. Deshalb der Tipp an die Angehörigen: Bewahren Sie alle Belege auf, um sowohl bei der jährlichen Einkommensteuererklärung als auch bei der »Schlussabrechnung« die »außergewöhnlichen Belastungen« beim Finanzamt geltend machen zu können.

Die Zeiten, in denen die Renteneinkommen nur mit dem Ertragsanteil in Höhe von 27 Prozent versteuert wurden und kaum ein Rentner Steuern zahlen musste, sind lange vorbei. Seit 2005 werden die Einkommen der älteren Generation zunehmend versteuert. Wer im Jahr 2021 in Rente geht, muss bereits 82 Prozent seines Einkommens versteuern. Dieser Prozentsatz steigt bis 2030 auf 100 Prozent. Eine fachliche Unterstützung bieten Steuerberater oder Lohnsteuerhilfevereine.

Wohngemeinschaften

Leben in einer Pflegewohngemeinschaft

Eine Alternative zum Altenheim

Die Mutter aller Wohngemeinschaften, die Kommune 1, wurde im Januar 1967 in West-Berlin gegründet. Vieles, was damals im Rahmen der außerparlamentarischen Opposition ausprobiert worden ist, hat sich überlebt. Doch das alternative Wohnen hat sich über die Jahrzehnte weiterentwickelt. Ob heute Studenten aus wirtschaftlichen Gründen zusammenleben oder Senioren in eine WG ziehen – die Idee vom selbstbestimmten Leben hat sich durchgesetzt. In den Pflegewohngemeinschaften leben zum großen Teil auch an Demenz erkrankte Bewohner, die eine Alternative zum Pflegeheim gefunden haben.

Immer mehr Wohnungsunternehmen bauen um oder neu und stellen Wohnraum für Senioren zur Verfügung. Eine Pflegewohngemeinschaft hat sieben bis zehn Zimmer, barrierefreie Bäder sowie eine Wohnküche mit Balkon oder Terrasse.

Kein geschützter Begriff

Der große Unterschied zum Pflegeheim besteht darin, dass die Pflege ambulant abgerechnet wird und die Bewohner selbstbestimmt leben. Wenn man alle Kosten zusammenrechnet, ist das Wohnen in einer Senioren-WG nicht billiger als im Pflegeheim. Ein Preisbeispiel: Ein Zimmer mit 11 Quadratmetern kostet 340 Euro, hinzukommen 250 Euro für die Mahlzeiten und 3.919,20 Euro Pflegekosten – etwa bei einem Bewohner mit Pflegegrad 4. Die Pflegekasse beteiligt sich mit 1.612 Euro. Damit ergeben sich monatliche Kosten in Höhe von 2.892,20 Euro. Das ist deutlich teurer als im stationären Bereich.

Da der Begriff der Pflegewohngemeinschaften nicht geschützt ist, gibt es auch Altenheime, die diese Wohnform für ihre Bewohner anbieten. Das sind Wohngruppen mit etwa 10 bis 15 Bewohnern, die auf einer Etage zusammenleben. Dieser kleine Etikettenschwindel kann jedoch nicht darüber hinwegtäuschen, dass es sich um den klassischen Betrieb eines Altenheims handelt. Zu erkennen ist das an den Heimentgelten und Zuschüssen für vollstationäre Pflege der Pflegeversicherung.

Neuerdings werden auch Pflegewohnungen angeboten. Die Mieter sind bereits beim Einzug pflegebedürftig. Sie werden in der Wohnung durch einen ambulanten Dienst versorgt. Insbesondere die demenzkranken Bewohner werden – und das ist der Unterschied zum Servicewohnen – im Rahmen einer Tagespflege betreut. Wer sich also für ein selbstständiges Leben in einer abgeschlossenen Wohnung interessiert, sollte fragen, wie im Pflegefall die Mahlzeitenversorgung, Dementenbetreuung und Freizeitgestaltung sowie die Nachtpflege in der Gemeinschaft aussehen, und welche Kosten zusätzlich zur Miete anfallen, nämlich für Pflege, Hauswirtschaft, Mahlzeiten, Betreuung und Freizeit.

Suchbegriffe im Internet: Pflegewohngemeinschaften, Demenz-WG, Pflegewohnungen, ambulant betreute Wohngemeinschaften am Heimatort

Beispiel Pflegewohngemeinschaft

Bei den Pflegewohngemeinschaften gibt es meistens eine klare Aufgabenverteilung: Wohnungsbaugenossenschaften, Stiftungen oder private Eigentümer stellen Wohnraum zur Verfügung. Der Betreiber ist beispielsweise ein eingetragener Verein, der Betreuung sowie ambulante Pflege leistet.

Ursula Stenzel (90) fühlt sich in ihrer Wohngemeinschaft zu Hause. Darüber freuen sich Markus Heisinger-Schütz und Sylvia Steenhardt.

Billig ist das Wohnen hier nicht, doch »dadurch haben wir eine hervorragende personelle Ausstattung«, erklärt Markus Heisinger-Schütz, der als Geschäftsführer für den Betrieb in der Wohngemeinschaft verantwortlich ist. »Wir kochen und essen zusammen, Bingo, Memory und ein Wissensquiz sind sehr beliebt, manchmal bringt die Tochter eines Bewohners ihren Hund mit«, beschreibt Hauswirtschaftskraft Sylvia Steenhardt den Alltag in der WG. Außerdem wird in jedem Monat ein Ausflug angeboten: Mit dem hauseigenen Kleinbus geht es zum Beispiel in den Botanischen Garten, in den Zoo oder zum Spargelhof. Die Betreuung demenzkranker Bewohner ist auch nachts gewährleistet.

Muster Pflegewohngemeinschaft

In diesem Mietshaus lebt auf einer Etage eine Senioren-WG.

Wohnen: Pflegewohngemeinschaft mit 7 Zimmern

Ausstattung: Die Zimmer haben eine Größe zwischen 11 und 21 Quadratmetern. Die Bewohner richten sich in ihren Zimmern mit eigenen Möbeln ein. Die Seniorenwohngemeinschaft hat einen Wohnbereich mit Küche und Balkon sowie ein barrierefreies Gemeinschaftsbad.

Monatliche Kosten:
Miete: 340 bis 430 Euro
Mahlzeiten: 200 bis 250 Euro
zuzüglich Pflegekosten

Beispiel: für einen Bewohner mit Pflegegrad 4
Ein Zimmer 11 m²

Miete monatlich:	340,00 Euro
Mahlzeiten monatlich:	250,00 Euro
Pflegekosten Grad 4 für 30 Tage:	3.919,20 Euro
	4.509,20 Euro
Zuschuss der Pflegeversicherung	–1.612,00 Euro
Eigenleistungen monatlich:	2.897,20 Euro

Einzug: Zum Einzug sind eine Einstufung des Pflegegrades und der Erwerb von Genossenschaftsanteilen in Höhe von 1.200 Euro erforderlich. Zudem erhebt die Genossenschaft ein Eintrittsgeld für die Mitgliedschaft von 300 Euro.

Kosten: Die Pflegekosten werden individuell nach Leistungskomplexen oder Tagespauschale erhoben.

Zu Hause

In der vertrauten Umgebung bleiben

Es entspricht dem Wunsch der meisten Menschen, so lange wie möglich in den eigenen vier Wänden zu leben. Diese Entscheidung, ausdrücklich nicht in eine Seniorenwohnung oder bei einsetzender Pflegebedürftigkeit nicht gleich ins Pflegeheim zu ziehen, ist richtig. »Ein Umzug ins Heim ist nur dann notwendig, wenn man aufgrund einer Demenz nicht mehr allein zurechtkommt, die Einsamkeit nicht mehr erträgt oder im Notfall nicht in der Lage ist, Hilfe zu rufen«, erklärt Dr. Ann-Kathrin Meyer, Fachärztin für Innere Medizin und Altersheilkunde (Geriatrie).

Auch zu Hause lassen sich Pflege und Betreuung organisieren. Dabei ist es sinnvoll, sich rechtzeitig einen Überblick zu verschaffen: Ein seniorengerechter Umbau der Wohnung kann bereits bei der Planung für die nächste Renovierung in Angriff genommen werden. Im Notfall lassen sich dann Hausnotruf, Mittagstisch, Tages- und Kurzzeitpflege sowie die Pflege durch einen ambulanten Dienst nach Bedarf kombinieren.

In baulicher Hinsicht ist heute fast immer ein bodengleicher oder bodennaher Einbau einer Dusche möglich.

Umbau der Wohnung

Altersgerechtes Wohnen in den eigenen vier Wänden

Die Entscheidung ist gefallen: Ein älteres Ehepaar hat sich ganz bewusst entschieden, so lange wie möglich in der vertrauten Umgebung zu bleiben. Die beiden Senioren wissen, dass ihre Wohnung im dritten Stock ohne Aufzug in Zukunft zum Problem werden kann. Zufällig wird im Erdgeschoss eine Wohnung frei. Die beiden greifen zu. Um in die neue, baugleiche Wohnung mit 71 Quadratmetern zu gelangen, sind immer noch sechs Treppenstufen zu überwinden. Genau genommen ist das zwar kein barrierefreies Wohnen, aber diesen Kompromiss nehmen sie in Kauf. Die Wohnung muss komplett renoviert werden. Dabei lassen sich zahlreiche Details berücksichtigen, um künftig altersgerecht wohnen zu können.

Beim Badkomfort an morgen denken

Im Bad wollen wir uns wohlfühlen, aber auch sicher bewegen können; die Ausstattung soll unseren heutigen Anforderungen entsprechen, uns aber auch noch morgen unterstützen. Dabei lässt sich schon mit kleinen Veränderungen viel verbessern: Eine Handtuchstange, auf der man sich lieber nicht abstützen sollte, lässt sich durch einen stabilen Haltegriff mit Ablagefunktion fürs Handtuch ersetzen. Die feste Verankerung in der Wand sollte ein Profi übernehmen. Kein großer Umbau ist auch der Austausch des alten Waschbeckens gegen ein neues mit Beinfreiheit, sodass man einen Stuhl oder Hocker heranrücken kann. Noch mehr Komfort bieten Waschtische mit seitlich eingearbeiteten Mulden zum Festhalten. Solche Modelle müssen nicht wie die von der Pflegestation aussehen, sie sind auch in stilvollem Design

Sicherheit rund ums Waschbecken. Der Handtuchhalter mit einer stabilen Befestigung in der Wand kann auch zum Abstützen genutzt werden.

erhältlich. Der neue Einhandmischer, wenn gewünscht mit verlängertem Bedienhebel, ist ebenfalls eine kleine Verbesserung.

Zu empfehlen ist auch ein kippbarer Spiegel, der so eingestellt werden kann, dass man sich auch im Sitzen gut sehen kann. Solche Badspiegel sind im Kommen.

Helle Beleuchtung von beiden Seiten ist eine Wohltat. Licht ist generell nicht nur eine Frage der Ästhetik, sondern bei eingeschränkter Sehfähigkeit ein Sicherheitsfaktor. Das Generationenbad bietet Badkomfort für den Benutzer »in den besten Jahren« bis ins hohe Alter.

Die Badewanne mit Tür

Wenn es um die zukunftssichere Badmodernisierung geht, ist fast immer vom Ersatz der alten Wanne durch eine bodengleiche Dusche die Rede. Dabei fällt ein Verzicht auf das lieb gewordene Eintauchen ins warme Wasser mit seinen hausmedizinischen Vorzügen mitunter schwer. Zwar punktet die barrierefreie Dusche mit leichter Erreichbarkeit, an-

Heinz Kaiser ist Design-Journalist und Buchautor. 19 Jahre lang hat er für die Zeitschriften »Schöner Wohnen« und »Häuser« u. a. über Trends aus der Bad- und Einrichtungsbranche berichtet. Heute berät er diverse namhafte Unternehmen und Marken. 2012 erschien im Callwey-Verlag sein Buch »Die besten Bäder zum Wohlfühlen«. Der Fachjournalist gibt Anregungen: So könnte ein seniorengerechtes Waschbecken aussehen, eine gute Idee ist die Badewanne mit Tür, und auch eine neue Küche lässt sich altersgerecht planen.

dererseits sind Entspannungsbäder für Muskeln und Gelenke sowie Erkältungsbäder wichtige Argumente für die Wanne. Nicht von ungefähr stellt sich daher die Frage nach einer 2-in-1-Lösung: Duschbadewannen, die hinter einer niedrigen Schwelle geräumigen Platz zum Brausen bieten und sich bei Bedarf in eine vollwertige Badewanne verwandeln lassen. Solche Wannen mit einer verschließbaren Türöffnung sind zunehmend im Sanitärfachgroßhandel verfügbar.

Die Bade-Duschwannen-Kombinationen lassen sich am besten als barrierearm beschreiben: Die Nutzung der Wanne ist zwar nicht bodengleich, es geht hier um die Höhe von etwa einer Treppenstufe. Dafür muss jedoch keine Oberkante von 50 Zentimetern mehr überwunden werden. Die Kombi-Wannen bieten sich für Senioren ebenso an wie in Haushalten, in denen sowohl geduscht als auch gebadet wird und kein Platz für zwei Installationen nebeneinander ist.

Auf Sanitärmessen und über den Sanitärfachgroßhandel können Interessenten die Badewanne mit Tür ausprobieren.

Die Innovationen für mehr Wannenkomfort gehen bei einigen Kombis noch darüber hinaus. Es sind Modelle mit integriertem Hebesitz verfügbar, wo man auf Tastendruck per Motor ins Wasser abgesenkt und wieder zurückgeholt wird. Auch hierbei handelt es sich um eine Lösung mit niedrigschwelliger Türöffnung und bequemer Duschfläche.

Welche Fußböden sind schön und praktisch?

Fliesen in Bad, Küche und Flur sowie Parkett im Wohnzimmer – das hat sich bewährt. Doch ein schöner beigefarbener Teppichboden im Schlafzimmer kann sich schnell als Planungsfehler herausstellen. Zum Beispiel, wenn die Bewohnerin etwas zitterig ist und gern ihre morgendliche Tasse Tee auf der Bettkante trinkt. Da kleckert schon mal etwas

Design-Parkett sieht täuschend echt aus, lässt sich leicht sauber halten und ist eine gute Alternative zu Laminat.

zu Boden. Nach kurzer Zeit muss die Auslegeware ersetzt werden. Eine Alternative ist das sogenannte Design-Parkett. Dieser Vinyl-Belag sieht durch seine Maserung täuschend echt aus, fühlt sich aufgrund der Prägung fast so an wie ein echter Holzfußboden und erzeugt weniger Gehgeräusche als Laminat. Vinyl-Belag ist unempfindlicher gegen Kratzer als Echtholzparkett und lässt sich gut sauber halten.

Die seniorenfreundliche Küchenplanung

Selbstständig bleiben, den Alltag meistern: Gerade in der Küche sind die Herausforderungen mit zunehmendem Alter spürbar. Das liegt weniger an der Ausstattung mit Geräten, Kochgeschirr und Zutaten, sondern an der Organisation, die nicht mehr passt. Gute Erreichbarkeit, Arbeitshöhe und nicht zuletzt Aspekte der Sicherheit, gewinnen an Gewicht. Das gerade Benötigte könnte leichter zur Hand sein, der Rücken entlastet werden. Gute Ergonomie ist mit ein paar praktischen Veränderungen gar nicht schwierig umzusetzen.

So sollten große und oftmals schwere Töpfe besser in breiten Schubladen unter der Arbeitsfläche verstaut sein, als dass sie in der Hockstellung aus dem Unterschrank geholt werden müssen. Das gilt auch für Kochzutaten und kleine Vorräte, die auf Augenhöhe in Apothekerschränke passen, ohne dass man sich bücken oder in den Oberschrank angeln muss. Schränke sind mit Ablagen verfügbar, die sich beim Öffnen zum Benutzer herausdrehen, und dies sogar über Eck aus dem hintersten Winkel. Stichwort Arbeitshöhe: Rückenschonend ist es, wenn die Vorbereitungsfläche zur Körpergröße passt. Für eine niedrigere Arbeitsplatte sind entsprechende Unterschränke verfügbar. Aber auch die Oberschränke sind in ihrer Anordnung und Dimension zu überdenken. Braucht man zwei Etagen, wenn der obere Stauraum nur per Stufentritt zu erreichen ist? Wer mehr investieren will, lässt sich im Fachhandel über elektromotorische Oberschränke und Arbeitshöhen beraten: Per Fernbedienung kommen einem

Die herausziehbaren Apothekerschränke erleichtern die Arbeit in der Küche.

Praktisch sind von innen beleuchtete Hochschränke mit Drehauszügen in Augenhöhe.

dann Schrank und Arbeitsplatte entgegen.

Zu berücksichtigen ist auch der Bedienkomfort an den Elektrogeräten: Vor allem am Herd sollte die Temperatureinstellung auf den ersten Blick sichtbar und einfach zu betätigen sein. Eine Leuchtanzeige mit klaren Ziffern, von oben ablesbar, hilft. Nicht zuletzt schützt Induktionstechnik davor, dass die unbewusst auf dem Herd abgelegte Zeitung Feuer fängt oder ein irrtümlich eingeschaltetes Kochfeld glüht. Erhitzt werden nur Töpfe mit einem magnetischen Boden, damit bleiben alle Platten ohne Topf kalt.

Konflikte mit den Eltern

Helfen ist gar nicht so einfach

Immer wieder sehen Kinder, dass ihre Eltern im Alltag zunehmend schlechter zurechtkommen. Doch alle gut gemeinten Vorschläge und Unterstützungsangebote werden abgelehnt. Warum ist das so?

Die 47-jährige Annalena Peters macht sich große Sorgen um ihre Eltern. Das Ehepaar lebt im eigenen Haus und ist bereits überfordert. Das Schlafzimmer liegt im ersten Stock und die 74-jährige Mutter ist schon mehrfach auf der Treppe gestürzt. Zum Glück hat sie sich bisher nichts gebrochen. Als nach langer Diskussion und Streit die Tochter eine Entscheidung traf und gemeinsam mit dem Bruder das Ehebett im Wohnzimmer aufgestellt hatte, hing über Wochen der Familiensegen schief. Der Vater sah zwar ein, dass damit weitere Treppenstürze verhindert werden können – er fühlte sich jedoch übergangen und bevormundet.

Die Unabhängigkeit ist das Allerwichtigste

»Die Selbstständigkeit zu verlieren, kann große Ängste auslösen«, weiß Diplom-Psychologin Sigrid Jaacks.

Auch wenn nicht mehr alles so klappt wie früher, die Menschen wollen ihre Selbstständigkeit nicht verlieren. Dahinter steht die Angst, auf fremde Hilfe angewiesen zu sein und in die Abhängigkeit zu geraten. Hilfsangebote werden deshalb abgelehnt. »Wenn ich mich auf die ambulante Pflege in der vertrauten Häuslichkeit einlasse, muss ich den Mitarbeitern meine Hilfebedürftigkeit offenbaren«, erklärt Diplom-Psychologin Sigrid Jaacks. Da ist es leichter, so ein Angebot abzulehnen. Zur Begründung heißt es dann oft: »Waschen kann ich mich noch allein. Die vom Pflegedienst machen ja eh nur den Fußboden schmutzig.«

Manchmal wird sogar die vorübergehende Unterstützung nach einer Krankenhausbehandlung durch einen ambulanten Pflegedienst abgelehnt. Eine ältere Patientin hat nach ihrer Entlassung aus der Klinik die Pflege durch eine Sozialstation kurzfristig abgesagt und meinte, sie würde das allein schaffen. Jetzt heißt es abzuwarten: Entweder berappelt sich die Dame in den nächsten Tagen und schafft die eigene Pflege selbst – von der Körperpflege über das Wechseln von Verbänden und das Zusammenstellen und Einnehmen der Tabletten bis zum Haushalt –, oder sie wird schnell an ihre Grenzen stoßen. Mit dieser Erfahrung im Hinterkopf kann sie die Leistungen der ambulanten Pflege womöglich bei einem zweiten Anlauf eher annehmen.

Angst vor sozialen Kontakten

Mit einem Problem haben viele Menschen zu kämpfen, die allein in der vertrauten Häuslichkeit leben, nämlich mit der Einsamkeit. Um dem ständigen Alleinsein zu begegnen, lässt sich die Pflege zu Hause gut mit den Angeboten einer Tagespflegeeinrichtung kombinieren. Doch wenn die Angehörigen vorschlagen, regelmäßig die Tagespflege zu besuchen, stoßen sie auf Ablehnung. Viele Senioren haben regelrecht Angst vor sozialen Kontakten. Meist wird befürchtet, keinen Kontakt in der Gruppe zu finden. »Die anderen kennen sich alle, und ich sitze mit einer Dame zusammen, mit der ich nicht ins Gespräch komme«, heißt es dann beispielsweise.

Einige Kinder meinen es gut, wollen aber zu viel übernehmen. Einige von ihnen entwickeln sich zu regelrechten Helikopter-Kindern. Sinnvoll ist es, die Eltern mitentscheiden zu lassen, welche Pflege- und Betreuungsangebote nötig sind.

Sicherheit für alleinlebende Senioren

Kleine Maßnahmen, große Wirkung

Andreas Walla hat einer alten Dame das Leben gerettet.

Das kam Postbote Andreas Walla seltsam vor: Schon drei Tage lang waren die Rollläden an einer Doppelhaushälfte in seinem Zustellbezirk herabgelassen, das Fahrrad stand an derselben Stelle, ein Fenster war offen und der Briefkasten quoll über. Auch auf sein Klingeln reagierte niemand. Der umsichtige Brief- und Paketzusteller rief geistesgegenwärtig die Feuerwehr und rettete so einer alten Dame das Leben.

Die alleinlebende Seniorin war gestürzt und lag bewusstlos auf dem Boden. Nach einem Klinikaufenthalt geht es der alten Dame inzwischen wieder besser. Für ihre Tochter war der Unfall ein Weckruf: Sie hat ihre Mutter zu sich nach München geholt, wo sie jetzt im Kreise der Familie ihren Lebensabend genießt.

Das Hausnotrufsystem

Wer kümmert sich um mich, wenn ich in meinem Haus gestürzt bin und nicht mehr ans Telefon komme? Diese Frage bewegt viele alleinlebende Senioren. Ein Hausnotruf kann die Lösung sein, sofern der Bewohner bereit ist, den kleinen Sender am Handgelenk oder um den Hals zu tragen.

Immer wieder sind es die Kinder, die ihren Eltern ein Stück Sicherheit ins Haus bringen wollen. »Ich bin doch noch gar nicht so hinfällig, aber meine Tochter möchte das gern«, sagen viele Senioren selbst.

Auf Wunsch kann täglich ein Anwesenheitsknopf am Gerät gedrückt werden, um zu überprüfen, ob es dem Nutzer gut geht. Wird dieser Knopf nicht gedrückt, melden sich die Mitarbeiter der Zentrale über die Freisprechanlage, bei einem Verdacht auf einen Notfall wird sofort Hilfe gerufen.

Mit dem Notrufknopf kann über die Freisprechanlage in der Wohnung eine Verbindung hergestellt werden. Der Mitarbeiter in der Notrufzentrale entscheidet dann, ob ein Rettungseinsatz nötig ist oder ein Angehöriger informiert wird, um vor Ort behilflich zu sein. Monatliche Kosten: etwa 20 Euro. Zusätzlich kann ein Wohnungsschlüssel hinterlegt werden, mit dem sich im Fall der Fälle ein Mitarbeiter auf den Weg machen kann. Monatliche Kosten: etwa 20 Euro.

Die Notfalldose in der Kühlschranktür

Immer mehr Menschen haben zu Hause einen Notfallausweis, Notfallpass oder Notfallordner. Doch bei einem Rettungseinsatz muss es schnell gehen. Sanitäter und Notarzt haben nicht die Zeit, um in den Schränken danach zu suchen. Aus den Erfahrungen unzähliger Rettungskräfte ist eine praktikable Idee entstanden: In der Tür des Kühlschranks ist eine grün-weiße Notfalldose zu finden. Der Inhalt: ein Infoblatt, das über den Gesundheitszustand, Vorerkrankungen, die Blutgruppe, einzunehmende Medikamente und wichtige Kontaktpersonen Auskunft gibt. Auch Unverträglichkeiten können aufgelistet werden. Sogar

Die grün-weiße Notfalldose mit den wichtigsten Daten des Patienten ist in der Kühlschranktür zu finden.

Angaben zu Haustieren und deren Versorgung sind möglich. Wichtig ist, die Angaben regelmäßig zu aktualisieren.

Zu empfehlen sind zwei Aufkleber an der Innenseite der Wohnungstür sowie an der Außenseite des Kühlschranks. Mit den Informationen in der Notfalldose können die eingetroffenen Erstretter besser und schneller auf die Situation reagieren. Die Dose spart kostbare Zeit und ist eine einfache, wirksame Art und Weise, Leben zu retten.

Die Notfalldose ist in jeder Apotheke für ein paar Euro erhältlich.

Senioren-Assistenz

Unterstützung und Zuwendung im Alter

Wer so lange wie möglich in der vertrauten Umgebung leben möchte, kann sich zahlreiche Dienstleistungen – vom Pflegedienst über die Fußpflege bis zur Haushaltshilfe – in das eigene Zuhause holen. Um den Rest kümmert sich in der Regel die Familie. Doch was tun, wenn es eine Ehefrau allein nicht schafft, ihren demenzkranken Mann rund um die Uhr zu beaufsichtigen? Wer kümmert sich um alleinstehende Menschen, die einsam sind? Die verantwortungsvolle Aufgabe der Seniorenbetreuung kann auch in gute Hände außerhalb der Familie gegeben werden.

Die Idee zur Senioren-Assistenz ist aus persönlicher Betroffenheit entstanden. Der Vater von Ute Büchmann brauchte nach dem Tod seiner Frau dringend Unterstützung – bei den kleinen Dingen des Alltags genauso wie bei der Trauerarbeit. Doch Tochter Ute wohnte nicht vor Ort und konnte dadurch nicht täglich für ihren Vater da sein. Ute Büchmann wird nie vergessen, wie hilflos sie dieser Situation damals gegenüberstand. Aus der Idee, dass es anderen Familien ähnlich gehen müsse, hat Ute Büchmann mit Pioniergeist und Weitsicht inzwischen ein staatlich anerkanntes Ausbildungsinstitut gegründet, das »Qualifizierte Senioren-Assistenten nach dem Plöner Modell« zertifiziert.

Diese Senioren-Assistenten – inzwischen mehr als 1.000 in Deutschland – ergänzen Anforderungen und Wünsche, die über Pflege und Haushaltsführung hinausgehen. Ganz nach Bedarf: stundenweise oder auch längerfristig. Sie begleiten ihre Kunden zum Arzt, informieren über Rechtsfragen rund um die Pflegeversicherung, sorgen für das leibliche Wohl und leisten Gesellschaft ganz nach den individuellen Bedürfnissen der Senioren.

ⓘ Nähere Informationen: ☏ 04307/900-340 oder unter www.die-senioren-assistenten.de

Beispiel einer Senioren-Assistentin

»Bingo, Basteln, Singen – ich kann es nicht mehr hören«, sagt Sylvia School mit einem Augenzwinkern. Die Menschen leben in ihren Wohnungen und reduzieren sich immer mehr. Es sind immer die gleichen ausgelatschten Wege und der gleiche Tagesablauf. Deshalb fragt die Senioren-Assistentin ihre künftigen Kunden in den ersten Gesprächen: »Was sind Ihre Wünsche?« Bei der Antwort »Ich war noch niemals in New York, aber ich traue mir das nicht mehr zu« fängt die 54-Jährige bereits mit der Planung an, wie diese Reise umgesetzt werden kann. Aus der Erfahrung weiß die ehemalige Projektmanagerin im IT-Bereich, dass die Menschen Sehnsüchte haben und oft nur ein kleiner Impuls nötig ist, um das Glück auch tatsächlich zu erleben.

Sylvia School erinnert sich gern an die gemeinsame Zeit mit der Großmutter ihres Ehepartners Uwe. Oma Hanna ist auch noch im hohen Alter durch die Alpen gewandert. Mit 90 Jahren wollte die Seniorin unbedingt noch einmal nach Finnland. Hier ist ihr verstorbener Ehemann im Zweiten Weltkrieg gefallen und liegt auf dem Deutschen Soldatenfriedhof bei Rovaniemi begraben. Sylvia und Uwe konnten den Wunsch der alten Dame erfüllen. Und auch zum 91. Geburtstag hatte Oma Hanna noch ein Reiseziel: Sie wollte noch einmal auf die Coburger Hütte bei Ehrwald in Tirol. Die Familie konnte bei einem Versorgungsflug mit dem Hubschschrauber ans Ziel gebracht werden. Oma Hanna hat sich damit auch noch im hohen Alter einen großen Wunsch erfüllen können und verstarb mit 93 Jahren.

Selbstverständlich ist Sylvia School auch in der Lage, die Pflege ihrer Kunden zu organisieren. Über 16 Jahre hat sie gemeinsam mit ihrer Mutter Traute den demenzkranken Vater Achim bis zu seinem Tod betreut. Danach hat sie ihre Mutter dabei unterstützt, sich selbst wieder ein eigenständiges Leben aufzubauen. Traute ist inzwischen 81 Jahre alt, beschäftigt sich damit, ihre Erinnerungen aufzuschreiben, geht regelmäßig ins Sportstudio und fährt gern mit einer

Sylvia School unternimmt mit einer Seniorin einen Ausflug.

Freundin nach Binz auf Rügen. Sylvia School betont: »Die Menschen haben ein Recht fröhlich zu sein.« Daraus ergeben sich folgende Schwerpunkte ihrer Arbeit: Urlaube planen und organisieren, gemeinsam reisen, Begleitung bei Ausflügen, kulturellen Veranstaltungen, Besuchen von Freunden und Restaurantbesuchen. Computer- und Internetkurse, Fotos sortieren und Fotobücher erstellen, Shoppen, eine Geburtstagsfeier planen, Korrespondenz erledigen, Handwerker- oder Arzttermine vereinbaren. Informationen zu Vorsorgedokumenten, Pflege und zum Testament.

Tagespflege

Gemeinsam den Tag verbringen

Ältere Menschen, die in ihrer vertrauten Umgebung wohnen, können zusätzlich in der Tagespflege betreut werden. Die Gäste werden morgens mit dem Bus abgeholt und am Nachmittag wieder nach Hause gebracht. Ein gemeinsames Frühstück, Gymnastik, Tanzen, Singen, Spiele sowie Gedächtnistraining stehen auf dem Programm. Nach dem Mittagessen und der Mittagsruhe gibt es Kaffee und Kuchen, bevor es gegen 16:00 Uhr wieder nach Hause geht.

Das Ehepaar Czernitzki lebt allein in seinem Haus und kommt zweimal in der Woche in die Tagespflege. Gisela Czernitzki-Leyk war eine berufstätige Mutter. Vier Kinder hat die 81-Jährige gemeinsam mit Ehemann Hannes-Siegfried (86) großgezogen und als staatlich geprüfte Masseurin und Bademeisterin gearbeitet. »Ich habe deshalb noch nie in meinem Leben Kekse gebacken«, erzählt sie. Dazu kommt das Ehepaar erst heute in der Tagespflege.

Der Backofen ist vorgeheizt, weihnachtliche Musik erfüllt den Raum. Den Gästen ist die Vorfreude auf das Backen anzusehen. Alles ist bereits vorbereitet. Hannes-Siegfried Czernitzki dreht den Teig durch die Plätzchenmühle. Ehefrau Gisela legt die Kringel aufs Backblech. Einer der Söhne hatte den regelmäßigen Besuch in der Tagespflege vorgeschlagen, damit seine Eltern nicht vereinsamen. Hinter Gisela Czernitzki-Leyk liegt nämlich eine gesundheitlich schwierige Zeit: Bei einem Treppensturz hatte sie sich zwei Hals- und einen Brustwirbel sowie die rechte Hand gebrochen. Hinzukam ein weiterer Sturz in der Reha – Oberschenkelhalsbruch. »Ich hatte vier Operationen. Das war zu viel für mich, und ich bekam Depressionen. Doch jetzt geht es mir auf einmal wieder gut, weil es hier so nett ist.«

Betreuungskraft Jeanette Vogt ist Hannes-Siegfried Czernitzki dabei behilflich, den Teig durch die Plätzchenmühle zu drehen. Die selbst gebackenen Kekse bringt Gisela Czernitzki-Leyk ihrem Sohn mit.

Pflegedienstleiterin Ute Willersheuser weiß aus Erfahrung, dass der regelmäßige Besuch in der Tagespflege für die Senioren zunächst ungewohnt ist. Sie können sich den Alltag vor Ort nicht vorstellen. Die meisten kommen auf Anregung ihrer Kinder. Doch bereits nach wenigen Wochen sind die Abläufe in Fleisch und Blut übergegangen und die Tagespflege hat sich bereits zum zweiten Wohnzimmer entwickelt. »Die Geselligkeit tut den Menschen gut. Da viele Senioren nicht mehr selbst kochen, können sie hier gesund zu Mittag essen. Außerdem fördern wir die Alltagsfähigkeiten, damit unsere Gäste noch lange in ihrer vertrauten Häuslichkeit leben können«, erklärt Willersheuser.

Kurzzeitpflege

Ursprünglich sollte die Kurzzeitpflege die Familie entlasten, wenn pflegende Angehörige Urlaub machen. Doch auch für Menschen, die nach der Entlassung aus dem Krankenhaus nicht sofort wieder zu Hause leben können, ist die Kurzzeitpflege ideal: nach Augenoperationen, Schlaganfällen, Stürzen oder Krebsbehandlungen. Informationen über die Zuschüsse bei der Kurzzeitpflege bzw. Verhinderungspflege sind auf den Seiten 152 und 153 zu finden.

Entlastung für pflegende Angehörige

Hildegard Cemelka-Michaelsen probiert zum ersten Mal für drei Wochen die Kurzzeitpflege in einem Altenheim aus. Normalerweise wird die 93-Jährige von ihrem Sohn und der Schwiegertochter versorgt. »Hier ist es ganz besonders schön«, sagt die Seniorin. Vom Bingo spielen über das Singen und die Gymnastik bis zu den Mahlzeiten gibt es zahlreiche gesellige Anlässe, um in der großen Wohnküche zusammenzukommen. Der Sohn und die Schwiegertochter renovieren in dieser Zeit die Wohnung von Hildegard Cemelka-Michaelsen und machen ein paar Tage Urlaub. »Wir wohnen auf einem großen Grundstück, das meine Eltern vor über 90 Jahren gekauft haben«, sagt Cemelka-Michaelsen, »in meine kleine renovierte Wohnung will ich auf jeden Fall wieder zurück.«

Pflege nach einem Krankenhausaufenthalt

Wussten Sie, dass ein Patient, der nach einem Oberschenkelhalsbruch operiert wird, nur zwölf Tage im Krankenhaus liegt? Die Krankenhäuser entlassen häufig direkt nach der medizinischen Behandlung. Wer noch Kraft schöpfen muss, um nach einer Hüft-OP wieder auf die Beine zu kommen, kann nach einem Klinikaufenthalt und der anschließenden Reha zum Beispiel die Kurzzeitpflege in Anspruch nehmen. Altenpfleger, Krankenschwestern und Therapeuten leisten hier gemeinsam mit den behandelnden Ärzten wichtige Arbeit.

Hildegard Kühne hatte eine Magen-Darm-Erkrankung. Im Krankenhaus bekam sie Infusionen und wurde nach einer Woche entlassen. »Das war unmöglich, ich konnte mich kaum auf den Beinen halten.« Die 86-Jährige wohnt jetzt für vier Wochen in der Kurzzeitpflege. »Ich muss mich erholen und soll tüchtig essen.« Mit der Physiotherapeutin übt die Seniorin das Stehen, Gehen und Treppensteigen. Täglich gibt es ein Training der Muskulatur sowie des Gleichgewichtssinns. Dieser vierwöchige Aufenthalt wird Sicherheit bringen, um danach wieder mit der Unterstützung eines Pflegedienstes zu Hause leben zu können. »Ich wohne in dem Haus seit über 60 Jahren. Da sind meine beiden Kinder aufgewachsen. Dorthin will ich auf jeden Fall zurück!« Bis dahin macht Hildegard Kühne bei allem mit, was geboten

Wer normalerweise allein lebt, freut sich in der Kurzzeitpflege über die Abwechslung bei den zahlreichen Gruppenaktivitäten.

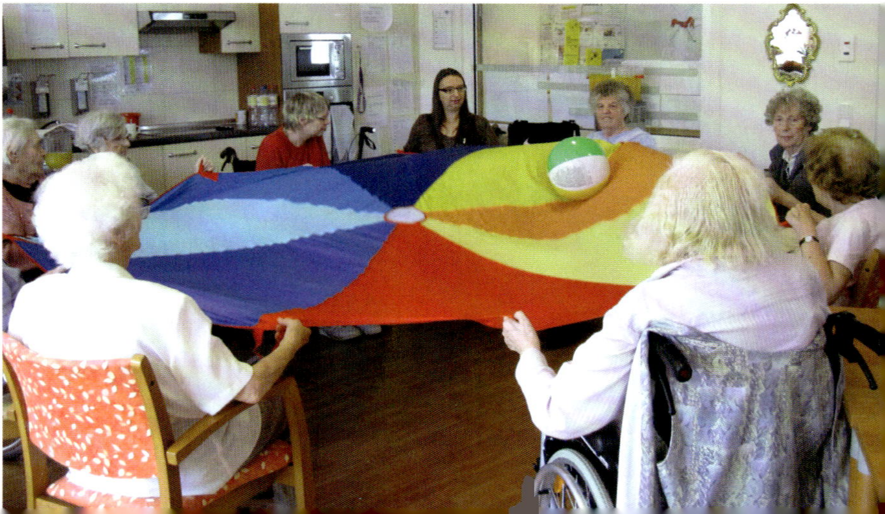

wird: vom Gedächtnistraining über die tägliche Zeitungsrunde bis zum Backen von Franzbrötchen. »Es ist toll, was die hier auf die Beine stellen«, sagt sie.

Ambulante Pflegedienste

Das Leben zu Hause ermöglichen, die Kosten berechnen und eine gute Sozialstation finden

Es ist bedrückend, die alltäglichen Dinge nicht mehr selbst zu schaffen, und es fällt wohl niemandem leicht, dabei um Hilfe bitten zu müssen. Zum Beispiel, wenn der Gleichgewichtssinn gestört ist und deswegen das Beziehen des Bettes oder Ankleiden Probleme bereitet. Es kostet Überwindung, um sich in solch einer Lage einem ambulanten Pflegedienst zu offenbaren.

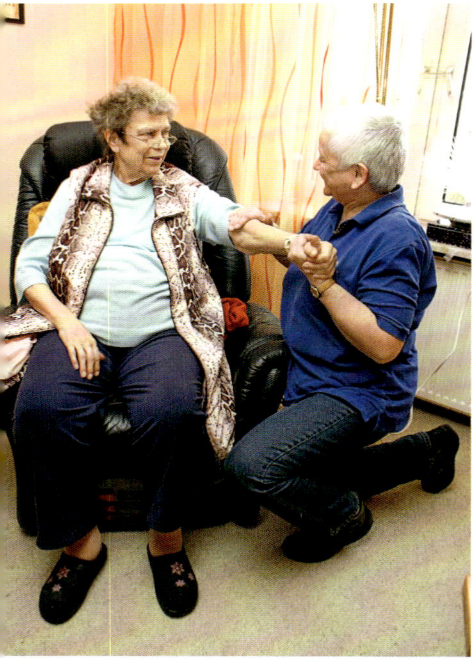

Beim ersten Besuch des Pflegedienstes in der Wohnung des Pflegebedürftigen geht es um das gegenseitige Kennenlernen. Der Pflegedienstmitarbeiter möchte etwas über die Lebensgewohnheiten und Wünsche des künftigen Patienten erfahren. Wann möchten Sie morgens aufstehen? Möchten Sie lieber von einer Dame oder von ei-

Marie-Louise Jungwirth und Pflegefachkraft Susanne Siemers-Grundt bei den Mobilitätsübungen

nem Herrn versorgt werden? Ein Pflegedienst, der diese scheinbar unwichtigen Kleinigkeiten erfragt, hat schon viel zur Zufriedenheit des neuen Patienten beigetragen, denn sein gewohnter Tagesablauf soll möglichst nicht beeinträchtigt werden. Außerdem wird besprochen, wobei der Pflegedienst behilflich sein soll und welche Kosten dafür monatlich anfallen.

Pflege in der Wohnung

Marie-Louise Jungwirth freut sich schon auf den morgendlichen Besuch. »Dank der guten Pflege geht es mir wieder besser. Kopfmäßig bin ich noch gut in Schuss, doch der Körper macht nicht mehr so mit«, erzählt die Seniorin, die sich nur mit einem Rollator in der Wohnung bewegen kann. Die 79-Jährige empfängt Pflegedienstmitarbeiterin Susanne Siemers-Grundt.

Nach dem Tod des Mannes musste Marie-Louise Jungwirth ihr Leben neu ordnen, doch der Körper setzte ihr Grenzen. »Ich hatte das Radfahren und Schwimmen vernachlässigen müssen, musste den Fitnesssport aufgeben«, erzählt sie. All das geht heute nicht mehr, sie geht nur noch selten vor die Tür. So erwies es sich als Glücksfall, dass sie den Kontakt zum Pflegedienst noch besaß. Ein Anruf und schon gab es Hilfe bei den Dingen, die auf einmal so schwerfielen: Hilfe bei der Körperpflege, Anlegen und Ausziehen von Kompressionsstrümpfen oder der Medikamentengabe. »Wir sind jeweils morgens und abends für sie da«, sagt Susanne Siemers-Grundt, die der älteren Dame große Fortschritte bescheinigt. »Wir geben Frau Jungwirth ein großes Stück Lebensqualität zurück, denn es werden auch Mobilitätsübungen durchgeführt«, ergänzt die Pflegefachkraft. Diese kleinen Übungen, die die Arme und Beine oder den

Gleichgewichtssinn trainieren, bieten ihr die Möglichkeit, in der vertrauten Umgebung zu bleiben. Auch schaut regelmäßig die Tochter vorbei, besorgt den Einkauf und geht ihrer Mutter gern zur Hand.

Dass die Pflege mehr als nur Waschen, Anziehen und Medikamentengabe ist, wissen nicht nur die Menschen, die tagtäglich vom Pflegedienst betreut und umsorgt werden. »Natürlich gehört dazu auch das Gespräch mit unseren Betreuten. Schließlich kümmern wir uns ja um Menschen«, sagt Susanne Siemers-Grundt. Für sie stehen die zu pflegenden Menschen an erster Stelle, wird ihnen durch die ambulante Pflege die Chance auf ein weitestgehend selbstbestimmtes Leben geboten.

Mit der Altenpflegerin unterwegs

Mit dem Fahrrad ist Krankenpflegehelferin Ina Dunkel jeden Tag im Stadtteil unterwegs – so wie früher die Gemeindeschwester. Elf Patienten hatte die 29-Jährige im Laufe des heutigen Vormittags zu versorgen: Hilfe beim Aufstehen, Waschen, Duschen und Ankleiden, Frühstück zubereiten. Aber auch kurze Einsätze waren dabei, so musste sie einer älteren Dame Kompressionsstrümpfe anziehen, Patienten Medikamente geben und Insulin spritzen.

Bei der ambulanten Pflege wird zügig gearbeitet, die Zeiten und Preise sind für alle Arbeiten fest vorgegeben. Die Mitarbeiter tragen Verantwortung. Doch selbstverständlich wird während der Pflege und medizinischen Versorgung auch geklönt und gelacht. Außerdem werden von der Pflegekasse Zuschüsse für Betreuungszeiten (125 Euro für »Zusätzliche Entlastungsleistungen« pro Monat, siehe Seite 142 gezahlt. »Das nutzen unsere Patienten auch«, berichtet Ina Dunkel. »Ein älterer Herr hat mir das Schach spielen beige-

Ina Dunkel ist mit dem Fahrrad unterwegs, um ihre Patienten zu versorgen.

bracht. Er war ganz stolz!« Ina Dunkel und ihre Kollegen lesen vor, spielen Rummikub, machen Spaziergänge oder gehen mit den Patienten zum Einkaufen. Auch das Gedächtnistraining ist beliebt.

Viele pflegebedürftige Senioren leben allein, können kaum ohne fremde Hilfe die Wohnung verlassen. Es gibt nur wenige Kontakte zur Familie, zu Nachbarn und Freunden. Es fällt den Menschen schwer, an dieser Situation etwas zu ändern. Man muss erst einmal lernen, mit der Einsamkeit zu leben. »Die Menschen fühlen sich trotzdem in den eigenen vier Wänden wohl, weil es ihr eigenes Reich ist«, hat Ina Dunkel beobachtet. Umso wichtiger ist es, dass die Mitarbeiter der ambulanten Altenpflege ihre Patienten aufmuntern und ihnen Zuwendung schenken.

Ina Dunkel freut sich jetzt auf ihren Feierabend, will zu Hause die Beine hochlegen und entspannen: »Das musste ich auch erst einmal lernen, von der Arbeit abzuschalten.«

Bei der Begutachtung hilft der Pflegedienst

Dass auf einen Antrag bei der Pflegeversicherung ein negativer Bescheid folgt, ist kein Einzelfall. Im häuslichen Bereich wird etwa ein Drittel der Anträge abgelehnt. Oft sind die Anspruchsvoraussetzungen tatsächlich nicht erfüllt, aber auch die MDK-Gutachter machen Fehler. Erste Anlaufstelle für das Verfahren sind daher die ambulanten Dienste. Sie wissen, was im Sinne der Pflegeversicherung zählt, um einen Pflegegrad zu erhalten. Ein Vertreter des künftigen ambulanten Dienstes sollte beim Begutachtungstermin dabei sein. Er kann kontrollieren, ob der Gutachter auch tatsächlich alle relevanten Pflegetätigkeiten anerkennt.

Abrechnung mit den Krankenkassen

Nicht alle Leistungen, die ein ambulanter Dienst erbringt, werden über die Pflegeversicherung abgerechnet. Sofern der Arzt verschreibt, dass Medikamente verabreicht oder Spritzen gegeben werden müssen, kann auch dies von den Pflegekräften eines ambulanten Dienstes übernommen werden. Diese Leistungen heißen »Behandlungspflege« und werden von den Pflegediensten direkt mit der Krankenkasse abgerechnet. Hierfür ist nur eine Rezeptgebühr fällig.

Ein Beispiel: Für Hilde P. wurde der Pflegegrad 2 anerkannt. Die Hilfe beim Anziehen und Waschen zählt zu den Leistungen, die über die Pflegeversicherung abgedeckt werden. Bis zu einer Höhe von 689 Euro rechnet der ambulante Dienst direkt mit der Pflegekasse ab. Alles, was darüber liegt, zahlt die 83-Jährige selbst. Zudem ist die Rentnerin Diabetikerin und auf die lebenswichtigen Insulinspritzen angewiesen. Ihr Hausarzt hat dreimal täglich eine Blutzuckerkontrolle und eine entsprechende Insulingabe verordnet. 90 Einsätze im Monat rechnet der Pflegedienst für die Diabetikerversorgung als Behandlungspflege direkt mit der Krankenkasse ab.

Achtung: Ein ambulanter Dienst, der keine Zulassung für die häusliche Krankenpflege hat, darf nicht mit der Krankenkasse abrechnen. Die Kosten für die Behandlungspflege würden dem Versicherten in Rechnung gestellt.

Was kostet die ambulante Pflege zu Hause?

Für Peter A. ist der Pflegegrad 2 bewilligt worden. Seine Frau Helga braucht dringend morgens und abends Entlastung. Wenn es um das Duschen und Waschen geht, steht sie jedes Mal vor einem großen Problem: Er will sich nicht an- und ausziehen, Duschen und Haare waschen empfindet er als unangenehm. Das führt täglich zum Streit. Lange hat

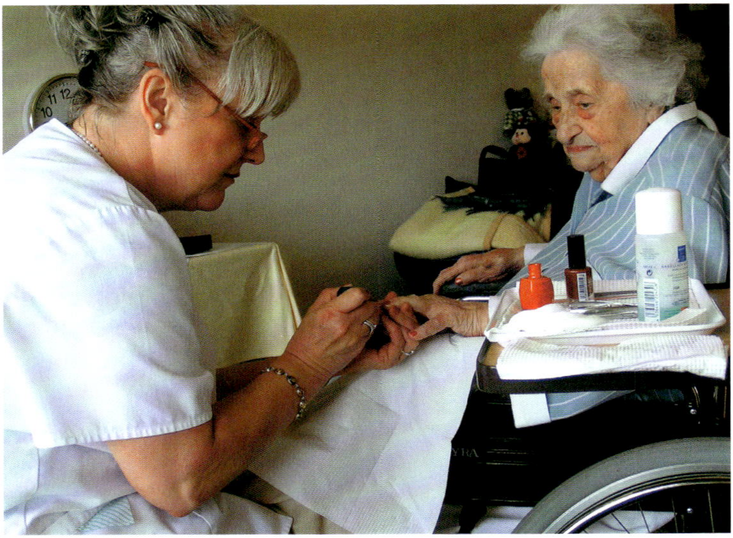

Die schönen Dinge im Leben sind wichtig.

Altenpflege ist anstrengend – körperlich und seelisch. Trotzdem engagieren sich viele junge Menschen in diesem Beruf.

Helga A. überlegt, ob sie sich Hilfe von außen durch einen Pflegedienst holen soll. Doch Ehemann Peter möchte keine Fremden in der Wohnung haben, und ihr ist es peinlich, dass jemand von den dauernden Auseinandersetzungen erfährt. Schließlich ruft Helga A. doch bei einem Pflegedienst an.

Schon beim ersten persönlichen Gespräch spürt das Ehepaar, dass Sympathie vorhanden ist. Peter A. freut sich sogar, dass mal wieder jemand zu Besuch kommt. Zwei Tage später erscheint die Pflegerin zum ersten Mal. Anders als erwartet, beginnt sie ihre Arbeit nicht sofort damit, Herrn A. beim

Duschen behilflich zu sein, sondern unterhält sich mit ihm, um ihm die Berührungsängste zu nehmen. Peter A. ist wie ausgewechselt. Erst am zweiten Tag steht ihm die Schwester morgens im Bad zur Seite. Helga A. ist erleichtert und freut sich sehr darüber, wie umgänglich sich ihr Mann plötzlich gegenüber der professionellen Altenpflegerin zeigt. Außerdem hat sie jetzt eine Gesprächspartnerin, mit der sie endlich einmal über alles reden kann.

Pflege auf Bestellung

Bei der ambulanten Pflege sind die einzelnen Tätigkeiten – von der »Großen Morgentoilette« bis zum Wechseln der Bettwäsche – in sogenannten Leistungskomplexen (kurz LK) festgelegt. Jeder Komplex hat einen Preis, wobei es bei den Pflegediensten Preisunterschiede gibt. In der nachfolgenden Tabelle sind die Durchschnittspreise der Berliner Pflegedienste angegeben.

Preise der Leistungskomplexe

LK	Preis	Erläuterung
1	€ 17,58	Erweiterte kleine Körperpflege 1. Hilfe beim Aufsuchen oder Verlassen des Bettes 2. An-/Auskleiden 3. Teilwaschen 4. Mund- und Zahnpflege 5. Kämmen
2	€ 11,72	Kleine Körperpflege 1. An-/Auskleiden 2. Teilwaschen 3. Mund- und Zahnpflege 4. Kämmen

LK	Preis	Erläuterung
3	a) ohne Baden € 26,39 b) mit Baden € 35,15	Erweiterte große Körperpflege 1. Hilfe beim Aufsuchen oder Verlassen des Bettes 2. An-/Auskleiden 3. Waschen/Duschen/Baden 4. Rasieren 5. Mund- und Zahnpflege 6. Kämmen
4	€ 23,43	Große Körperpflege 1. An-/Auskleiden 2. Waschen/Duschen 3. Rasieren 4. Mund- und Zahnpflege 5. Kämmen
5	€ 5,86	Lagern/Betten 1. Lagern, Bett machen/richten 2. Mobilisieren beim Betten
6	€ 14,68	Hilfe bei der Nahrungsaufnahme 1. Hilfe beim Aufsuchen und Verlassen des Essenplatzes 2. Hilfe oder Beaufsichtigung beim Essen und Trinken 3. Hygiene im Zusammenhang
7	a) € 4,66 b) € 11,72	Darm- und Blasenentleerung a) Beinhaltet insbesondere: Hilfen/Unterstützung bei der Blasen- und/oder Darmentleerung einschließlich Entsorgung von Ausscheidungen b) 1. An-/Auskleiden 2. Hilfen/Unterstützung bei der Blasen- und/oder Darmentleerung, z. B. Inkontinenzversorgung, zur Toilette bringen 3. Intimpflege
8	€ 4,10	Hilfestellung beim Verlassen und Wiederaufsuchen der Wohnung 1. An/Auskleiden 2. Treppensteigen
9	€ 35,15	Begleitung außer Haus Bei Aktivitäten, bei denen das persönliche Erscheinen erforderlich und ein Hausbesuch nicht möglich ist (keine Spaziergänge oder kulturellen Veranstaltungen)

LK	Preis	Erläuterung
10	€ 6,38	Beheizen der Wohnung 1. Beschaffung des Heizmaterials 2. Entsorgung der Verbrennungsrückstände 3. Heizen
11	a) täglich € 5,12 b) in der Regel 2 x wöchentlich € 15,36	Reinigen der Wohnung a) Aufräumen der Wohnung, Trennung/Entsorgung des Abfalls, Spülen/Aufräumen b) zusätzlich: Reinigung Bad, Toilette, Küche, Wohn-/Schlafbereich, Staubsaugen/Naßreinigung, Staubwischen
12	€ 27,30	Wechseln und Waschen der Wäsche und Kleidung auch Bettwäsche, Bügeln und Ausbessern sowie Einräumen der Wäsche
13	in der Regel 2 x wöchentlich € 13,65	Einkaufen Erstellen des Einkaufs- und Speiseplans, Einkaufen von Lebensmitteln und sonstigen Dingen des persönlichen Bedarfs sowie Einräumen der Gegenstände
14	€ 15,37	Zubereitung einer Mahlzeit 1. Kochen 2. Aufwärmen des Tiefkühlmittagstischs 3. Spülen des Geschirrs 4. Reinigen des Arbeitsbereiches
15	€ 5,12	Zubereitung einer Mahlzeit 1. Zubereitung warm angelieferter Kost oder einer sonstigen Mahlzeit 2. Spülen des Geschirrs 3. Reinigen des Arbeitsbereiches
16	a) € 39,82 b) € 17,60	a) Erstbesuch Anamnese, Information und Beratung, Pflegeplanung sowie Angebot eines Pflegevertrages b) Folgebesuch bei einer gravierenden Änderung des Pflegezustandes.
17	a) € 3,70 b) € 7,39	a) Einsatzpauschale montags bis freitags zwischen 6 und 22 Uhr b) Einsatzpauschale montags bis freitags zwischen 22 und 6 Uhr und an Wochenenden und gesetzlichen Feiertagen

Was kostet die Pflege von Peter A.?

Bei Helga und Peter A. kommt die Pflegerin morgens und abends – also 60 mal im Monat.

30 x morgens LK 4:	
30 x € 23,43	= € 702,90
30 x abends LK 2:	
30 x € 11,72	= € 351,60
52 x € 3,70 Anfahrt pro Einsatz am Wochentag	€ 192,40
8 x € 7,39 Anfahrt pro Einsatz am Wochenende oder Feiertag	€ 59,12
	€ 1.306,02
2,42 % von € 1.306,02 Investitionsbeitrag	€ 31,61
	€ 1.337,63

Peter A. hat Pflegegrad 2 und erhält Sachleistungen in Höhe von 689,– Euro. Bleibt ein Eigenanteil von 648,63 Euro.

Einen guten Pflegedienst finden

Die medizinische Versorgung und Pflege der Patienten ist ein Zusammenspiel, in dem Haus- und Fachärzte, Krankenhäuser und Reha-Kliniken, Altenheime, Kurzzeit- und Verhinderungspflegeeinrichtungen sowie die ambulanten Dienste eng vernetzt zusammenarbeiten. Wenn ein Patient nach einer Entlassung aus dem Krankenhaus in der vertrauten Häuslichkeit versorgt wird, begleiten der Hausarzt und die Klinik die weitere Entwicklung. Heilt die Wunde? Macht der Patient gesundheitliche Fortschritte? Oder gibt es Rückschläge? Aus Erfahrung wissen alle Beteiligten, wie gut die Pflege daheim organisiert ist.

Zu empfehlen ist, sich rechtzeitig bei Nachbarn, in der Arztpraxis oder beim Sozialdienst der Klinik über gute am-

Jürgen Franck lebt nach einem leichten Schlaganfall wieder in seiner Wohnung und ist mit seinem Pflegedienst sehr zufrieden.

bulante Pflegedienste in der Nähe des Patienten zu informieren. Die Familien in der Nachbarschaft wissen genau, ob die Pflegekräfte pünktlich und zuverlässig sind und die Versorgung durch ein überschaubares Team sichergestellt wird. Beim Hausarzt hat meist auch die Sprechstundenhilfe einen Überblick. Auf Nachfrage heißt es dann zwar zunächst: »Wir dürfen keine Empfehlung geben.« Im Gespräch wird dann jedoch verraten, mit welchen Unternehmen gute Erfahrungen gemacht werden. Nicht zuletzt haben Verbraucher das Sagen, schließlich zahlen sie viel Geld für die Pflege. Dafür dürfen sie eine zuverlässige Dienstleistung erwarten. Sollte das nicht der Fall sein, kann jederzeit gekündigt werden. Dann kann von einem Tag auf den anderen ein neuer Pflegedienst die Versorgung zu Hause übernehmen.

Wege aus der Depression

Wo gibt es professionelle Hilfe?

Psychische Erkrankungen sind noch immer ein Tabu. So geht es auch Petra Wegener: »Die Nachbarn sollen nicht über mich reden.« Die 68-Jährige hat jedoch gelernt, Hilfe in Anspruch und dadurch ihr Leben wieder selbst in die Hand zu nehmen. Dazu gibt es in der Psychiatrie zahlreiche Kunstgriffe, die zu einem dauerhaften Therapieerfolg beitragen. Den Anfang, um ihr Leben neu auszurichten, sollten Menschen mit seelischen Tiefs allerdings selbst machen, indem sie zum Hausarzt gehen und sagen: »Ich brauche Hilfe!« Auch wenn sie sich nicht sicher sind, ob es sich bereits um eine behandlungsbedürftige Erkrankung handelt.

Die Patientin Wegener kennt das traurig-leere Gefühl, nicht mehr am Leben teilhaben zu wollen. Manchmal will sie einfach nichts mehr hören und sehen, dann bleibt sie den ganzen Tag im Bett. Spätestens zur Mittagszeit hat sie jegli-

Michael Thiel betreut Petra Wegener zu Hause.

ches Selbstwertgefühl verloren, weil sie weiß, dass andere Menschen in dieser Zeit bereits eingekauft und den Haushalt erledigt haben. Hinzu kommen körperliche Beschwerden wie Atemnot und Erstickungsanfälle, Magen- und Kopfschmerzen. So geht es oft tagelang.

Der Psychologe Michael Thiel weiß, dass die Betroffenen »sich selbst fremd geworden sind«. Es ist ihnen kaum möglich, aus eigener Kraft wieder in Schwung zu kommen. Und das, obwohl sie bis zum Ausbruch der Krankheit ihr Leben im Griff hatten. »Wir kennen aber auch die Wege aus der Krankheit«, sagt Thiel. Zur Behandlung, die vom Arzt verschrieben und von den Krankenkassen bezahlt wird, gehören der Einsatz von Medikamenten sowie Gespräche. »Was man redet, frisst sich nicht in die Seele ein«, bringt es der Psychologe auf den Punkt. Außerdem können ambulante Pflegedienste die häusliche Therapie von psychisch Kranken übernehmen. In kleinen Schritten werden die Menschen, die aufgrund der Krankheit oft ihren Haushalt vernachlässigen, motiviert, tägliche Arbeiten wie den Abwasch oder das Kochen wieder selbst zu erledigen. Eine gemeinsam erarbeitete Tagesstruktur ist dabei sehr hilfreich.

Petra Wegener wird seit 13 Jahren betreut. Immer wieder gibt es Rückschläge, doch auch damit weiß Michael Thiel umzugehen. Durch seine kontinuierliche Unterstützung kann seine Patientin in ihrer eigenen Wohnung leben. Hier hat sie ihr kleines »Nest«, in dem sie sich geborgen fühlt.

Hilfe kann jeder in Anspruch nehmen, der den Eindruck hat, sein Leben nicht mehr in den Griff zu bekommen.

Pflegedienste sind im Internet unter www.pflege-navigator.de oder www.bkk-pflegefinder.de zu finden. Dabei ist auf die Zulassung »Fachpsychiatrische Krankenpflege« zu achten.

Pflegekräfte aus Osteuropa

Senioren können in der vertrauten Umgebung bleiben

Nach dem Tod seiner Ehefrau kam der demenzkranke Klaus P. nicht mehr allein zurecht. Tochter Ute wollte ihrem Vater keinen Umzug ins Altenheim zumuten. Das Motto: Keine Veränderung, keine Tagespflege, eine Rund-um-die-Uhr-Betreuungskraft soll mit im Haus leben. Eine Pflegeagentur, die der Tochter (62) von der Krankenkasse empfohlen wurde, vermittelt Betreuungskräfte aus Polen, die für jeweils drei Monate beim Pflegebedürftigen wohnen.

Mit der ersten Betreuungskraft kamen alle Beteiligten gut zurecht. Das Haus war sauber. Der 92-Jährige konnte sich gut mit ihr unterhalten, fühlte sich umsorgt. Abends saßen er und seine »Hausdame« vor dem Fernseher. Doch nach drei Monaten kam der Wechsel: Die neue Kraft sprach kaum Deutsch, der Vater verstand sie nicht. Offenbar hatte die Dame ein Alkoholproblem, innerhalb weniger Wochen waren die Schnapsflaschen im Keller geleert und mit Wasser aufgefüllt. »Ich war so traurig, wenn ich in die Küche kam«, erinnert sich Tochter Ute. »Als meine Mutter noch lebte, war alles blitzsauber, jetzt musste ich nachputzen.« Der Vater fühlte sich einsam. Einmal schlug die Betreuungskraft an einem Samstagmittag Alarm: Klaus P. war weggelaufen. Die ganze Familie suchte im Ort, ohne Erfolg. Der alte Herr saß in seinem Fernsehsessel, die Betreuungskraft hatte ihn übersehen. Über Nacht war die Dame dann verschwunden. Die Familie beschloss schweren Herzens und mit schlechtem Gewissen, doch einen Umzug ins Altenheim zu versuchen, zunächst im Rahmen der Kurzzeitpflege. Klaus P. fühlte sich dort vom ersten Tag an wohl, weil die Profis aus dem Altenheim Tricks und Kniffe kennen, um einen neuen Bewohner angemessen und liebevoll zu begleiten.

Es gibt drei Möglichkeiten, eine Betreuungskraft aus Osteuropa einzustellen. Selbstständige Kräfte bieten gegen Rechnung ihre Dienstleistung vor Ort an. Möglich ist es auch, eine Mitarbeiterin einzustellen. Dann wird die Familie Arbeitgeber und hat Sozialabgaben und Steuern zu entrichten. Einfacher ist es, wenn eine Vermittlungsagentur die Formalitäten erledigt und auch für Ersatz sorgt, wenn eine Pflegekraft nach zwei bis drei Monaten ihre Arbeit beendet und zurück in die Heimat fährt.

Aufgrund der deutschen Arbeitsschutzgesetze gibt es keine 24-Stunden-Pflege, denn es sind maximale Arbeitszeiten, Pausen- und Ruhezeiten einzuhalten. Außerdem gilt der Mindestlohn (11,60 Euro im Westen, 11,20 Euro im Osten). Bei den Betreuungskräften, die über eine Agentur kommen, gibt es einen Personalwechsel nach drei Monaten.

Die ausländischen Kräfte dürfen haushaltsnahe Dienstleistungen durchführen, etwa das Sauberhalten der Wohnung, Einkaufen und Kochen. Betreuungsleistungen wie Vorlesen, Spaziergänge, Arztbesuche sind zulässig. Möglich sind auch Pflegetätigkeiten rund um die Grundpflege wie Körperpflege und Anziehen. Nicht zulässig sind Tätigkeiten der Behandlungspflege, also Wundversorgung, Spritzen verabreichen oder Katheterwechsel.

Billig ist die Betreuung durch Kräfte aus der EU nicht. Die Mitarbeiter erhalten kostenlos Kost und Logis. Monatlich sind für die Betreuung Beträge zwischen 1.600 und 3.000 Euro zu zahlen. Die Pflegekasse beteiligt sich mit Geldleistungen – siehe Seite 139. Hinzukommen womöglich noch Kosten für einen ambulanten Pflegedienst.

Suchbegriffe im Internet: Pflegevermittlung, osteuropäische Pflegekräfte, ausländische Pflegekräfte

Seniorenwohnungen

Ein Neuanfang im Service-Wohnen

Für den kleinen Geldbeutel

Im Alter verändern sich die Ansprüche an die eigenen vier Wände: Haus und Garten sind allein nur schwer zu bewirtschaften. Oder die Wohnung liegt im dritten Stock, und es gibt Schwierigkeiten beim Treppensteigen. Eine Alternative ist das Service-Wohnen. Geboten werden altengerecht ausgestattete Wohnungen, ein breit gefächertes Betreuungsangebot und das Ganze zu bezahlbaren Mieten.

Beim Service-Wohnen leben die Mieter selbstständig in ihren Wohnungen mit Küche, Bad und Balkon. Im Haus steht ein Ansprechpartner zur Verfügung. Wer zum Beispiel Probleme damit hat, Post von einer Behörde oder seiner

Fitnessgeräte im Garten einer Seniorenwohnanlage.

Krankenkasse zu beantworten, erhält Unterstützung. Es gibt Freizeitangebote wie Gymnastik, jahreszeitliche Feste, Vorträge und gemeinsame Ausflüge. Dadurch entwickeln sich Kontakte und einer achtet auf den anderen. Dabei gucken sich die Nachbarn jedoch nicht gegenseitig in die Kochtöpfe. Jeder Mieter entscheidet selbst darüber, wie viel Gemeinschaft er haben möchte.

Preisgünstige Wohnungen

Zahlreiche Wohnungsbaugenossenschaften und Stiftungen bieten preisgünstige Seniorenwohnungen an. Eine Einzimmerwohnung mit 44 Quadratmetern wird beispielsweise für eine monatliche Warmmiete in Höhe von 425 Euro angeboten. Die Wohnungen sind beliebt, deshalb gibt es lange Wartelisten. In der Praxis zeigt sich jedoch häufig, dass die Bewerber doch nicht zugreifen. Die Mitarbeiter, die für die Vermietung zuständig sind, hören dann oft: »Ich bin noch nicht so weit. Mein Garten ist so schön. Deshalb kann ich noch nicht umziehen.« Also freut sich der Nächste. Eine Wartezeit von nicht mehr als zwei Jahren ist realistisch.

Kein »Altenheim light«

Manchmal wird das Service-Wohnen auch als preisgünstiges »Altenheim light« falsch verstanden. Die Mieter führen ihren Haushalt selbstständig. Das Putzen, Kochen und die Pflege durch einen ambulanten Dienst gehören ausdrücklich nicht zum Service! Manche Senioren überschätzen sich, wenn sie in eine Seniorenwohnung ziehen wollen. Entweder waren sie bereits in ihrer alten Wohnung mit dem Haushalt überfordert, oder sie sind demenzkrank und können deshalb nicht mehr allein leben.

Loslassen für einen Neuanfang

Zunächst bilden die nötigen Informationen zum Service-Wohnen eine gute Grundlage, um eine Entscheidung für einen Umzug treffen zu können. Wenn es nur so einfach wäre, dass man »Hex, hex« sagt und plötzlich in einer Seniorenwohnung lebt – ja, das wäre toll. Aber so ist es nicht. Es beginnt mit dem Entscheidungsprozess. Hilfreich ist, die verschiedenen Punkte, die dafür- oder dagegensprechen, auf einer Liste zu notieren. Dann ist die Bewertung leichter. Wer die Entscheidung jedoch einmal getroffen hat, kann freudig an seinen persönlichen Neuanfang herangehen.

Es gibt kaum eine Stadt oder Gemeinde, die eine gedruckte Broschüre über das Service-Wohnen bereithält. Wer sich mit dem Internet auskennt, ist klar im Vorteil. Teilweise haben sich die Altenheime als Seniorenzentren breit aufgestellt, zum Angebot gehören neben dem Altenheim, der Kurzzeit-, Tages- und Nachtpflege sowie der ambulanten Pflege auch Seniorenwohnungen. Außerdem bieten viele Wohnungsbaugenossenschaften und Stiftungen günstigen Wohnraum an. Im Internet können Suchwörter wie Seniorenwohnungen, Service-Wohnen oder Betreutes Wohnen mit Begriffen wie Wohnungsbaugenossenschaften, Wohnungsbaugesellschaften, Stiftungen, Altenheime, Seniorenzentrum kombiniert eingegeben werden.

Das sagen die Mieter

»Das alte Leben hinter sich lassen«

Der Umzug in eine Seniorenwohnung ist mit einer längerfristigen Planung verbunden, denn ein Wohnungswechsel ist normalerweise nicht von heute auf morgen nötig. Oft gibt es einen persönlichen Anlass, um das Thema anzugehen: gesundheitliche Probleme, Einsamkeit oder Trauerschmerz. Nach dem Umzug sind nahezu alle Bewohner froh und sagen: »Der Wohnungswechsel war eine große Umstellung, das hätte ich mir in fünf Jahren nicht mehr zugetraut.«

Offen auf die Menschen zugehen

Cornelis van Beek hat sich für das Service-Wohnen entschieden und ist in eine Seniorenwohnanlage mit 124 Wohnungen gezogen. Der ehemalige Lkw-Fahrer lebt in einer Einzimmerwohnung mit 40 Quadratmetern. Die monatliche Miete beträgt 433 Euro warm – inklusive der Servicepauschale. Im Haus gibt es einen Aufzug, elektrische Tür-

Cornelis van Beek (Mitte) spielt mit seinen Nachbarn Monopoly.

öffner und einen gern genutzten Gemeinschaftsraum. Der 74-Jährige hat sich hier liebevoll eingerichtet. »Als ich diese Wohnung vor drei Jahren besichtigt habe, wusste ich: Die will ich haben! Allerdings waren meine Möbel zu groß. Die sechssitzige Couchgarnitur musste gegen ein kleines Sofa getauscht werden, und ich habe mir einen neuen Kleiderschrank gekauft.«

Im Rahmen des Service-Wohnens werden zum Beispiel Ausflüge oder regelmäßige Treffen der Mieter bei Kaffee und Kuchen angeboten. So finden neue Bewohner schnell Kontakt. »Man muss offen und ehrlich auf die Menschen zugehen«, rät Cornelis van Beek. Gemeinsam mit den Nachbarn hat er eine Spielerunde ins Leben gerufen. Außerdem gibt es einmal in der Woche Wii-Bowling. Dieser freundschaftliche Kontakt ist ihm sehr wichtig. Im Lauf der Jahre hat sich eine Clique gebildet, in der einer dem anderen hilft. »Als es mir neulich nicht gut ging, wurde für mich gekocht«, freut sich Cornelis van Beek, »und heute gehe ich mit meiner Nachbarin, die seit Kurzem auf einen Rollstuhl angewiesen ist, ins Einkaufszentrum.«

Den Haushalt selbst führen

Hannelore Spottke lebt in einer 44 Quadratmeter großen Einzimmerwohnung mit Küche, Duschbad, Südterrasse und einem kleinen Garten. Die 76-Jährige kannte die Wohnanlage bereits, denn hier hatte schon ihre Mutter gelebt. Heute ist das der Alterswohnsitz der Tochter, die sich liebevoll eingerichtet hat.

Auch zwei Jahre nach ihrem Einzug wird Hannelore Spottke immer mal wieder gefragt, warum sie in einem Haus mit alten Menschen lebt. Schließlich sei sie dazu viel zu jung und vital. Mit einem Blick auf den Parkplatz erklärt

Hannelore Spottke erledigt ihre Einkäufe mit dem Fahrrad.

die leidenschaftliche Autofahrerin eine Veränderung rund um das Älterwerden. Noch vor zehn Jahren standen auf dem Gelände kaum Autos. Heute sind fast alle Stellplätze vermietet, weil viele Nachbarn aktiv sind und selbstständig leben wollen. Hannelore Spottke hat nette Nachbarn gefunden – Gleichgesinnte, mit denen man etwas Schönes unternehmen kann. »Im Haus gibt es eine Skatrunde, da mache ich mit. Außerdem gehen wir mittwochs ins Sportstudio«, berichtet die ehemalige Maklerin.

Natürlich kümmern sich die Bewohner hier umeinander, wenn jemand krank werden sollte. Die Pflege oder Dementenbetreuung übernimmt die Hausgemeinschaft jedoch nicht. In diesen Fällen vermitteln die Mitarbeiter des Hauses Hilfestellungen, damit zum Beispiel nach einem Krankenhausaufenthalt die Versorgung daheim – vom Pflegedienst über das Mittagessen bis zur Medikamentenversorgung – gewährleistet ist. Für diese Organisation ist die Servicepauschale zu bezahlen. Sie bedeutet ein Stück Sicherheit im Notfall.

Ein persönlicher Entscheidungsprozess

»Nach dem Tod meines Mannes war die Stille in unserem großen Haus fast greifbar«, erzählt Ingrid Marquardt mit leiser Stimme. Das Ehepaar war über 60 Jahre glücklich verheiratet und leitete Seite an Seite ein Versicherungs- und Verwaltungsbüro. Der Sohn hatte längst eine eigene Familie gegründet. Über ein Jahr quälte sich die Seniorin durch die einsamen Stunden in dem leeren Bungalow. Bei einem Wochenendausflug an die See mit einer Freundin wurde der heute 85-Jährigen bewusst: »Ich kann nicht allein leben und brauche einen Gesprächspartner.« Schnell war klar, dass der Umzug in eine Seniorenwohnung die Lösung ihres Problems sein würde.

Seit sechs Jahren wohnt Ingrid Marquardt nun schon in einer Seniorenwohnung. Sie hat eine 60 Quadratmeter gro-

Ingrid Marquardt hat nur noch die Balkonblumen zu gießen und muss nicht mehr den eigenen Garten bewirtschaften.

ße Zweizimmerwohnung. Ihr Leben noch einmal komplett umzukrempeln, machte ihr zunächst Angst. Mit ihrem Sohn durchstreifte sie Möbelhäuser auf der Suche nach einer Einrichtung für ihr neues Domizil, fand allerdings nichts Passendes. Kurzerhand wurde ein Tischler beauftragt, die vertraute Schrankwand verkleinern zu lassen. Fotos von ihrem verstorbenen Mann Gerhard und Sohn Michael mit Familie sowie Blumen sorgen für eine heimelige Atmosphäre.

»Ich fühle mich hier rundum glücklich«, versichert Ingrid Marquardt. Langweilig oder einsam sei es nie, denn die Wohnanlage biete viele Freizeitangebote. Erst gestern habe sie beim Kegeln den ersten Platz belegt. Toll findet sie auch die eingeschworene Gemeinschaft im Haus. Die Geburtstage der Bewohner werden zusammen im Café der Einrichtung gefeiert. Jeder legt fünf Euro in die Kasse, damit das Geburtstagskind die Kosten nicht allein tragen muss. Mittags trifft man sich zum Essen im Restaurant, in dem täglich drei Gerichte zur Auswahl stehen. Frühstück und Abendbrot bereitet sich Ingrid Marquardt selbst zu. Vor der abendlichen Tagesschau spielt die agile Bewohnerin fast täglich das Kartenspiel Skip-Bo mit ihrer Nachbarin.

Neue Wohnung nach Knieoperation

In ihre Seniorenwohnung ist Sigrid Imogen Winterfeldt nach einer Knieoperation gezogen. Nach einem Krankenhausaufenthalt und anschließender Reha befand sich die Patientin zwar auf dem Wege der Besserung, doch ein Leben in ihrer alten Wohnung wäre äußerst beschwerlich geworden, das Treppensteigen in den vierten Stock auf Dauer eine Zumutung gewesen.

Gefunden hat Sigrid Imogen Winterfeldt eine 35 Quadratmeter große Einzimmerwohnung für 460 Euro (warm)

Sigrid Imogen Winterfeldt verbringt den Sommer auf ihrer Terrasse und liebt den intensiven Duft des Oleanders.

mit Küche, Bad, Terrasse und Parkett im Wohnzimmer bei einer Wohnungsgenossenschaft. Die beiden Söhne waren beim Umzug behilflich. »Ich kam hier an und fühlte mich sofort sauwohl«, erinnert sich die Seniorin. Doch wie lebt man in dieser Anlage mit 97 Wohnungen? Wie ist die Nachbarschaft? Zum Betreuungsprogramm gehören Gedächtnistraining, Sitzgymnastik und Seniorentanz. Donnerstags gibt es eine Kaffeerunde mit selbst gebackenem Kuchen und freitags wird Tischtennis gespielt. Es gibt zahlreiche Feste im Sommer genauso wie zu Weihnachten und Ausflüge.

Außerdem helfen sich die Mieter gegenseitig. Die Autofahrer bieten Fahrten zum Einkaufen, zum Friedhof oder zu Arztbesuchen an. »Bei meiner letzten Knieoperation hatte mich ein Nachbar ins Krankenhaus gefahren und danach wieder abgeholt. Es wurde für mich eingekauft. Und ein Mitbewohner ist mit mir jeden Tag gemeinsam um den Block gegangen, damit ich wieder in den Tritt komme. Das hat mir geholfen.« Die Nachbarschaftshilfe klappt wunderbar. Es wird sofort bemerkt, wenn etwas nicht stimmt. Wer im Krankenhaus liegt, bekommt Besuch und eine selbst gebastelte Karte mit Genesungswünschen.

Unabhängigkeit von den Kindern

Leicht ist Inge und Klaus-Günter Siebert der Umzug in eine Seniorenwohnung nicht gefallen. Seit Langem wohnte das Ehepaar in einem Mehrfamilienhaus. Dort gab es zwar einen Aufzug, aber die sieben Treppenstufen im Erdgeschoss fielen dem 87-Jährigen und seiner 81-jährigen Frau immer schwerer, auch das Schleppen der Einkaufstaschen wurde zunehmend ein Problem. Obwohl das Angebot ihrer Kinder »Zieht doch zu uns« von Herzen kam, lehnten die Sieberts ab. »Jung und Alt unter einem Dach, das geht nicht gut«, weiß das Paar aus Erfahrungen mit den eigenen Eltern und zog deshalb in ein Seniorenzentrum, in dem es sowohl Mietwohnungen als auch ein Altenheim gibt.

Klaus-Günter Siebert hatte die Gegend oft mit dem Fahrrad durchstreift. Vor den unterschiedlichen Seniorenwohnanlagen machte er eine Pause und unterhielt sich mit den Bewohnern, die vor der Tür im Garten saßen. Auch so kann man sich einen Überblick verschaffen. Eines Tages entdeckte er, dass die Seniorenwohnanlage in der Nachbarschaft komplett renoviert werden sollte.

Seit einem halben Jahr leben die Sieberts in ihrem neuen Domizil. Da keine Dreizimmerwohnung frei war, bezog das Paar zwei Wohnungen, die direkt gegenüber liegen. »Mein

Mann liest gern im Bett, ich mag es lieber dunkel, darum wollten wir getrennte Schlafzimmer«, erzählt Inge Siebert, »außerdem wollten wir uns nicht verkleinern, da wir nichts wegwerfen können.«

»Für den Umzug war es allerhöchste Zeit«, sagt Klaus-Günter Siebert. Sein Bruder und die Schwägerin waren zu lange in ihrer vertrauten Umgebung geblieben und hatten sich um nichts gekümmert. Die Folge: Beide mussten schließlich von heute auf morgen in ein Altenheim ziehen.

Inzwischen haben sich die Sieberts in ihrer neuen Umgebung eingelebt. Die Einkaufsmöglichkeiten sind fantastisch. Das Tragen der schweren Taschen sei auch deshalb größtenteils weggefallen, weil für die Mieter ein Mittagstisch im

Der Abwasch nach dem Frühstück. Zum Mittagessen gehen Inge und Klaus-Günter Siebert ins Altenheim.

Haus angeboten wird. Auch mit den neuen Nachbarn hat das Paar, das in diesem Jahr seine Diamantene Hochzeit (60 Jahre) feiert, bereits erste freundschaftliche Kontakte geknüpft. »Gleich nach unserem Einzug hat die Dame von nebenan bei uns geklingelt und sich vorgestellt«, freut sich Inge Siebert. Überhaupt würden sich die Bewohner auf der Etage gegenseitig helfen, wenn mal Not am Mann ist. Ein sicheres Gefühl gibt ihnen außerdem der Umstand, dass im Falle eines Falles ein Umzug innerhalb des Hauses in das Altenheim jederzeit möglich ist.

Umzug vom Land in die Stadt

Über 20 Jahre hat das Ehepaar Prien in ihrem Haus gelebt. »Es war eine schöne Zeit«, sagt Marianne Prien ohne Wehmut. Die pensionierte Lehrerin und der Diplom-Ingenieur hatten ein gutes Verhältnis zu den Nachbarn, aber viele von ihnen sind inzwischen verstorben oder weggezogen. »Außerdem wurde mir die Arbeit auf dem 2.000 Quadratmeter großen Grundstück zu viel«, erklärt Ehemann Johann die Motivation für den Umzug.

Marianne Prien ist entscheidungsfreudig, kann delegieren und sich auch von liebgewonnenen Gegenständen trennen. Die resolute 82-Jährige sagt: »Was den Leuten Angst macht, ist ihr Gerümpel aufzuräumen.« Ehemann Johann hat dabei mit angepackt, danach taten ihm der Rücken und die Schulter ganz schön weh. Den Hausverkauf hat das Ehepaar an eine Maklerin übergeben. Von der Ermittlung eines guten Verkaufspreises über die zahlreichen Besichtigungstermine bis zum Verkauf beim Notar – damit wollten sich die Priens nicht belasten. Manchmal ist es besser, den Verkauf eines Hauses nicht selbst zu übernehmen, denn auch beim Verkauf heißt es loslassen.

Marianne und Johann Prien haben sich schnell eingelebt.

Seit einem halben Jahr lebt das Ehepaar Prien nun gemeinsam mit der 11-jährigen Frieda, einem Bearded-Collie, in der neuen Zweizimmerwohnung mit 74 Quadratmetern. Über den Hund haben sich bereits zahlreiche Kontakte ergeben. »Die Nachbarn kennen Frieda besser als uns«, sagt Marianne Prien und schmunzelt.

Was ist das Service-Wohnen?

Miete, Servicepauschale, Pflege und die Grenzen dieser Wohnform

Das Besondere an dieser Wohnform ist, dass es einen Ansprechpartner für die Bewohner gibt. Dieser Service-Mitarbeiter sorgt dafür, dass innerhalb der Hausgemeinschaft Aktivitäten stattfinden. Der Besuch im Tierpark gehört genauso zum Programm wie das gemeinsame Frühstück einmal im Monat. Dadurch entsteht eine Nachbarschaft, in der die Bewohner aufeinander achten. Wenn ein Mieter krank oder pflegebedürftig wird, fällt das sofort auf und es wird für Hilfe gesorgt: Das kann ein Pflegedienst sein, der organisiert wird. Möglicherweise wird eine Reinigungskraft benötigt. Es muss eingekauft, das Mittagessen geliefert oder ein Notruf bestellt werden. Wohlgemerkt: Der Mitarbeiter kann so ein Hilfspaket zusammenstellen, und die Nachbarn sind dabei eine große Unterstützung. Die professionellen Dienstleistungen sind jedoch vom Mieter extra zu bezahlen, weil sie nicht Teil des Service-Vertrags sind – es sei denn, die entsprechenden Angebote wie etwa der Notruf gehören vertragsgemäß zu den Serviceleistungen. Es lohnt sich also, den Vertrag genau zu lesen, um unangenehme Überraschungen zu vermeiden.

Die Grenzen beim Service-Wohnen

Bei aller Vorfreude auf den Neuanfang in einer Seniorenwohnanlage – nicht alle Probleme, die Senioren in ihrer alten Wohnung haben, sind automatisch mit einem Umzug gelöst. Für Menschen, die unter einer psychischen Erkrankung leiden und behandlungsbedürftig sind, bietet diese Wohnform keine Therapie. Ebenso wenig kommt es für jemanden infrage, der zu lange in der eigenen Wohnung geblieben ist, den Haushalt nicht mehr schafft und bereits seine Selbstständigkeit verloren hat. In diesem Fall ist die Betreuung und Pflege eines Altenheimes gefragt. Wer dies berücksichtigt, wird viel Freude an seinem neuen Zuhause haben.

Miete, Servicepauschale und Pflege

Neben dem Mietvertrag ist gleichzeitig ein Service-Vertrag abzuschließen, in dem der Umfang der Betreuung beschrieben ist. Zu zahlen sind Miete, Betriebs- und Heizkosten sowie die Servicepauschale. Pflegebedürftige Bewohner können durch einen ambulanten Pflegedienst in der Wohnung versorgt werden. Ausführliche Informationen zur Pflegeversicherung, siehe Seite 122.

Einige Servicewohnanlagen gehören zu einem Seniorenzentrum. Der Vorteil: Die Versorgung im Notfall ist besser. Sollte ein Bewohner nach einem Krankenhausaufenthalt noch zu schwach sein, um wieder in seiner Wohnung zu leben, ist die Kurzzeit- oder Verhinderungspflege im benachbarten Altenheim möglich. Außerdem können die Mieter die Angebote im stationären Bereich nutzen: Viele von ihnen gehen dort zum Mittagessen und zu Veranstaltungen. Sollte die ambulante Pflege in den eigenen vier Wänden nicht mehr durchführbar sein, ist ein Umzug in ein

Für Ausflüge legen die Mitarbeiter besonderes Engagement an den Tag. Sie erkunden, ob das Ausflugsziel behindertengerecht ist, organisieren den Bus, sorgen für Kaffee und Kuchen. Am Ausflugstag selbst beginnt der Arbeitstag morgens um 7 Uhr und endet abends nicht vor 22 Uhr.

Apartment im Altenheimteil innerhalb des Hauses möglich. So haben der Ehepartner oder die Nachbarn bei einem Besuch kurze Wege.

Der Wohnberechtigungsschein

In der Vergangenheit sind vorrangig Seniorenwohnungen für Bewohner mit kleinem Geldbeutel gebaut worden. Bei Wohnungsgrößen zwischen 30 und 60 Quadratmetern sind Mieten von 350 bis 700 Euro (warm, inkl. Servicepauschale) zu zahlen. Da dieser Wohnraum öffentlich gefördert wird, gibt es für die Mieter Einkommensgrenzen. Außerdem sind die Wohnungsgrößen begrenzt. Eine alleinstehende Person hat Anspruch auf eine Wohnung mit einer Größe zwischen 30 und maximal 45 Quadratmetern. Ehepaare müssen sich bei diesen öffentlich geförderten Wohnungen mit maximal 60 Quadratmetern zufriedengeben.

Doch inzwischen gibt es auch zahlreiche Neubauprojekte. Diese frei finanzierten Wohnungen kosten zwischen 600 und 1.400 Euro pro Monat, und es ist auch möglich, in eine Dreizimmerwohnung zu ziehen. Damit schließt sich eine Lücke, nämlich für Mieter, die keinen Anspruch auf öffentlich geförderten Wohnraum haben und für die eine Seniorenresidenz zu teuer ist. Bei der Kalkulation sollten außerdem die Kosten für die ambulante Pflege und weitere Dienstleistungen eingeplant werden. Dazu zählen die Kosten für eine Reinigungskraft, den Menüdienst sowie die Zuzahlungen für Medikamente oder Therapien.

Suchbegriffe im Internet: Wohnberechtigungsschein, WBS, Sozialwohnungen, Einkommensgrenzen bei Seniorenwohnungen, §5-Schein, öffentliche Förderung von Seniorenwohnungen

Muster Seniorenwohnanlage

Anschrift: Musterstraße 1, 12345 Musterstadt
Vermietung: ☎ 0123/12 34 56
Träger: Bau- und Wohngenossenschaft Muster
169 Wohnungen
Wohnen: Mietwohnung mit Betreuung

- Mittagstisch gegen Bezahlung
- Hausnotruf gegen Gebühr
- Gemeinschaftssaal, Kegelbahn, Bibliothek, Billardtisch, Garten
- Chor, Gymnastikgruppe, Canastarunde, Kegelabende, Urlaubsreisen, Ausflüge, Tagesfahrten, gemeinsame Spaziergänge, gemeinsame Besuche im Sportstudio, Kochen und Backen, jahreszeitliche Feste
- Kostenloser Conciergeservice
- Gästewohnung

Ausstattung: Die Wohnungen haben eine Einbauküche, WC und barrierefreie Dusche, Balkon, Telefon- und TV-Anschluss, Aufzug.

Miete:

Zimmer	Größe (m^2)	Kaltmiete	Nebenk.	Service	Miete (€)
1	44	310,00	190,00	0,00	500,00
2	65	460,00	250,00	0,00	710,00

Der Betreuungszuschlag ist in der Kaltmiete enthalten.

Genossenschaftsanteile:
Beim Einzug sind Genossenschaftsanteile in Höhe von € 1.200 bis € 2.400 zu zahlen. Die Höhe ist abhängig von der Wohnungsgröße. Zudem erhebt die Bau- und Wohngenossenschaft Muster ein Eintrittsgeld für die Mitgliedschaft in Höhe von € 300.

Nahverkehr: Musterstraße, Bus: 181

Lage: Wohngebiet, Parkanlage am Baggersee, Sommerbad

Einkaufen: Kiosk im Haus, Einkaufsmöglichkeiten in der Nähe, regelmäßige Einkaufsfahrten mit dem hauseigenen Bus ins nächste Einkaufszentrum

Ruth und Horst Junghänel sind glücklich in ihrer Seniorenwohnung.

Checkliste Seniorenwohnungen

Name der Wohnanlage:
Anschrift:
Ansprechpartner:
Telefonnummer:
E-Mail:
Vermieter:
Homepage:

Größe der Einrichtung
Seniorenwohnanlage mit _______ Wohnungen
Altenheim mit __________ Plätzen

Wohnen im Service-Wohnen

- Verpflegung: Wird den Mietern ein Mittagstisch angeboten? JA ☐/ NEIN ☐
- Gemeinschaftsraum? ☐/☐, Garten? ☐/☐, Schwimmbad? ☐/☐, Aufzug? ☐/☐
- Ausflüge ☐/☐, jahreszeitliche Feste ☐/☐, gemeinsames Kochen und Backen ☐/☐, Gymnastik ☐/☐, kirchliche Aktivitäten ☐/☐, Zeitungsrunde ☐/☐, weitere Angebote: ________________________

Ausstattung: Die Wohnungen haben Einbauküche ☐/☐, WC und barrierefreie ☐/☐ Dusche, Balkon / Terrasse ☐/☐, Notruf ☐/☐, Telefon- und TV-Anschluss, Aufzug ☐/☐.

Miete (Kaltmiete+Nebenkosten+Servicepauschale)

	Größe	Miete
1-Zimmer-Wohnung		
2-Zimmer-Wohnung		
3-Zimmer-Wohnung		

Zuschläge:
Servicepauschale für eine zweite Person:

Genossenschaftsanteile / Wohndarlehn:

Eintrittsgeld / Vertragsabschlussgebühr:

Verzinsung:

Kaution:

Nahverkehr:

Lage:

Nahversorgung:
Kiosk im Haus? ☐/☐
Friseurstübchen? ☐/☐
Physiotherapie? ☐/☐
Einkaufsfahrten? ☐/☐
Nächstes Einkaufszentrum: ______________

Diese Checkliste kann im Internet kostenlos von der Homepage www.umsorgt-wohnen.de heruntergeladen werden: über den Navigationspunkt »Wohnen im Alter« oder den Suchbegriff »Checklisten«.

Umzug in eine Seniorenresidenz

Ein Appartement im gehobenen Preissegment

Von den preisgünstigen öffentlich geförderten über die frei finanzierten Seniorenwohnungen bis zu den Residenzen sind die Übergänge fließend. Das gilt sowohl bei der monatlichen Miete als auch bei den Leistungen. Die Interessenten sind in der Regel gesund, wollen eine altengerecht ausgestattete Wohnung mit Aufzug, suchen nach Nachbarn mit ähnlichen Interessen und Lebenserfahrungen. Residenzbewohner fahren Auto, machen individuell Urlaub, haben Familie und Freunde, wollen jedoch auch im Pflegefall gut versorgt sein.

Alles unter einem Dach

Bei diesem Leistungsangebot liegen die Mieten für eine Zweizimmerwohnung ab 2.000 Euro pro Monat. Wer überlegt, in eine Seniorenresidenz zu ziehen, hat zunächst zahlreiche Details zu klären, um sich für so einen Neuanfang zu öffnen. Es gibt den Wunsch, sich räumlich zu verkleinern und sich von der Arbeit zu verabschieden, die Haus und Garten mit sich bringen. Oft führen gesundheitliche Einschränkungen dazu, dass man sich mit einem Umzug in eine seniorengerechte Einrichtung beschäftigt.

Bei fast allen Häusern dieser gehobenen Preisklasse ist das Mittagessen im Preis enthalten. Frühstück und Abendbrot bereiten sich die Bewohner selbst zu, können es jedoch auch zusätzlich abonnieren. Jede Woche kommt eine Reinigungskraft, um die Fußböden, die Küche und das Bad sauber zu halten. Außerdem werden regelmäßig die Fenster geputzt. Zum Leistungsangebot gehört ein großes Freizeit- und Kulturprogramm. Auch Schwimmbad und Sportstudio sind in vielen Wohnanlagen zu finden. Beim Vergleich der Häuser lohnt es sich, die Freizeit- und Betreuungsangebote genau unter die Lupe zu nehmen.

Nach dem Umzug sind die meisten Menschen erschöpft und sagen: »Ich brauche jetzt erst mal Zeit, um anzukommen.« Wichtig für das Einleben ist, dass die Entscheidung zum Einzug von den Senioren selbst kommt und sie sich nicht von Angehörigen drängen lassen.

Nicht selten ziehen Ehepaare aus Gründen gegenseitiger Fürsorge in eine Residenz. Bei Bedarf kann der ambulante Dienst des Hauses die pflegerische Versorgung direkt in der Wohnung übernehmen. Und bei schwerster Pflegebedürftigkeit können sich die Paare räumlich trennen, leben jedoch weiterhin in einem Haus nahe beieinander. Der pfle-

Beim Einkauf ein Schwätzchen halten

gebedürftige Partner zieht in den Pflegebereich, der gesunde wohnt weiterhin im gemieteten Appartement. Beide können den ganzen Tag zusammen verbringen. Das ist sinnvoll, damit der gesunde Partner mit der Betreuung nicht überfordert ist und ein paar Stunden für sich hat.

Die Pflege

Die Pflege wird genauso wie zu Hause oder im Service-Wohnen über einen ambulanten Dienst angeboten. Diese möglichen Kosten sind im Rahmen der persönlichen Kostenkalkulation einzuplanen.

Bei den Residenzen gibt es zwei Varianten: Die meisten Häuser haben einen Pflegebereich, in den Bewohner umziehen können, falls etwa aufgrund einer Demenz eine Betreuung im eigenen Appartement nicht mehr möglich ist. In diesem Fall ist nur noch das monatliche Heimentgelt wie in jeder stationären Pflegeeinrichtung zu zahlen. Bei Ehepaaren bleibt womöglich der gesunde Partner im Appartement, nur der pflegebedürftige zieht in den Pflegebereich. In diesem Fall sind sowohl Miete als auch Heimentgelt zu zahlen.

Einige Residenzen haben jedoch keinen Pflegebereich. Damit leben pflegebedürftige Bewohner solange wie möglich in ihren vertrauten vier Wänden. Sie werden ambulant im Appartement gepflegt und beispielsweise tagsüber im Rahmen der Tagespflege im Haus betreut.

Probewohnen

Fast alle Residenzen haben möblierte Appartements, in denen Gäste testen können, ob sie hier gern leben würden. Wer für eine Woche so einen »Abenteuerurlaub« ausprobiert, kann herausfinden, ob er sich hier gut aufgehoben fühlt, Anschluss findet und ob das Essen schmeckt. Damit steigt die Vorfreude, weil man seine künftigen Nachbarn bereits kennengelernt hat.

Das sagen die Mieter

In eine Residenz sollte man rechtzeitig einziehen, dann hat man noch etwas von den Angeboten

Der Übergang vom eigenen Haus in eine Seniorenresidenz ist oft mit neuen Erfahrungen verbunden: Eine Mieterin hatte in ihrem bisherigen Leben kaum eigene Entscheidungen treffen können. In ihrer Jugend wurde gemacht, was die Eltern bestimmt haben. Diese Rolle hat dann der Ehemann übernommen. Nach seinem Tod musste die 72-Jährige lernen, eigene Entscheidungen zu treffen. Sie ist stolz, alle Details rund um den Hausverkauf selbst geregelt zu haben, und

»es war ein schönes Gefühl, mich nach meinem eigenen Geschmack einzurichten.« Eine 81-jährige Bewohnerin hat die Vorteile des seniorengerechten Wohnens erst nach einer Knieoperation zu schätzen gelernt: Um auf die Beine zu kommen, waren die Muskulatur wiederaufzubauen und der Gleichgewichtssinn zu trainiern. Physiotherapie, Schwimmbad und Fitnessraum befinden sich im Haus und sind auf kurzen Wegen zu erreichen.

Zu zweit ist der Umzug leichter

Vor acht Jahren haben Bärbel und Wilhelm Raith (84) einen Neuanfang in einer Seniorenresidenz gewagt – ein Entschluss, den das Ehepaar nie bereut hat. Die Raiths wohnen in einem Zweizimmerappartement mit Einbauküche, Bad und Balkon, um dessen Reinigung sie sich nicht kümmern müssen. Mittags stehen ihnen im Restaurant täglich zwei Menüs aus der hauseigenen Küche zur Auswahl.

»Wir wollten unseren Kindern nicht zur Last fallen«, begründet die 81-Jährige die damalige Motivation für den Umzug. Das Ehepaar, das seit 59 Jahren verheiratet ist, hat davor in einer schönen Dreizimmerwohnung gelebt. Aufgrund zunehmender Kniebeschwerden fiel es Bärbel Raith jedoch immer schwerer, die 57 Stufen in den zweiten Stock ohne Schmerzen zu bewältigen. »Bis dahin war der Umzug in eine Residenz lediglich eine theoretische Möglichkeit, aufgrund meiner gesundheitlichen Probleme zogen wir diesen Gedanken dann ernsthaft in Betracht«, erzählt Bärbel Raith.

In ihrem neuen Domizil fühlten sich die Raiths auf Anhieb wohl und knüpften schnell Kontakte. Beide lehnen es allerdings ab, sich über Krankheiten oder andere Bewohner auszutauschen. Stattdessen spielen sie begeistert Skat und

Poker und erfreuen sich der kulturellen Angebote des Hauses. Regelmäßig gönnt sich das Paar Auszeiten für kleine Reisen. Bärbel Raith fand ein interessantes ehrenamtliches Betätigungsfeld in der Betreuung der Bewohnerbibliothek. »Als die Wohnanlage vor neun Jahren eröffnet wurde, waren die Bücher unsortiert. In den Regalen stand der Konsalik neben der Bibel. Das war ein Anblick, der für mich unerträglich war«, erzählt die Germanistin schmunzelnd. Darüber hinaus engagiert sie sich in der Bewohnervertretung des Hauses. Ihr Gatte rief eine Englisch-Konversations-Gruppe ins Leben, in der regelmäßig über aktuelle politische und wirtschaftliche Themen diskutiert wird.

Inzwischen hat sich Bärbel Raith dazu durchgerungen, ihr Knie operieren zu lassen. Die Operation ist gut verlaufen. Nun muss die Patientin oft trainieren. »Mein Mann ist ganz überrascht, dass ich jetzt wieder so viel mit ihm unternehmen kann.«

Bärbel Raith schaut Ehemann Wilhelm beim Billard spielen zu. In den Seniorenresidenzen gibt es zahlreiche Freizeitmöglichkeiten.

In die Nähe der Kinder ziehen

Manchmal muss man die vertraute Umgebung verlassen und die Zelte neu aufschlagen. Wenn sich die Umstände im Laufe des Lebens dann wieder ändern, zieht es die Menschen oft zurück in die Heimat. So ging es auch Ingrid Gutschmidt. Vor über 20 Jahren musste ihr Ehemann beruflich nach Baden-Württemberg ziehen. Schweren Herzens gab Ingrid Gutschmidt ihre Berufstätigkeit auf, und so hat das Ehepaar in Eberbach am Neckar neu angefangen. »Wir hatten eine gute Zeit, haben Freunde gefunden und Wurzeln geschlagen«, erinnert sich die 77-Jährige.

Der Wunsch, wieder in die Nähe der Tochter zu ziehen, kam noch nicht auf, nachdem Ehepartner Udo vor zehn Jahren verstorben war. Die Witwe ist von Freunden und Nachbarn aufgefangen worden. Diesen Gedanken verfolgte Ingrid Gutschmidt erst, als sie sich einer Knie-Arthroskopie unterziehen musste. Bis zur Wohnung im zweiten Stock

Ingrid Gutschmidt genießt den Sommer auf ihrem Balkon.

waren es 28 Treppenstufen. »Es ist hügelig in Baden-Württemberg, machen Sie das mal mit zwei Krücken im Winter!« Die Überlegung, in eine Wohnanlage zu ziehen, in der bei Bedarf auch die Pflege möglich ist, hatte ihren Reiz, denn »ich will in zehn Jahren nicht noch einmal umziehen müssen.« Bei einem Besuch in der Heimat buchte Ingrid Gutschmidt kein Hotel, sondern ein möbliertes Appartement in einer Residenz, das fürs Probewohnen zur Verfügung steht. »Ich kannte die Wohnanlage von einer Freundin.« Gesagt, getan. Zufällig war dann eine Dreizimmerwohnung frei, »die genau meinen Wünschen entsprach«, erinnert sich Ingrid Gutschmidt. Die Tochter und der Schwiegersohn wollten das Appartement natürlich auch gleich in Augenschein nehmen und haben Fotos gemacht. Damit begann die dreimonatige Vorarbeit für den Umzug: »Ich habe aussortiert, viele Bücher an die Kirche verschenkt«, erinnert sich Ingrid Gutschmidt. Die Möbel wollte sie mitnehmen, weil damit zahlreiche Erinnerungen an den verstorbenen Ehepartner verbunden sind. Nur ein Sofa und ein Küchenschrank mussten neu gekauft werden. Der Umzug kurz vor Weihnachten ging problemlos über die Bühne. »Es hat Spaß gemacht. Am Tag danach standen 101 Umzugskartons im neuen Appartement, die erst einmal ausgepackt werden mussten.«

Kontakte haben sich schnell beim Mittagessen mit den Tischnachbarn oder nachmittags bei Kaffee und Kuchen ergeben. Ingrid Gutschmidt singt im Chor, liest in der Leserunde Kurzgeschichten vor und ist in der Bewohnervertretung aktiv. Ihr Tipp: Rechtzeitig umziehen, damit man die schönen Dinge in der Wohnanlage noch genießen kann. Selbstbestimmt umziehen, dann fühlt man sich im neuen Umfeld schneller zu Hause. Und: Machen Sie sich keine Sorgen! Bei den Veranstaltungen kommt man schnell mit Gleichgesinnten ins Gespräch.

Den Absprung wagen

Es ist ungewöhnlich, mit 73 Jahren einen Fallschirmsprung aus 4.000 Metern Höhe zu wagen. Doch dieser Tandemsprung war für Sibylle Wiedemann immer ein Traum, und es sollte Jahrzehnte dauern, bis sich die Seniorin diesen Wunsch erfüllen konnte. Angst vor dem Sprung hatte sie nicht, denn »Angst hat mir in meinem Leben nie geholfen«.

Eine Rentnerin, die sich so etwas zutraut, stellt man sich resolut und entschieden vor. Doch: »Ich war mein Leben lang alles andere als entscheidungsfreudig«, erklärt die ehemalige Lehrerin. Sie hat funktioniert – im Beruf genauso wie bei der Erziehung ihrer beiden Kinder. Erst nach dem Tod ihres Mannes vor fünf Jahren hat die Witwe mühsam gelernt, Entscheidungen zu treffen. Darauf ist sie stolz: »Vor einem Jahr habe ich nach langem Hin und Her mein Haus

Einsteigen in die Cessna. Der Propeller läuft bereits. Sibylle Wiedemann hat zu ihrem Sprunglehrer Spörli volles Vertrauen.

Sibylle Wiedemann hält bereits kurz vor der Landung die Beine hoch.

verkauft. Es war viel zu groß, der Garten war nur noch ein Klotz am Bein. Ich musste Ballast abwerfen.« Umgezogen ist Sibylle Wiedemann in ein 52 Quadratmeter großes Zweizimmerappartement mit Balkon. Bereut hat sie die Entscheidung nie. »Es war ein schönes Gefühl, mich nach meinem eigenen Geschmack einzurichten. Ich fühle mich in der Gemeinschaft geborgen und angenommen, denn ich bin nicht dafür geschaffen, allein zu leben.«

Nach dem Fallschirmsprung berichtet Sibylle Wiedemann: »Alle Gedanken sind ausgeschaltet. Dann wird man plötzlich geschubst. Man lässt sich fallen, stürzt mit etwa 200 Stundenkilometern ins Nichts. Du denkst: Wann ist bloß der freie Fall zu Ende? Es kommt einem wie eine Ewigkeit vor, obwohl es nur etwa 50 Sekunden sind. In rund 1.500 Metern Höhe beginnt die sanfte Phase. Es wird leise, du schwebst und siehst die Welt von oben in ihrer ganzen Schönheit. Jetzt kann man den Sprung genießen. Das Glücksgefühl dauert etwa fünf Minuten. Nach der Landung wusste ich: Ja, ich kann es. Und ich kann noch viel mehr!«

Man muss loslassen können

Manchmal macht einem das Leben aufgrund eines Schicksalsschlages einen Strich durch die Rechnung. Marga und Harald Dolz waren über 55 Jahre verheiratet und lebten glücklich in ihrem Traumhaus. »Wir mussten nicht einmal im Garten herumkriechen, das hat alles ein Gärtner erledigt«, erinnert sich Harald Dolz. »Doch nach dem plötzlichen Tod meiner Ehefrau saß ich ganz allein in dem Haus.« Der Witwer bestellte sich »Essen auf Rädern«, und einige Freunde kümmerten sich um ihn. Doch in dem Gebäude, mit dem zahlreiche schöne Erinnerungen verbunden sind, waren nur noch Einsamkeit und tiefe Trauer zu spüren. Jeden Tag fuhr der pensionierte Oberstudienrat auf den Friedhof, um am Grab seiner Frau Abschied zu nehmen. Immer und immer wieder. »Die vier Kilometer zum Friedhof waren mir zu weit. Darum hatte ich plötzlich die Idee: Warum ziehst du nicht in die naheliegende Residenz?«

Harald Dolz konnte sich noch am selben Tag ein Appartement anschauen, es entsprach genau seinen Wünschen. Innerhalb eines Monats ging der Umzug über die Bühne. »Ich musste nur einen neuen Kleiderschrank kaufen. Der alte war zu wackelig und hätte den Umzug nicht überstanden.«

Erstaunlich unkompliziert lief der Hausverkauf. Harald Dolz hatte aus Sicherheitsgründen keine Anzeige in der Zeitung aufgegeben, sondern eine Maklerin eingeschaltet, die auch die Besichtigungstermine übernahm. Harald Dolz musste nur noch beim Notartermin dabei sein. »Bei der Übergabe habe ich dann noch ein Gebet gesprochen und mich beim lieben Herrgott für die guten Jahre in unserem Haus bedankt und darum gebeten, dass er seine Liebe an die neuen Eigentümer weitergeben möge.« Jetzt wohnt dort

Glückwunsch zum Einzug. Harald Dolz hat sein Haus an eine junge Familie mit zwei Kindern verkauft.

eine Familie mit zwei Kindern. Es war ein Abschied ohne Schmerz und ohne Wehmut.

Es war ein Neuanfang mit anderen Menschen. »Ich habe mich hier vom ersten Tag an wohlgefühlt. Man soll sich nicht in der eigenen Vergangenheit eingraben.« Das hat Harald Dolz in der schwierigen Zeit nach dem Tod seiner Frau gelernt. »Die Nachbarn sind freundlich, die Atmosphäre ist nett, das Essen schmeckt gut.« Beruhigend ist für ihn, jederzeit medizinische Hilfe in Anspruch nehmen zu können. Vor Kurzem ist der 82-Jährige an den Augen operiert worden. In den Tagen und Wochen danach mussten ihm bis zu fünf Mal am Tag Augentropfen verabreicht werden. Diese Hilfe hat direkt nach dem Krankenhausaufenthalt der ambulante Pflegedienst im Haus übernommen.

Einen Wunsch möchte sich Harald Dolz demnächst erfüllen. Gemeinsam mit einer Bekannten will er noch einmal auf die Zugspitze. Die Urlaubsplanungen – wie die beiden nach Bayern kommen und welches Hotel in Garmisch-Partenkirchen gebucht werden soll – laufen bereits auf vollen Touren.

Die Entscheidung muss reifen

Vor einem Umzug müssen viele Aspekte geklärt werden

Wer überlegt, in eine Seniorenresidenz zu ziehen, hat zunächst zahlreiche persönliche Details zu klären, um sich für so einen Neuanfang zu öffnen. Hilfreich ist es, im Vorwege zu erfahren, wie sich das Einleben gestaltet und wie der Alltag in der Gemeinschaft aussieht. Carola Hoffmann und Katrin Kuschy sind in einer Seniorenresidenz für die Vermietung der Appartements zuständig. Sie haben viele Interessenten zum Teil über Jahre begleitet, die sich das Haus zum Beispiel beim Tag der offenen Tür zunächst einmal nur angesehen haben. Die beiden Damen können über die langen Entscheidungswege berichten, die am Ende zum Einzug führen – oder eben nicht. Außerdem erleben sie immer wieder gern, wie Bewohner in der neuen Umgebung langsam ankommen.

Den Menschen fällt es mit zunehmendem Alter immer schwerer, Haus und Garten zu bewirtschaften. Denken wir nur daran, im Herbst das Grundstück vom Laub zu befreien oder im Winter Schnee zu räumen. Aus welchem Anlass schauen sich Interessenten Ihre Wohnanlage an?

Carola Hoffmann: Es gibt den Wunsch, sich räumlich zu verkleinern und sich von der Arbeit, die so ein Haus mit sich bringt, zu verabschieden. Oft sind es jedoch gesundheitliche Probleme, die dazu führen, dass man sich mit einem Umzug in eine seniorengerechte Einrichtung beschäftigt. Viele lei-

Carola Hoffmann vermietet die Appartements einer Residenz und empfiehlt das Probewohnen.

den auch unter dem Alleinsein und der Einsamkeit. Das tut dem Menschen grundsätzlich nicht gut. Und hier haben die Bewohner ihr eigenes Appartement, können die Wohnungstür hinter sich schließen, wenn sie alleine sein möchten. Gleichzeitig gibt es viele Möglichkeiten und Angebote im Haus, um mit den Nachbarn in Kontakt zu treten. Neulich hat eine ältere Dame zu mir gesagt: »Langsam wird es mir unheimlich, allein zu wohnen.« Dahinter steckt die Sorge, im Notfall nicht mehr allein zurechtzukommen. Sie will den Kindern nicht zur Last fallen und sucht die Sicherheit.

Wie lange dauert denn der Prozess, bis eine Entscheidung für oder gegen einen Umzug getroffen wird?

Hoffmann: Die Zeitspanne von der ersten Besichtigung bis zum Einzug dauert zwischen wenigen Monaten und bis zu mehr als fünf Jahren. So ein Umzug ist immer mit einem Prozess des Loslassens verbunden. Man lässt sein altes Leben hinter sich, und dieser Gedanke kann auch traurig ma-

Nach dem Umzug sagen die meisten neuen Residenzbewohner: »Hätte ich das bloß früher gemacht.« Das hört die Vermietungsreferentin Katrin Kuschy oft.

chen. Diese Traurigkeit gehört zum Abschiednehmen dazu. Wer von einem Haus in eine Zweizimmerwohnung umzieht, kann nicht alle Möbel mitnehmen. Von diesem Ballast muss man sich erst einmal befreien wollen und erkennen, was in Zukunft wichtig ist.

Katrin Kuschy: Die meisten Bewohner kommen zu spät. Ich verstehe das, denn manche sind noch mit der Trauer beschäftigt, weil der Ehepartner erst vor Kurzem gestorben ist. Das Loslassen fällt schwer, ebenso der Umzug. Doch wenn die Menschen erst einmal bei uns wohnen, sagen die meisten: »Hätte ich das bloß früher gemacht!«

Wie lange dauert das Einleben?

Hoffmann: Das ist unterschiedlich. Die meisten Menschen sind erschöpft vom Umzug und sagen: »Ich brauche jetzt erst mal Zeit, um anzukommen.« Viele haben noch mit dem Hausverkauf zu tun. Aber dann blühen die neuen Bewohner oft schnell auf.

Wie habe ich mir die Gemeinschaft vorzustellen?
Kuschy: Die Bewohner unterstützen sich gegenseitig und kümmern sich zum Beispiel um einen Nachbarn, wenn dieser krank ist. Sie besuchen ihn im Krankenhaus oder hier im Pflegebereich oder schreiben Karten mit Genesungswünschen. Außerdem steht unsere Pfarrerin den Bewohnern mit ihrer seelsorgerlichen Betreuung zur Seite.
Hoffmann: Man muss jedoch auch offen sein und auf die Nachbarn zugehen. Wir empfehlen unseren neuen Bewohnern, aktiv an unserem großen Kultur- und Freizeitangebot teilzunehmen. Da ergeben sich schnell Kontakte.
Empfehlen Sie das Probewohnen?
Hoffmann: Auf jeden Fall. Wir können ja viel erzählen. Wer bei uns eine Woche lang zur Probe gewohnt hat, erhält einen guten Eindruck, ob er hier ein Zuhause finden und sich hier wohlfühlen kann. Man hat auch die Möglichkeit, mit künftigen Nachbarn ins Gespräch zu kommen, die von ihren Erfahrungen berichten. Fünf Tage Probewohnen kosten bei uns 200 Euro mit Frühstück und Mittagessen.

Wer sportlich aktiv sein möchte, hat in einer Residenz kurze Wege, um zum Beispiel an der Wassergymnastik teilzunehmen.

Muster Residenz

Anschrift: Musterstraße 19, 12345 Musterstadt
Vermietung: Erika Mustermann, ☏ 03333/12 34 56
410 Komfort-Appartements und 71 Pflegeplätze
Wohnen: Appartement mit Service und ambulanter Pflege

- Mittagessen im Restaurant: 2 mehrgängige Menüs aus eigener Küche zur Auswahl, Salatbuffet. Sonderkost, Frühstück und Abendessen können abonniert werden.
- Schwimmbad
  Restaurant/Café
  Bibliothek
  Fitnessraum
  Billard- und Gymnastikraum
  Gästezimmer
  Ferienwohnungen

- Kulinarische und kulturelle Angebote sowie Hobbygruppen, Veranstaltungen
- Wöchentliche Reinigung des Appartements
- Bei Krankheit für 21 Tage im Jahr hauswirtschaftliche Betreuung
- Ambulante Pflege im Appartement bei Bedarf. Auf Wunsch ist ein Umzug in den stationären Pflegewohnbereich möglich.

Ausstattung: Die Appartements haben Einbauküche, Einbauschrank, Dusche oder Badewanne und WC, Balkon oder Loggia, Abstellraum, Notruf, Telefon- und TV-Anschluss. Die Bewohner richten sich mit eigenen Möbeln ein.

Miete:

1-Zimmer-Appartement	32,7 bis 46,3 m^2	€ 1.467,– bis € 2.054,–
1,5-Zimmer-Appartement	42,6 bis 66,7 m^2	€ 2.229,– bis € 3.153,–
2-Zimmer-Appartement	56,4 bis 81,5 m^2	€ 2.736,– bis € 3.365,–
3-Zimmer-Appartement	76,1 bis 113,7 m^2	€ 3.369,– bis € 4.255,–

Energieausweis: 195,8 kWh/(m^2a), Energieeffizienzklasse F

Zweite Person im Appartement: € 722,– pro Monat
Frühstücksabonnement: € 145,– pro Monat
Abendessenabonnement: € 145,– pro Monat
Frühstücks- und Abendessenabonnement: € 260,– pro Monat

Kaution: Doppelte monatliche Miete. Die Kaution wird mit dem für Spareinlagen mit dreimonatiger Kündigungsfrist üblichen Zinssatz verzinst.

Nahverkehr: Musterstraße, Bus: 30, 31

Lage: Kurpark, Wohngebiet, Wanderweg zum Naturschutzgebiet

Einkaufen: Lebensmittelladen und Bank im Haus, Lieferservice, Geschäfte in der Nähe, regelmäßige Einkaufsfahrten mit dem hauseigenen Bus ins nächste Einkaufszentrum

Muster Residenz – Pflege

Pflegesekretariat: Max Muster, ☏ 03333/12 34 56
Wohnen: Pflegewohnbereich

- Unterkunft in Einzel- und Doppelzimmern
- Verpflegung mit 4 Mahlzeiten im Pflege-Restaurant
- Pflegerestaurant
  Café
  Bibliothek
  Weißer Salon
  Billardzimmer
  Gymnastikraum
  Gästezimmer
  Ferienwohnungen
- Kulinarische und kulturelle Angebote sowie Hobbygruppen, Veranstaltungen

Ausstattung: Die Pflegezimmer haben Pflegebett, Nachttisch, Kleiderschrank, Sideboard, Tisch und Stühle, WC und Dusche, Notruf, Telefon- und TV-Anschluss, Balkon oder Terrasse. Kleinmöbel können mitgebracht werden.

Monatliche Kosten im Doppelzimmer:

	Grad 2	Grad 3	Grad 4	Grad 5
Heimentgelt:	2.706,77	3.198,66	3.711,54	3.941,52
Pflegekasse:	–770,00	–1.262,00	–1.775,00	–2.005,00
Zu zahlen:	**1.936,77**	**1.936,66**	**1.936,54**	**1.936,52**

Energieausweis: 195,8 kWh/(m^2a), Energieeffizienzklasse F

Zuschlag: Einzelzimmer monatlich ab € 760,50
Nahverkehr: Musterstraße, Bus: 30, 31
Lage: Kurpark, Wohngebiet, Wanderweg zum Naturschutzgebiet

Checkliste Residenzen

Name der Residenz:
Anschrift:
Ansprechpartner, Telefonnummer, E-Mail:
Vermieter, Homepage:

Größe der Einrichtung

Residenz mit __________ Appartements
Pflegebereich mit _______ Plätzen
Tagespflege für _________ Gäste

Wohnen in der Residenz

- Verpflegung: Wird im Haus gekocht? JA☐/ NEIN☐ Ist das Mittagessen im Mietpreis enthalten? ☐/☐
- Ist die wöchentliche Reinigung des perönlichen Wohnbereichs im Preis enthalten? ☐/☐
- Gemeinschaftsraum ☐/☐, Bibliothek ☐/☐, Garten ☐/☐, Schwimmbad ☐/☐, Sportstudio ☐/☐
- Ausflüge ☐/☐, jahreszeitliche Feste ☐/☐, kirchliche Aktivitäten ☐/☐ Gymnastik ☐/☐, Zeitungsrunde ☐/☐, weitere kulturelle Veranstaltungen: _______________

Ausstattung: Die Wohnungen haben Einbauküche ☐/☐, WC und barrierefreie ☐/☐ Dusche, Balkon / Terrasse ☐/☐, Notruf ☐/☐, Telefon- und TV-Anschluss, Aufzug ☐/☐.

Miete:

	Miete	Größe
1-Zimmer-Wohnung		
2-Zimmer-Wohnung		
3-Zimmer-Wohnung		
4-Zimmer-Wohnung		

Frühstück im Abonnement:
Abendbrot im Abonnement:
Wöchentlicher Reinigungsdienst:
Servicepauschale für eine zweite Person:

Genossenschaftsanteile / Wohndarlehn:
Verzinsung:
Kaution:
Nahverkehr:
Nahversorgung: Kiosk im Haus? ☐/☐, Friseur? ☐/☐, Physiotherapie? ☐/☐, Einkaufsfahrten? ☐/☐
Nächstes Einkaufszentrum: ______________________________
Lage:

Pflegebereich

Ansprechpartner:
Telefonnummer:
E-Mail:

Größe der Einrichtung

Kurzzeit- und Verhinderungspflege ☐/☐
Tagespflege ☐/☐
Nachtpflege ☐/☐
Dementenwohnbereich ☐/☐

Spezialisierung:

Demenzkranke ☐/☐
Hörbehinderte ☐/☐
Sehbehinderte und Blinde ☐/☐
Wachkoma Phase F ☐/☐
Psychische Erkrankungen ☐/☐
Neurologische Erkrankungen ☐/☐
Junge Erwachsene ☐/☐
Geschlossene Abteilung ☐/☐
Beatmungspatienten ☐/☐
Dialyse ☐/☐

Wohnen im Pflegebereich einer Residenz

- Verpflegung: Wird im Haus gekocht? ☐/☐
- Gemeinschaftsräume: Etagenwohnzimmer ☐/☐,

Speisesaal □/□, Garten□/□, Foyer □/□, Therapie- und Aufenthaltsräume □/□, Schwimmbad □/□, Wassertretbecken □/□, Andachtsraum □/□, Snoezelen-Raum □/□

- Bewohnerurlaub □/□, Ausflüge □/□, jahreszeitliche Feste □/□, gemeinsames Kochen und Backen □/□, kirchliche Aktivitäten □/□, Veranstaltungen □/□, Zeitungsrunde □/□, Gymnastik □/□, weitere Angebote:

Ausstattung: Die Zimmer der Bewohner haben Pflegebett, Nachttisch, Tisch und Stühle, Schrank. Bad mit WC und barrierefreier □/□ Dusche. Zimmer mit Balkon oder Terrasse □/□. Notruf □/□, Telefon- und TV-Anschluss. Die Bewohner richten sich mit eigenen Möbeln ein □/□.

Monatliche Kosten:

	Pflegegrad 1	Pflegegrad 2 bis 5
Heimentgelt:		
Pflegekasse:	– 125	abzüglich der Zuschüsse
Zu zahlen:		

Zuschläge:

Für ein Einzelzimmer:

Für ein größeres Zimmer:

Besondere Komfortleistungen:

Therapiezuschläge:

Genossenschaftsanteile / Wohndarlehn:

Verzinsung?

Kaution?

Die Checkliste kann unter www.umsorgt-wohnen.de heruntergeladen werden: über den Navigationspunkt »Wohnen im Alter« oder den Suchbegriff »Checklisten«.

Alten- und Pflegeheime

Der Umzug ins Altenheim

Das sagen Bewohner und Angehörige

Manchmal möchten Senioren selbst über einen Umzug ins Altenheim sprechen, doch die Angehörigen bügeln das Gespräch sofort ab mit dem Satz: »Ach, Mutti, dafür bist du doch viel zu jung.« Manchmal versuchen es die Kinder, zu diesem Thema ins Gespräch zu kommen. Doch die richtigen Worte zu finden, ist schwierig. Ein 57-jähriger Mann hatte eine scheinbar pfiffige Idee: Einmal in der Woche besuchte er seine Mutter (76) und machte mit ihr einen langen Spaziergang. Vor einigen Wochen hatte er einen neuen Weg eingeschlagen, der an einer Seniorenwohnanlage vorbei-

Dieser Altenheimbewohner wird täglich von seiner Ehefrau besucht.

führte. Als die beiden zum fünften Mal zu diesem Haus kamen, traute sich der Sohn und sagte: »Mama, das hier ist übrigens ein Altenheim.« Doch der Versuch, einen möglichen Umzug ins Heim anzusprechen, scheiterte sofort, denn die Mutter hatte den Braten bereits gerochen und entgegnete: »Das weiß ich. Und wenn du noch hundert Mal mit mir hier vorbeiläufst – ich ziehe hier nicht ein!«

Der rechtzeitige Umzug ins Altenheim ist anders als beim Umzug in eine Seniorenwohnung ohnehin nicht möglich. In vielen Fällen sind die Menschen auch im hohen Alter gesund, bis es zu einer plötzlichen Herzerkrankung, einem Schlaganfall oder Oberschenkelhalsbruch kommt. Im Anschluss an die Behandlung im Krankenhaus kümmern sich die Mitarbeiter des Sozialdienstes, wie es nach der Entlassung weitergeht: Ist eine Reha sinnvoll? Ist die Pflege zu Hause durch die Familie mit der Unterstützung durch einen ambulanten Pflegedienst möglich? Oder ist jetzt ein Umzug ins Altenheim zu organisieren?

Die Entscheidung war schwer, nicht der Abschied

Seit drei Jahren wohnt Bärbel Rückner im Altenheim. Die heute 70-Jährige hat sich gut eingelebt, fühlt sich zu Hause und genießt die Vorzüge, die dieser Umzug mit sich brachte. Leicht fiel ihr die Entscheidung nicht, ihre schöne Wohnung im Grünen aufzugeben und die vertraute Umgebung zu verlassen, in der ihre beiden Söhne aufgewachsen sind.

Ein Umzug ins Altenheim ist immer mit dem Eingeständnis verbunden, aus Krankheitsgründen Hilfe in Anspruch nehmen zu müssen. Bärbel Rückner war schwer krank, hatte mehrere Operationen überstanden, quälte sich durch eine Chemotherapie. Die Patientin hat sich nach der Reha zwar gut erholt und für kurze Zeit versucht, mit Unterstützung

Im Sommer sitzt Bärbel Rückner gern im Garten und liest bei einer Tasse Kaffee ausgiebig die Tageszeitungen.

durch einen ambulanten Pflegedienst zu Hause wieder Tritt zu fassen. Doch dafür war sie noch zu schwach. Früher durchstreifte sie auf dem Fahrrad ihren Stadtteil und erledigte so auch ihre Einkäufe. »Im Straßenverkehr fühlte ich mich aber zunehmend unsicher«, erzählt die Seniorin. Auch das Treppensteigen in ihre Wohnung in den zweiten Stock sowie das Kochen entwickelten sich zur täglichen Herausforderung. Irgendwann wurde ihr klar, dass ein Umzug in eine Seniorenwohnanlage eine ernsthafte Option sein könnte. »Als ich mich dann entschieden hatte, war der Abschied nicht mehr so schwer. Ich habe das gut verkraftet«, versichert sie lächelnd.

Im Altenheim habe sie Lebensqualität dazugewonnen, sagt sie heute. Ihr gemütliches Zimmer mit Ausblick auf den Kirchturm gegenüber verfügt über ein barrierefreies Duschbad und einen Balkon. Auch für ihren Lieblingssessel hat sie einen schönen Platz gefunden. Eine Küche benötigt Bärbel Rückner nicht, da sie die Mahlzeiten gemeinsam mit ihren Mitbewohnern einnimmt. Gegen ihre Arthrose tut die Wassergymnastik im hauseigenen Schwimmbad gut. Bei schönem Wetter genießt sie Spaziergänge im Park oder unternimmt Ausflüge mit einer Bekannten. Aber auch die Freizeitangebote direkt im Altenheim sprechen sie an. Regelmäßig nimmt sie an der Sturzprävention teil oder spielt im Nachtcafé Gesellschaftsspiele. Darüber hinaus hilft Bärbel Rückner nachmittags im Café, wo sie für die Mitbewohner Kaffee ausschenkt und Kuchen serviert. Ihre positive Bilanz nach drei Jahren lautet: »Ich fühle mich hier sehr wohl. Wenn ich etwas brauche, bekomme ich es. Alles andere versuche ich selbst zu machen.«

Das Einleben dauert bis zu einem halben Jahr

Marianne Nordt blickt auf ein arbeitsreiches Leben zurück und hatte immer körperlich hart gearbeitet: in der Landwirtschaft, in der Küche, als Stationshilfe, in einer Bäckerei und bis zur Rente als »staatlich geprüfte Fußboden-Masseuse«. Marianne Nordt lächelt, bis ihr Gegenüber versteht, dass es sich um einen Job als Putzfrau handelte. Ein Sohn, vier Enkel und drei Urenkel gehören zu ihrer Familie, über die sie sehr glücklich ist. Gern denkt sie an die Zeit zurück, als sie noch ihre kleine Wohnung hatte. Auf die Frage, warum sie vor vier Jahren ins Altenheim gezogen ist, antwortet sie nachdenklich: »Das geht manchmal schneller, als man denkt. Eines Tages konnte ich nicht mehr aufstehen.« Mit

Verdacht auf Schlaganfall wurde Marianne Nordt ins Krankenhaus eingeliefert. Es folgte ein Reha-Aufenthalt, und die Ärzte freuten sich, dass sich die Patientin so gut erholt hatte. Doch ihr fehlte die Kraft, wieder allein zu Hause zu leben und ihren Haushalt zu bewerkstelligen.

Rund um die Umstellung ist die gebürtige Dresdenerin schonungslos ehrlich. Man muss alles stehen und liegen lassen. Zunächst hatte sie ein Doppelzimmer, bis ein Einzelapartment frei wurde. »In dieser Zeit habe ich viel geheult und fühlte mich wie ein Flüchtling«, erinnert sie sich. »Wir hatten früher Flüchtlinge aus Schlesien, mit denen ich zur Schule gegangen bin.« Einer von ihnen kannte ein kleines Gedicht, das der Seniorin bis heute in Erinnerung geblieben ist und ihr Kraft gibt:

Vergiss, was gewesen.
Denk nicht mehr an einst.
Die schöne Zeit kommt nicht wieder,
Und wenn du auch weinst.

Es hat ein halbes Jahr gedauert, bis die alte Dame im Haus angekommen ist. Für diese Einrichtung hatte sie sich ganz bewusst entschieden, weil ihre Freundin Christel hier schon wohnte. Beim Einleben hat Marianne Nordt ihre optimistische Grundeinstellung geholfen: »Von meiner Pflegemutter bin ich christlich erzogen worden, deshalb habe ich darauf gesetzt, dass der liebe Gott mir hilft, wieder gesund zu werden. Ich habe mir etliche Male eingeredet: Ich habe kein Zuhause mehr, mein Zuhause ist jetzt hier! Das hat geholfen. Man muss vorwärts schauen, sonst kommt man nicht weiter.«

Heute ist die 83-Jährige glücklich und zufrieden. Das gemeinschaftliche Leben kann man sich so vorstellen: Die

Bewohner leben in einer Wohngruppe. Sie können sich in ihr Zimmer zurückziehen, doch das gemeinschaftliche Leben findet in der Wohnküche statt. »Ich bin froh, wenn ich ein bisschen helfen darf«, sagt die Seniorin. So hat jeder seine Aufgaben, vom Tischdecken bis zum gemeinsamen Kuchenbacken. »Wenn wir eine schöne Fahrt machen, dann lebe ich richtig auf«, schwärmt sie. Bei den letzten beiden Ausflügen standen eine Dampferfahrt sowie ein Besuch im Tierpark auf dem Programm. Marianne Nordt erinnert sich noch genau daran, wie ihr die Rehlein aus der Hand gefressen haben. Das macht sie glücklich.

Marianne Nordt hilft gern in der Küche – hier beim Gurkenschälen mit Betreuungskraft Marina Schalk.

In die Nähe der Tochter ziehen

Mehr als zehn Jahre lebte Thea Gries glücklich und zufrieden in einer Seniorenwohnung in Güstrow. Dann verschlechterte sich der Gesundheitszustand der heute 90-Jährigen rapide. Plötzlich konnte die Seniorin nicht mehr laufen. Um ihrer Mutter auch in dieser schweren Zeit zur Seite zu stehen, machte sich Tochter Birgitt Witt mehrmals in der Woche auf den Weg von Berlin-Ahrensfelde und besuchte sie im 217 Kilometer entfernten Güstrow. Einkaufen, Wohnung sauber halten, Arztbesuche, Betreuung. Doch die Doppelbelastung von Job, eigenem Haushalt und den langen Autofahrten nach Mecklenburg-Vorpommern forderte ihren Tribut: Die 56-Jährige erlitt einen Zusammenbruch. »Jetzt ist es genug, Birgitt, ich ziehe nach Berlin, um in deiner Nähe zu sein«, entschied Thea Gries und wagte den Umzug in ein Altenheim in der Hauptstadt.

Ganz eingelebt hat sich die resolute alte Dame in diesem Haus in Berlin-Marzahn noch nicht. Die ehemalige Gemeindesekretärin vermisst ihre alte Wohnung, den Kontakt zu ihren ehemaligen Nachbarn und zu ihrer Cousine, mit der sie in Güstrow oft und gern zusammen war. Außerdem versteht sie den Berliner Dialekt nur schwer. Die Pfleger seien aber alle sehr aufmerksam, freundlich und ihr ausgesprochen zugetan. Tapfer nimmt sie an den Veranstaltungen wie zum Beispiel an der Gymnastik und der Kreativgruppe teil.

Tochter Birgitt hat sich in der Zwischenzeit gut erholt. »Mir geht es jetzt gesundheitlich wesentlich besser, weil ich innerlich ruhiger geworden bin und meine Mutter hier gut aufgehoben weiß.« Jeden Tag kommt sie zu Besuch, von Ahrensfelde nach Marzahn fährt man mit dem Auto nur eine Viertelstunde. Birgitt Witt schmiedet eifrig Pläne für gemeinsame Unternehmungen. »Ich würde mit meiner Mutter

Im Frühling will Birgitt Witt mit ihrer Mutter Thea Gries den Stadtteil erkunden.

gern für ein paar Tage nach Dresden fahren und auf jeden Fall wollen wir an die Ostsee.« Thea Gries freut sich darauf, denn dann kann sie endlich ihre Cousine wiedersehen.

»Wir haben noch viel vor«, kündigen Mutter und Tochter unternehmungslustig an. Das Einleben im Altenheim braucht noch etwas Zeit, mit ihren täglichen Besuchen hilft die Tochter ihrer Mutter dabei. Aus jedem Blick und jeder Geste, die die beiden austauschen, spricht innige Zuneigung. »Ich bin so froh, dass ich meine Mutter jetzt hier in meiner Nähe habe«, sagt Birgitt Witt mit Nachdruck, »alles Weitere wird sich im Laufe der Zeit einspielen.«

Das Altenheim wechseln

Vor fünf Jahren musste Marion Sorrer ihren Vater und die Stiefmutter von heute auf morgen in einem Altenheim unterbringen. Vater Günter hatte seine psychisch erkrankte Ehefrau Waltraud neun Jahre lang zu Hause versorgt, bis er selbst krank wurde. Eine große Auswahl an freien Plätzen gab es nicht, die meisten Heime waren voll belegt. Umso dankbarer war die Familie über eine neu eröffnete Pflegeeinrichtung, in der fast alle Apartments frei waren. Doch es lief nicht rund in der Wohnanlage.

Ein großes Problem waren die Mahlzeiten. Es gab keinen Koch in dem Haus, deshalb wurde das Mittagessen von einem Menüdienst geliefert – und es war kalt. Gegessen wurde nicht in der Gemeinschaft, sondern auf dem Zimmer. Damit war das Ehepaar genauso allein wie zuvor in der gemeinsamen Wohnung. Marion Sorrer beschwerte sich zwar bei der Heimleitung, doch sie wurde vertröstet und es verbesserte sich nichts. Außerdem gab es keinerlei Betreuungsangebote. Die Stiefmutter störte das nicht, doch der Vater fühlte sich einsam und hätte gern mit anderen Bewohnern Skat gespielt. »Ich habe dann versucht, den fehlenden Kontakt auszugleichen und bin oft mit den Enkeln zu meinem Vater gefahren«, erzählt Marion Sorrer. So ging das ein Jahr lang. »An einen erneuten Umzug meiner Eltern habe ich mich in dieser Zeit nicht herangewagt, weil mir der Vergleich zu anderen Einrichtungen fehlte.« Soll heißen: Gibt es im nächsten Haus ebenfalls derartige Mängel?

Nach dem plötzlichen Tod des Vaters und einem Klinikaufenthalt der Stiefmutter hat sich Marion Sorrer dann doch dazu durchgerungen, für Waltraud einen Umzug in ein anderes Haus, ganz in ihrer Nähe zu organisieren. Dem Team der Wohnanlage gelingt es, den von der Klinik vorge-

Marion Sorrer schaut gemeinsam mit Ordensschwester Walburga nach den vier Hasen, die bei den Bewohnern sehr beliebt sind.

gebenen Therapieansatz fortzuführen und die psychische Erkrankung zu händeln. Eine Tagesstruktur hilft, der neuen Bewohnerin Halt zu geben. Nach dem Verlust ihres Ehepartners findet Waltraud Anschluss in ihrer Wohngruppe und mag die Geselligkeit. Sie beobachtet gern die Hasen, die im Garten einen eigenen Bereich haben. Außerdem reagiert sie ausgesprochen positiv auf die jungen Pfleger.

Marion Sorrer ist nun beruhigt, weil sie sich auf die gute Pflege und Betreuung vor Ort verlassen kann. Viermal in der Woche ist sie zu Besuch und kümmert sich um Waltraud (83) – eine Herzensangelegenheit. Das hatte sie ihrem Vater kurz vor seinem Tod versprochen.

Die Helden im Altenheim

Das sind die Qualifikationen der Mitarbeiter

Es gibt so viele engagierte Mitarbeiter in den Altenheimen, die mit Ideen, Kreativität und Herzblut bei der Sache sind: Heimleiter, Altenpfleger, Altenpflegehelfer, Auszubildende, Betreuungskräfte, Ärzte, Therapeuten, Reinigungskräfte, Köche und Küchenhilfen, Hausmeister, Gärtner, Empfangsdamen, Hospizmitarbeiter und Palliativmediziner, ehrenamtliche Helfer, Seelsorger, Fußpfleger und »Haubentherapeuten« – die Friseure. Sie sorgen dafür, dass neue Bewohner, die sich in einer gesundheitlich schwierigen Lage befinden, zunächst einmal medizinisch-therapeutisch gut versorgt werden. Dieses Team ist den Neuankömmlingen beim Einleben behilflich. Die Mitarbeiter sind gute Zuhörer, Beobachter und Blitzableiter. Manchmal sind sie Freunde oder der einzige Kontakt zur Außenwelt. Die Freude ist riesengroß, wenn ein Bewohner angekommen ist, und sich sein gesundheitlicher Zustand stabilisiert oder sogar verbessert.

Der Einrichtungsleiter

Bei seiner Berufswahl vor etwa 15 Jahren hätte Luis Rulle jemanden gebraucht, der ihn an die Hand nimmt und ihm sagt, welche Richtung er einschlagen soll. »Doch letztlich musste ich das selbst herausfinden«, erinnert sich der heute 34-Jährige. Und so standen Grafik, Design, Jura und Architektur auf der Liste möglicher Berufe.

Erst durch einen Zufall nach dem Abitur entdeckte Luis Rulle beim Zivildienst, dass er in einem sozialen Beruf genau richtig aufgehoben war. Und so absolvierte er eine Ausbildung zum Krankenpfleger, sammelte Berufserfahrung in der Notaufnahme eines Krankenhauses und studierte dann

Luis Rulle begrüßt eine neue Bewohnerin.

Pflege- und Gesundheitsmanagement. Während eines zweijährigen Traineeprogramms konnte der angehende Einrichtungsleiter bereits Leitungsaufgaben übernehmen und sich auf seine verantwortungsvolle Aufgabe vorbereiten.

Berufe im sozialen Bereich könnten ein besseres Image haben. »Inzwischen kann ich es nicht mehr hören, wenn mich ehemalige Mitschüler fragen, warum ich Krankenpfleger und nicht Bankkaufmann geworden bin«, ärgert sich Rulle. Denn gerade im sozialen Bereich tragen die Mitarbeiter große Verantwortung, die Arbeit mit den Menschen macht Spaß – und es gibt diverse berufliche Aufstiegsmöglichkeiten, wie etwa die Zusatzausbildung zur gerontopsychiatrischen Fachkraft oder Pflegedienstleitung.

Seit drei Jahren meistert der junge Einrichtungsleiter die große Herausforderung, ein neues Haus mit 99 Bewohnern und rund 50 Mitarbeitern zu führen. Es waren etliche Vorstellungsgespräche zu führen, um Pflege und Betreuung für die Bewohner auf die Beine zu stellen. »Zunächst war ich aufgeregter als die Bewerber und musste erst einmal lernen, auf welche Details ich dabei achten muss. Das lernt man nicht an der Uni«, erinnert sich Rulle. Parallel war die Zusammenarbeit mit den genehmigenden Stellen zu koordinieren – wie etwa der Heimaufsicht, dem Medizinischen Dienst der Krankenkassen, dem Gesundheitsamt, der Lebensmittelaufsicht und der Feuerwehr. Außerdem mussten Kooperationspartner – von den behandelnden Ärzten und Therapeuten über die Apotheke bis zur Wäscherei – gefunden werden. Nicht zuletzt gehören auch kaufmännische Aufgaben zum Berufsbild: So eine Pflegeeinrichtung ist auch wirtschaftlich zu führen. Die Auslastung muss stimmen, und die Ausgaben dürfen die Einnahmen nicht übersteigen.

Spaß haben und unbeschwert sein

Inzwischen trägt das Haus die persönliche Note des engagierten Leiters, der mittlerweile eigene Schwerpunkte gesetzt hat. Die Naturmedizin liegt ihm am Herzen, deshalb orientiert sich das Haus am Gesundheitskonzept nach Sebastian Kneipp. Die Bewegung im Wassertretbecken regt die Durchblutung an. Das ist ein Beitrag für die Gesundheit und das Wohlbefinden der Bewohner. Als Einrichtungsleiter ist Luis Rulle aber auch »Mädchen für alles«: »Heute habe ich eine Bewohnerin in die Augenklinik gebracht, weil der Transport nicht anders zu organisieren war.«

Der Sozialdienst

Jeden Tag werden Menschen aufgrund plötzlicher gesundheitlicher Probleme aus ihrem normalen Leben gerissen und finden sich im Krankenhaus wieder. Die Altersmedizin hat große Fortschritte zu verzeichnen. Doch gerade in den ersten Tagen eines Klinikaufenthaltes wird die eigene gesundheitliche Perspektive noch gar nicht erkannt. Die Patienten sind nach einer erfolgreichen medizinischen Behandlung noch schwach und bettlägerig, mögen kaum etwas essen, sind traurig und fühlen sich hilflos. Aus Erfahrung wissen die Pflegeprofis allerdings, dass ältere Menschen danach oft nur noch vorübergehend eine pflegerische Versorgung benötigen, bis sie wieder auf die Beine kommen. Dabei sollten die kleinen Schritte nach vorne nicht übersehen werden, wenn sich ein Patient zum Beispiel nach einem Besuch in der Kurzzeitpflege selbst im Pflegebett aufrichten und wieder auf der Bettkante sitzen kann.

Wichtig ist es, innerhalb der Familie die Dinge offen anzusprechen. Hierbei kann es auch zu Streitigkeiten kommen. Die Angehörigen brauchen »ein dickes Fell«, um das auszuhalten. »Wo habt ihr mich hingebracht, da bin ich ja nur mit alten Menschen zusammen«, lautet so ein klassischer Vorwurf. Gleichzeitig wissen die meisten Senioren, wie es um ihre Gesundheit steht – und passen sich den neuen Gegebenheiten an. Manchmal kommt auch der Wunsch auf, sich von zu Hause verabschieden zu wollen. Eine neue Bewohnerin in einem Altenheim hat es so formuliert: »Lassen Sie mich bitte noch einmal nach Hause in meinen Garten. Einmal Tschüss sagen, ich komme auch wieder.« Es hat viel mit der inneren Einstellung zu tun. Zu bewundern ist, wie die Menschen diesen Neuanfang meistern. Zu ihrer Lebenserfahrung gehört wohl auch die Erkenntnis: »Es hilft nichts, es muss ja irgendwie weitergehen.«

Wenn ein Patient aus dem Krankenhaus entlassen wird und ein Umzug ins Altenheim ansteht, kümmert sich der Sozialdienst um ihn. Sebastian Scheer ist einer dieser ersten Ansprechpartner im Seniorenheim. Oft haben sich die Familien das Haus bereits angesehen. Nun geht es darum, dass auch der Patient versteht, was mit ihm nach der Entlassung passiert.

Herr Scheer, wer zieht bei Ihnen ein?

Der Hauptanlass für einen Einzug ins Altenheim sind Demenzerkrankungen. Die Menschen sind in ihrer alten Wohnung nicht mehr allein zurechtgekommen. Sie haben zu wenig gegessen und getrunken, sind gestürzt oder es hat andere Notsituationen gegeben, die zu einem Krankenhausaufenthalt geführt haben.

Muss es erst zu einer Notsituation kommen?

Oft leider ja. Sowohl die Betroffenen als auch deren Familien halten an einem Leben in der vertrauten Häuslichkeit bis zum Letzten fest. Von Kindern habe ich schon oft den Satz gehört: »Das habe ich meiner Mutter versprochen, sie nie ins Heim zu geben.« Sie haben es sich fest vorgenommen, Pflege und Betreuung allein zu schaffen. Doch irgend-

Sebastian Scheer (52) ist Klavierbauer, Altenpfleger und Musiker. Das Singen verbindet, fördert die Durchblutung und ist gut für die Atmung. Man erlebt Freude und Gemeinsamkeit.

wann kippt das Ganze. Der Pflegebedürftige ist gestürzt oder weggelaufen. Die Angehörigen können nicht mehr, leiden unter Schlafstörungen, Rückenschmerzen, depressiven Verstimmungen oder es kommt sogar zum Zusammenbruch. Aus meiner Sicht ist es erlaubt, den Vater oder die Mutter bei uns abzugeben. Man darf sich zurückziehen, einen Teil der Verantwortung abgeben, ein Stück weit loslassen. Wer nicht mehr unter ständiger Überforderung leidet, hat wieder die Chance, die schönen Momente miteinander zu erleben.

Wie lernen Sie Ihre neuen Bewohner kennen?

Ich gehe zu einem Erstbesuch ins Krankenhaus, meistens einen Tag vor der Entlassung. Dann stelle ich mich vor und möchte den neuen Bewohner kennenlernen. Die Menschen reagieren oft positiv und sind froh, dass ich da bin. Ich frage sie nach ihren Lebensumständen und stelle unser Haus vor. Die Patienten erfahren, wie es am nächsten Tag weitergeht. Natürlich sind die Senioren ängstlich, gleichzeitig auch interessiert, was mit ihnen passiert.

Und wie geht es am nächsten Tag weiter?

Die Patienten werden meistens am Vormittag mit einem Krankentransport zu uns gebracht. Ich bin dann zur Begrüßung an der Tür. Auch wenn sie die Details zur Entlassung oder meinen Namen vergessen haben – ich bin das vertraute Gesicht und daran erinnern sich die meisten. Ein gutes Zeichen ist es, wenn die Neuankömmlinge dann schon in der Wohngruppe zu Mittag essen mögen. Ja, und dann brauchen sie Zeit für sich, um die Umstellung zu verarbeiten.

Was machen die Angehörigen am Einzugstag?

Ehepartner und Kinder bleiben meistens da und haben noch mit dem Umzug zu tun. Ihre Gefühle sind eine Mischung aus schlechtem Gewissen, fehlender Aufgabe, beginnendem Trennungsschmerz und Aufatmen.

Wie funktioniert das Einleben?

Neue Bewohner müssen zunächst die Wege in ihrem Apartment und innerhalb der Wohngruppe kennenlernen. Es ist ein neues Lebensgefühl, plötzlich in einer Gruppe zu leben und Nachbarn am Tisch zu haben. Meistens sind die Menschen aber ganz schnell dabei, wenn wir singen. Außerdem gehen die neuen Bewohner gern zu den Gottesdiensten.

Woran erkennen Sie, dass Bewohner so langsam ankommen?

Es ist ein gutes Zeichen, wenn jemand das Haus erkundet und plötzlich im Foyer sitzt. Die Angst ist dann weg, ich sehe das an seinem entspannten Gesicht.

Wie ist das, wenn neue Bewohner nicht mehr zu halten sind und nach Hause wollen?

Das ist immer ein kleiner Stich ins Herz der Angehörigen.

Bei dem Wunsch, nach Hause zu wollen, geht es nicht unbedingt darum, in die alte Wohnung zu kommen, sondern um die Suche nach Geborgenheit. Dahinter steckt die Sehnsucht nach einer Zeit, in der alles noch in Ordnung war.

Machen die Senioren ihrer Familie manchmal Vorwürfe?

Das kommt nicht selten vor. Der Satz »Wie konntet ihr mich hierher bringen?« löst noch einmal zusätzlich ein schlechtes Gewissen bei Ehepartnern und Kindern aus. Aber auch das versuchen wir abzufangen, indem unsere Pfarrerin in Angehörigengruppen und Einzelgesprächen neue Perspektiven entwickelt. Man kann lernen, diese Vorwürfe richtig einzuordnen und damit angemessen umzugehen.

Wie sieht denn die Reaktion der Angehörigen aus, wenn alle Beteiligten etwas zur Ruhe gekommen sind?

Die Familien reagieren oft mit Dankbarkeit, denn die Entwicklung der Krankheit war kaum noch zu ertragen. Die Kinder erzählen mir zum Beispiel voller Freude, dass die Mutter wieder etwas zugenommen hat. Das Verhältnis entspannt sich. Der Satz, den ich von Angehörigen immer wieder gern höre, lautet: »Meine Mutter fühlt sich bei Ihnen wohl.«

Der Seelsorger

Etwa vier Wochen nach dem Einzug besucht Olaf Ebert die Neuankömmlinge. Der Pastor freut sich über deren Offenheit, spürt allerdings auch die Unsicherheit über die neue Lebenssituation. »Ich teile mit den Menschen ihre Erinnerungen, bin da für ein Gespräch.« Manchmal erzählen sie wehmütig, dass sie ihre Wohnung aufgeben mussten. Aber auch Wut und Verärgerung kommen zur Sprache, wenn die Senioren gern auch weiterhin von der Familie betreut worden wären. »Zum Glück bin ich in der Lage, die Situation

Wenn Olaf Ebert den Talar trägt, finden sich die demenzkranken Bewohner im Gottesdienst und bei den Andachten besser zurecht.

nicht schönreden zu müssen«, sagt der Pastor. »Ich fühle mich nicht angegriffen, wie etwa die Kinder, denen die Schuld für den Umzug ins Heim gegeben wird, und die mit ausgesprochenen oder unausgesprochenen Erwartungen konfrontiert werden.« Am Anfang fühlt es sich für viele noch nicht gut an. Doch diese Gespräche bieten die Chance, die neue Lebenssituation für sich persönlich zu sortieren und den Kopf für einen Neuanfang freizubekommen.

Pastor Ebert lädt die Bewohner immer wieder ein, an den Aktivitäten des Hauses teilzunehmen: beim Gottesdienst, beim Singen oder an Veranstaltungen. Er freut sich darüber, dass insbesondere die meisten an Demenz erkrankten Bewohner das Vaterunser auswendig können. Das gibt jedes Mal ein Gemeinschaftsgefühl, das allen Teilnehmern guttut. Besonders freut es den Pastor, wenn er sieht, wie sich die Menschen entwickeln. Er berichtet von einer Bewohnerin, die kurz nach ihrem Einzug kontaktlos, sprachlos, hart mit sich selbst und verschlossen war. »Heute ist diese Dame fröhlich und aufgeschlossen, und ich habe das Gefühl, dass sie ihre eigene Lebensgeschichte inzwischen besser annehmen kann.«

Ausbildung zum Altenpfleger

Die Altenpflege begleitet Nikolaj Thomsen, seit er denken kann. Seine Mutter hatte in der Pflege gearbeitet. Da lag es nahe, dass der Sohn in ihre Fußstapfen tritt. Der 22-Jährige befindet sich mittlerweile im zweiten Ausbildungsjahr zum Altenpfleger.

Der Tag auf der Station beginnt mit der Übergabe. Im Anschluss unterstützen die Auszubildenden die Bewohner beim Aufstehen, Waschen und Anziehen, bevor es zum Frühstück geht. Nach dem gemütlichen Beisammensitzen gibt es zahlreiche Betreuungsangebote. Nikolaj Thomsen ist immer wieder beeindruckt, wenn sich demente Bewohner beim Singen plötzlich an Ereignisse aus der jüngeren Vergangenheit erinnern oder beim Spazierengehen einfach glücklich sind.

Diese Arbeit bereichert sein Leben. Natürlich gibt es auch Schattenseiten. Der Tod ist ein ständiger Begleiter im Pflegeheim. »Man lernt, damit umzugehen, doch das ist nicht immer leicht, da uns die Bewohner schließlich ans Herz gewachsen sind«, erklärt der sympathische Azubi. Die fachliche Kompetenz der Trauerarbeit, aber auch die allgemeine Krankheitslehre, Medikamentenkunde und das Wundma-

Lisa Metzger bereitet sich einen Obstteller zu. Nikolaj Thomsen achtet darauf, dass die Bewohner so viel wie möglich selbst machen. Das erhält die Selbstständigkeit.

nagement stehen in der Berufsschule auf dem Lehrplan. Außerdem gehören Anatomie, Recht, Ethik, Psychologie, Ernährung und Geriatrie (Altersheilkunde) neben Deutsch, Mathematik und Englisch zum soliden Grundwissen. Ein großer Vorteil dieses sozialen Berufes ist, dass die Theorie sofort in der Praxis angewandt werden kann.

Nach seiner Ausbildung muss Nikolaj Thomsen mindestens zwei Jahre Berufserfahrung sammeln, danach hat er sich die Weiterbildung zum Pflegedienstleiter als Ziel gesetzt. Fürs kommende Jahr hat er keine besonderen Wünsche: Er möchte glatt ins 3. Lehrjahr kommen. Mit der Ausbildungsvergütung kann Nikolaj Thomsen seine Wohnung bezahlen und kommt gut zurecht.

Die Köchin im Haus

Auf der Suche nach einem Altenheim sollten Interessenten auch auf ein Detail achten, das »Leib und Seele« zusammenhält: das vor Ort gekochte Essen. Seit 35 Jahren sorgt Petra Gränzig für leckere Mahlzeiten im Altenheim. Heute standen zwei Gerichte auf dem Speiseplan. Leberkäse mit Brokkoli, Zitronensoße und Petersilienkartoffeln sowie als Alternative Rührei mit Blattspinat. Als Nachtisch gab es selbst zubereiteten Mandelpudding mit Saft.

Die Senioren treffen sich mittags im Speisesaal und genießen ihre Mahlzeit in geselliger Runde. Die Freude ist groß, wenn es Hausmannskost wie Eintopf, Buletten, Blumenkohl, Kartoffelpuffer oder Leber gibt. »Wenn ich Rou-

Petra Gränzig serviert täglich frische Frucht- und Gemüsesäfte.

laden anbrate oder Kuchen backe, zieht der Duft durchs ganze Haus – das regt den Appetit an«, erzählt Petra Gränzig. Es gibt kaum Standzeiten, und das Essen hat einen hohen Nährstoffgehalt, weil vor Ort gekocht wird. Außerdem können individuelle Wünsche berücksichtigt werden. »Wenn es unseren Herren, die ein Stockwerk über der Küche wohnen, schmeckt, möchten sie Nachschlag haben. Wer krank ist, wird bei den Mahlzeiten zusätzlich mit Honig, Banane, Traubenzucker, Butter oder Sahne aufgepäppelt«, berichtet die gelernte Diätassistentin. Damit trägt das Küchenteam erheblich zur Gesundheit der Bewohner bei.

Schlagermove im Altenheim

Eine 88-jährige Bewohnerin hat sich zur Feier des Tages Schleifen ins silberne Haar flechten lassen. Eine andere Seniorin hat auf Wimperntusche und schrille Klamotten verzichtet, macht aber auf der Tanzfläche eine tolle Figur. Auch der 76-jährige Hans-Peter Gronau ist trotz Kunstgelenk noch beeindruckend beweglich in der Hüfte. Ansonsten gilt: Schunkeln, Lachen und in die Hände klatschen funktioniert immer und macht auch im Sitzen viel Spaß. Schlagermove geht auch im Altenheim.

Für echte Live-Atmosphäre sorgt Ulli´s Gang. »Die sind klasse«, lobt eine Bewohnerin und wippt begeistert mit den Füßen. Der große Festsaal im Haus wurde von Mitarbeitern und ehrenamtlichen Helfern mit Sonnenblumen, Ballons und Girlanden geschmückt. Bereits nach kurzer Zeit kommt die Party in Schwung. Es fließen Selters, Saft und Radler in Strömen. Auf der Terrasse grillen Pfleger Würstchen im Akkord. Die Stimmung ist ausgelassen. Jeder Bewohner wird einbezogen, egal, ob er das Tanzbein noch schwingen kann oder sich lieber im Sitzen amüsiert.

Hier fliegen gleich die Löcher aus dem Käse: die große Polonaise beim Schlagermove im Altenheim.

»Musik aktiviert das Langzeitgedächtnis«, hat Mitarbeiterin Anja Twardy beobachtet. Sie hatte auch die Idee, einen Schlagermove im Altenheim ins Leben zu rufen. Beim Hören vertrauter Klänge würden häufig längst vergessen geglaubte Erinnerungen wieder an die Oberfläche des Bewusstseins gespült. Dies sei gerade für die demenzkranken Bewohner ein beglückendes Erlebnis. »Musik macht das Leben schöner«, findet auch Seniorin Friedel Prüßmann. Allerdings steht die alte Dame nicht auf die romantischen Songs von Udo Jürgens und Roland Kaiser. Ihr Herz schlage für Rocker Peter Maffay, erzählt sie mit einem strahlenden Lächeln. Dann hat sie aber keine Zeit mehr für einen Plausch, denn die Polonaise zieht gerade an ihr vorbei und sie muss sich hurtig einen Platz in der Reihe der fröhlichen Tänzer sichern.

Die Ergotherapeutin

Nicht zu unterschätzen sind Krankheiten wie etwa ein Infekt mit Fieber, die ältere Menschen schnell aus der Bahn werfen können. Die Patienten sind danach so schwach und ihre Muskulatur hat sich innerhalb weniger Tage so weit zurückgebildet, dass sie sich kaum bewegen können. Die Sturzgefahr steigt erheblich, man kann jedoch durch eine gezielte Sturzprophylaxe gegensteuern.

Zweimal in der Woche bietet Ergotherapeutin Lisa Stelter ein Kraft-Balance-Training im Altenheim an. Eine Krankenkasse stellt dafür Hanteln, Gewichtsmanschetten, Bälle, Thera-Bänder, Yoga-Matten und Schwungtücher zur Verfügung. Die Teilnehmer bauen Muskeln auf und trainieren ihren Gleichgewichtssinn. Das Werfen und Fangen von Bällen ist dafür ein gutes Training. Genauso das Laufen über

Ursula Kowalski fängt beim Kraft-Balance-Training den Ball von Lisa Stelter. Das trainiert Gleichgewicht und Muskulatur.

eine rote Linie auf einer Gummi-Matte. »Auf der Straße haben es alte Menschen auch mit Unebenheiten zu tun. Mit diesem regelmäßigen Training können Stürze und Brüche vermieden werden«, erklärt Ergotherapeutin Lisa Stelter.

Die vergangenen zwei Jahre waren für Ursula Kowalski nicht einfach. An die Einzelheiten ihres Zusammenbruchs kann sie sich kaum noch erinnern. Nichts ging mehr. Nach einem Krankenhausaufenthalt und einer Reha saß die 85-Jährige im Rollstuhl, war auf Hilfe angewiesen und fand sich plötzlich im Altenheim wieder.

Nach diesem Umzug ging es jedoch gesundheitlich noch einmal langsam bergauf, obwohl Ursula Kowalski nicht mehr daran geglaubt hatte. Immer wieder wurde sie von den Mitarbeitern motiviert, für jeden kleinen Fortschritt gab es ein großes Lob. Das Ergebnis kann sich sehen lassen: Heute kann die Bewohnerin selbstständig aufstehen und laufen, außerdem spricht sie wieder ganz normal. Bis auf leichte Probleme mit der Gangsicherheit und der Feinmotorik – etwa beim Schreiben – ist alles in Ordnung. An ihrem Beispiel zeigt sich, dass Pflegekräfte und Therapeuten gute Arbeit leisten und große Erfolge vorzuweisen haben.

Nach einem Sturz sind die Menschen verunsichert, bei jeder Bewegung sitzt ihnen die Angst im Nacken. Sie trauen sich kaum noch etwas zu. So geht es auch Ursula Kowalski, sie befindet sich jedoch in einem interessanten Lernprozess: »In meinem Zimmer kann ich mich frei bewegen, außerhalb muss ich den Rollator benutzen«, erklärt sie ihre Einschränkungen. Doch Therapeutin Lisa Stelter macht darauf aufmerksam, dass die Sportlerin beim Fangen der Bälle inzwischen freihändig steht und der Rollator vor der Tür parkt. »Da haben Sie recht«, freut sich Ursula Kowalski, »dann bin ich ja schon wieder ein Stück weiter, als ich es mir selbst zugetraut hatte.«

Die Physiotherapeutin

Ein Schlaganfall riss Prof. Horst Grienig vor einem Jahr mitten aus seinem gewohnten Leben. Nach einem langen Krankenhausaufenthalt war der heute 80-Jährige auf den Rollstuhl angewiesen. Mühsam, Schritt für Schritt, musste der emeritierte Professor wieder laufen lernen. Sein Ziel: »Ich will meinen Sohn und meinen Enkel besuchen.« Die Familie wohnt in einer Wohnung im fünften Stock ohne Aufzug. Das heißt, der Senior muss 84 Treppenstufen bewältigen. Physiotherapeutin Denise Scheler hilft ihm dabei, wieder auf die Beine zu kommen, damit er sich seinen sehnlichsten Wunsch erfüllen kann. Mehrmals in der Woche kommt die 39-Jährige ins Altenheim zur ambulanten Therapie, die der Arzt verordnet hat.

Wie wichtig die Arbeit der Physiotherapeuten ist, wird bei einem Blick auf die möglichen Erfolge bei den verschiedenen Krankheiten deutlich. Nach einem Schlaganfall oder einer Amputation, bei Parkinson oder nach Brüchen beginnen die ersten Bewegungsübungen bereits im Krankenhaus. Es gilt die Faustregel: »Die Reha beginnt am ersten Tag«, erklärt Physiotherapeutin Denise Scheler. Viele Patienten sind vollkommen aus der Bahn geworfen, Verzweiflung und Mutlosigkeit müssen erst einmal bekämpft werden. Mit Spannungsübungen, einer Kräftigung der Lendenwirbelsäule, des Beckens und der Beine sind dann große Therapieerfolge möglich. Zum Glück sehen das die Krankenkassen auch so. »Im Großen und Ganzen werden die notwendigen Behandlungen genehmigt«, freut sich Denise Scheler.

Auch im Fall von Horst Grienig wurde in enger Absprache mit den behandelnden Ärzten und dem Pflegepersonal ein Therapieplan entwickelt, der speziell auf die Bedürfnisse des alten Herrn zugeschnitten ist. Professor Grienig

Physiotherapeutin Denise Scheler übt das Stehen auf einem Bein mit Professor Horst Grienig.

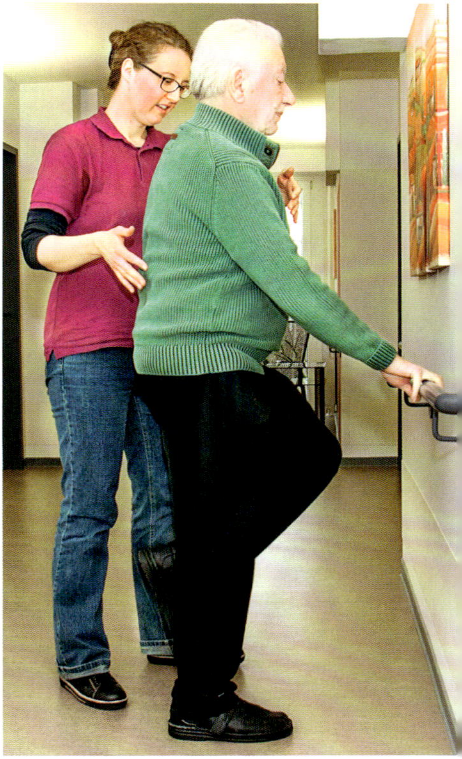

musste, wie viele seiner Leidensgenossen, erst wieder mühsam lernen, sich alleine in seinem Krankenbett aufzurichten, aufzustehen und zum Tisch zu gehen. »Ein paar Meter auf den eigenen Beinen zu laufen, mag für Gesunde eine Kleinigkeit sein, für einen Schlaganfall-Patienten ist es ein Kraftakt«, betont die erfahrene Therapeutin. »Mir haben die Übungen geholfen«, freut sich Horst Grienig und schenkt Denise Scheler einen dankbaren Blick. Mit zunehmender Mobilität kehrte auch seine Lebensfreude zurück. Inzwischen hat der alte Herr bereits seinen Sohn und seinen Enkel in ihrer Wohnung im fünften Stock besuchen können.

Die Wundtherapeutin

Was ist gute Pflege? Dazu gehört auch die professionelle Versorgung von Wunden. Der Wundtherapeut hat eine wichtige Aufgabe in diesem fein abgestimmten Altenpflegeprogramm mit vielen helfenden Händen. Daniela Hälterlein war zehn Jahre lang als Altenpflegerin tätig und hat sich im Rahmen einer zehntägigen Zusatzausbildung zur Wundthe-

Daniela Hälterlein (links) koordiniert mit Pflegefachkraft Ilka Kukuk, welche Verbandsmaterialien benötigt werden.

rapeutin weitergebildet. »Im Alter dauert die Heilung oft länger«, weiß die 50-Jährige aus Erfahrung. Das gilt bei postoperativen Wunden genauso wie bei Schürfwunden nach Stürzen. Entscheidend ist die interdisziplinäre Zusammenarbeit. Daniela Hälterlein ist die kommunikative Schnittstelle zwischen den Patienten, den behandelnden Ärzten und dem Pflegepersonal, klärt die Kostenübernahme der Krankenkassen, sorgt für die nötigen Rezepte und für das Verbandsmaterial. »Damit muss sich der Patient um nichts mehr kümmern«, freut sich die Wundpflegeexpertin.

In diesem Jahr hatte Daniela Hälterlein ihren größten Erfolg mit einer Bewohnerin der Kurzzeitpflege. Die 92-Jährige wohnte zu Hause und hatte offene Beine. Gemeinsam mit ihrer Tochter hatte die Dame über einen Zeitraum von zwei Jahren an den offenen Stellen »herumgedoktert«. Das Problem war nicht in den Griff zu bekommen. »Mutter und Tochter waren mit den Nerven am Ende«, erinnert sich Hälterlein. »Wir haben in Zusammenarbeit mit den Fachärzten ein halbes Jahr gebraucht, bis die offenen Wunden geheilt waren.« Im Laufe so einer mehrmonatigen Behandlung bauen sich Beziehungen zu den Patienten auf. Daniela Hälterlein lernt die unterschiedlichen Lebensläufe kennen und freut sich immer wieder über die Dankbarkeit der Menschen, weil sie wieder gesund werden.

Eine große Familie mit Haustieren

»Das Zusammenleben mit Tieren bewirkt bisweilen kleine Wunder«, berichtet Pflegedienstleiterin Iwona Erm aus ihrem Alltag im Altenheim. Etwa die Hälfte der Bewohner hatte schon mal einen Hund. Die Menschen reagieren ausgesprochen positiv auf Zwergschnauzer Mona, Hauskatze Lilly, Wellensittich Angela sowie die beiden Kaninchen Joshi und Henry.

In dem Haus mit 28 Bewohnern verlieren sich die Ängste vor einer Pflegeeinrichtung schnell, wenn die Tiere auftauchen. Neulich wollte sich eine Tochter gemeinsam mit ihrer Mutter das Domizil ansehen. Die Unsicherheit war beiden anzumerken. Als Katze Lilly bei dem Gespräch um die Beine der Tochter herumschlich und gestreichelt werden wollte, entspannte sich die Situation, und sie fing an zu erzählen: von der Krankheit der Mutter, über die Verzweiflung in den vergangenen Wochen, von Streitigkeiten in der Familie wegen der Pflege und der Isolation, in die man als pflegender Angehöriger schnell gerät. Währenddessen hatte Altenpflegerin Beata der an Demenz erkrankten Mutter das Haus gezeigt – begleitet von der 6-jährigen Hündin Mona. Schwester Beata hatte sofort einen Draht zu der Dame. Am Ende des Rundgangs meinte die Interessentin nur: »Weißt du was? Ich bleibe hier.« Ein vollkommen entspannter Übergang aus der vertrauten Häuslichkeit in eine stationäre Pflegeeinrichtung.

Man könnte glauben, hier leben Senioren in einer Wohngemeinschaft. Doch es sind Menschen mit einem hohen Grad an Pflegebedürftigkeit, die an Demenz oder psychischen Erkrankungen leiden. Als Iwona Erm vor 14 Jahren in dem Haus anfing, hatte sie die Chance, ein anderes Modell von Pflege umzusetzen. Es gibt zahlreiche kleine Geschichten und Begebenheiten, die zeigen, dass Iwona Erm auf das richtige Konzept setzt. Mitunter gibt es erhebliche Probleme damit, dass sich die Bewohner mit Händen und Füßen gegen die Grundpflege wehren. »Eine Dame wurde kurz nach ihrem Einzug bei uns richtig ungnädig, wenn wir ihr beim Waschen und Anziehen behilflich sein wollten. Diese Frau hat niemanden an sich herangelassen«, erzählt Pflegedienstleiterin Erm. Das Team hat im Laufe der Jahre

Wenn Zwergschnauzer Mona und Kaninchen Henry einträchtig nebeneinander im Körbchen sitzen, ist Iwona Erm zufrieden.

jedoch etliche Tricks und Kniffe entwickelt. In diesem Fall brachte der Hund die Lösung. »Am Anfang saß Mona einfach nur auf dem Schoß dieser Dame«, erinnert sich Erm. »Die Frau hat ihn gestreichelt und nur geschimpft. Wir haben kein Wort verstanden. Doch dann wurde sie ruhiger und wir konnten mit der Grundpflege beginnen. Heute reicht es, wenn der Hund mit im Zimmer ist. Das Tier vermittelt ihr Sicherheit.«

Zurück zu der Dame, die gleich nach dem Rundgang geblieben ist. Vier Wochen nach dem Einzug wollte die Tochter ihre Mutter abholen und mit ihr in ein Café gehen. Eine Abwechslung vom Heimalltag. Doch am Gartentor blieb die Mutter stehen und sagte: »Kaffee und Kuchen? Dafür brauchen wir nicht wegzufahren. Das bekommen wir hier auch alles.« So geht Geborgenheit.

Kneipp-Anwendungen lindern die Schmerzen

Bei einigen chronischen Erkrankungen hat die Schulmedizin keine Patentrezepte. Die Patienten können jedoch selbst etwas zur Linderung beitragen, indem sie einfach einmal ausprobieren, ob die Naturmedizin eine heilende Wirkung bringt.

Hildegard Bendig leidet seit Jahren unter Arthritis in den Händen. Diese entzündliche Gelenkerkrankung hat der 76-Jährigen das Leben schwer gemacht: »Meine Finger waren angeschwollen und ich hatte nur noch Schmerzen: beim Anziehen einer engen Hose genauso wie Hochziehen eines Reißverschlusses oder Zuknöpfen der Bluse – sogar beim einfachen Zugreifen. Ich war hilflos.« Vor einem Jahr zog die Seniorin dann ins Altenheim. In diesem Haus kommen die Bewohner regelmäßig in den Genuss der Hydrotherapie nach Sebastian Kneipp. »Ich habe jeden Tag für fünf Minu-

Hildegard Bendig badet unter der Leitung von Ergotherapeutin Lisa Stelter ihre Arme in kaltem Wasser. Rosenblätter regen die Sinne an.

ten meine Arme in kaltem Wasser gebadet. Nach der vierten Behandlung gingen die Schmerzen und Schwellungen zurück«, erinnert sich Hildegard Bendig überglücklich.

Kalte Fuß- und Armbäder sind im Sommer angenehm, um bei Hitze den Körper abzukühlen. Die Anwendung führt bereits nach wenigen Sekunden zu einer Engstellung der peripheren Blutgefäße. Sobald der Kältereiz nachlässt und die Haut langsam getrocknet ist, weiten sich die Gefäße wieder und es kommt zu einem angenehmen Wärmeempfinden. Dieses regelmäßige Gefäß-Training verbessert die Durchblutung der Haut. »Das Herz-Kreislauf-System kommt wieder in Schwung, das Immunsystem wird gestärkt, die Hydrotherapie wirkt sich positiv bis ins vegetative Nervensystem aus«, beobachtet Ergotherapeutin Lisa Stelter jeden Tag bei den Bewohnern.

Geborgenheit im Schrebergarten

Wie schaffen es die Mitarbeiter im Altenheim immer wieder aufs Neue, dass sich die Bewohner geborgen fühlen? Sabine Riediger ist seit über 20 Jahren Heimleiterin und hatte vor drei Jahren die Idee, einen Kleingarten zu pachten. Nicht für sich privat, sondern in dienstlicher Mission. Nun steht für die Bewohner ihres Seniorendomizils ein 1.000 Quadratmeter großes Grundstück mit Gartenhaus zur Verfügung. »Unsere Bewohner schneiden die Hecken und mähen den Rasen. Im Frühling haben wir gemeinsam mit ihnen gesät und gepflanzt, über die Sommermonate gegossen und gedüngt, jetzt ernten wir«, freut sich Pflegedienstleiter Holger Carstensen. So werden im Herbst Kartoffeln aus der Erde geholt

Vor ihrem Gartenhaus präsentieren Sabine Riediger und Holger Carstensen zusammen mit den Bewohnern die heutige Ernte.

und gekocht, die Bewohner bereiten sich Pellkartoffeln mit Quark und Schmorgurke aus dem eigenen Gewächshaus selbst zu. Einige Bewohner kennen die Gartenarbeit noch von früher, andere decken den Tisch und erledigen den Abwasch. Und es gibt Bewohner, die einfach nur die Atmosphäre genießen und gern an der frischen Luft sind.

Sabine Riediger hatte zunächst große Sorgen, dass sich der Vorsitzende des Kleingartenvereins gegen das Projekt aussprechen würde. Doch der war davon total begeistert. Auch gab es Bedenkenträger, die meinten: »Das schafft ihr nie!« Die engagierte Einrichtungsleiterin hat durchgehalten und ihr Herzensprojekt zum Erfolg geführt. Es geht um ein neues Verständnis von Pflege: Wie können die Selbstständigkeit und das Selbstbewusstsein von pflegebedürftigen Senioren besser gefördert werden, als wenn man sie sich selbst versorgen lässt? »In unseren Kleingarten kommt fast jeder Bewohner mindestens einmal im Monat«, berichtet Riediger. Die Therapieerfolge sind in den Tagen danach deutlich zu sehen: Die Menschen erhalten sich weitgehend ihre Selbstständigkeit, im Altenheim decken sie den Tisch und nehmen aktiv am Tagesprogramm teil.

In der dunklen Jahreszeit fahren Sabine Riediger und Holger Carstensen mit den Senioren in die Datsche, um »hier Kaffee zu trinken und Kuchen zu essen, Punsch zu kochen, im Gartenhaus gemütlich zusammenzusitzen und die kalten Wintertage zu genießen.«

Wege aus der Altersdepression

Das Alter stellt Menschen vor große Herausforderungen. Denken wir nur daran, wie einen Hinterbliebenen der Lebensmut verlassen kann, nachdem der Ehepartner oder eines der Kinder verstorben ist. Woher soll die Kraft kommen,

Lars Döring wünscht sich, dass die Familien die Symptome einer Depression richtig deuten und einen Arzt hinzuziehen.

nach einem Oberschenkelhalsbruch oder einem Schlaganfall wieder auf die Beine zu kommen? Auch ein Umzug ins Altenheim schlägt auf die Seele. Aus diesen Situationen heraus können sich Depressionen entwickeln.

Eine lang anhaltende depressive Verstimmung kann zu einer behandlungsbedürftigen Erkrankung führen. Depressive Störungen gehören zu den häufigsten psychischen Erkrankungen im höheren Lebensalter. Die Symptome werden jedoch oft übersehen oder falsch interpretiert. Von den Menschen über 65, die zu Hause leben, weisen etwa zehn Prozent eine behandlungsbedürftige Depression auf. Bei Altenheimbewohnern sind es bis zu 40 Prozent.

Lars Döring ist Fachkraft für Gerontopsychiatrie und arbeitet als Wohnbereichsleiter in einem Altenheim. Er beschreibt die Symptome so: »Die Menschen sind niedergeschlagen, zurückweisend oder ungehalten. Wer verzweifelt ist und anfängt sich aufzugeben, will liegen bleiben, macht bei den therapeutischen Anwendungen nicht mit, lässt die Körperpflege nur noch über sich ergehen und schickt sogar die Angehörigen wieder nach Hause.«

Lars Döring wünscht sich einen aufmerksamen Umgang mit den Anzeichen dieser Krankheit. Man darf das Thema gern offensiv ansprechen. Wertschätzende Gespräche auf der Gefühlsebene (Validation) öffnen oft die Herzen, wie zum Beispiel: »Ich habe das Gefühl, dass du traurig bist …«, oder »Ich sorge mich um dich und möchte mit dir gemeinsam zu einem Arzt gehen.«

Die fachlich fundierte Diagnose ist ein wichtiger Schritt. Dadurch können organische Ursachen erkannt und gezielt behandelt werden. Zwei Beispiele: Fehlt Serotonin im Gehirn, lässt sich dieser Hormonmangel mit einfachen Mitteln medikamentös ausgleichen. Bei der sogenannten Pseudodemenz wirkt der Betroffene verwirrt, dahinter steckt jedoch ebenfalls eine Depression.

Auch im Wohnbereich von Lars Döring gibt es Bewohner, die unter Depressionen leiden. Nach der ärztlichen Diagnose und mit den verordneten Medikamenten ist eine Tagesstruktur hilfreich, sodass die Bewohner gar nicht erst auf die Idee kommen, sich zurückzuziehen. »Das funktioniert recht gut bei uns«, freut sich der 38-Jährige.

Medikamente reduzieren

Eines fällt den Fachkräften in zahlreichen Altenheimen bereits beim Einzug von neuen Bewohnern auf: Alte Menschen nehmen oft zu viele Medikamente zu sich. Damit sind nicht die Pillen gegen Herzbeschwerden, erhöhten Blutdruck oder zu hohe Cholesterinwerte gemeint, sondern angstlösende Psychopharmaka, Schmerz- und Schlafmittel. Schmerzen werden subjektiv wahrgenommen. Ein Beispiel: Arthrose in den Knien tut weh. Schmerzmittel können in so einem Fall durchaus sinnvoll sein, die Dosierung hängt jedoch von den individuellen Lebensumständen ab. Wenn ein Patient zusätzlich allein und in tiefer Trauer lebt, weil der Ehepartner vor Kurzem gestorben ist, empfindet er diese Knieschmerzen viel stärker. Ähnlich ist es bei Ängsten und

Nadine Lindner zeigt die Medikamente, deren Dosierungen regelmäßig in Absprache mit den Ärzten überprüft werden sollten.

Schlafstörungen. Einsamkeit verstärkt die Probleme.

Nadine Lindner arbeitet als Pflegedienstleiterin im Altenheim und beobachtet beim Einzug von neuen Bewohnern, dass etwa 70 Prozent zu viele Medikamente nehmen. »In vielen Fällen können wir uns in Absprache mit den Ärzten aus den Psychopharmaka herausschleichen.« Denn wer in einer Wohngruppe lebt, fühlt sich geborgen. Dadurch gehen Ängste zurück, Misstrauen baut sich ab. Wer in eine feste Tagesstruktur eingebunden ist und kleinere Aufgaben – wie das Tischdecken oder den Abwasch – zu erledigen hat, ist ausgeglichener. »Die Menschen lachen wieder, das Erinnerungsvermögen kehrt zurück, und sie kommen wesentlich besser im Alltag zurecht«, freut sich Nadine Lindner.

Das Bundesforschungsministerium hat in einer Broschüre eine Übersicht von über 83 Wirkstoffen in Arzneimitteln veröffentlicht, die für ältere Menschen ungeeignet sein können. Oft werden die Nebenwirkungen übersehen, weil sie den typischen Alterserscheinungen ähnlich sind. Dazu zählen Schwindel und Benommenheit, eine beeinträchtigte Sehkraft, Magen-Darm-Probleme, Verwirrung, Schlafstörungen, Schwierigkeiten beim Wasserlassen und Inkontinenz. Deshalb wird geraten, dass Patienten einmal

jährlich ihre Medikamentenliste gemeinsam mit einem Arzt kritisch durchgehen und Überflüssiges »entrümpeln«.
Das 44-seitige Heft »Medikamente im Alter: Welche Wirkstoffe sind ungeeignet?« ist kostenlos beim Bundesministerium für Bildung und Forschung zu bestellen unter 030 / 182 722 721.

Ein gutes Altenheim finden

Worauf soll ich achten, und welche Fragen sind wichtig?

Die Interessenten, die sich ein Altenheim ansehen, lassen sich in zwei Gruppen einteilen: Familien, die innerhalb weniger Tage ein Apartment benötigen, weil ein pflegebedürftiger Angehöriger aus dem Krankenhaus oder der Reha entlassen wird. Und Senioren, die selbstbestimmt ein Altenheim suchen, um dort demnächst einzuziehen.

Altenheimsuche unter Zeitdruck

Über Monate hatte Wolfgang Wriegt große Sorgen, als seine Mutter noch allein in ihrer Wohnung lebte. Die 87-Jährige aß und trank immer weniger und wurde zunehmend »tüdelig«. Die Familie konzentrierte sich ganz darauf, die Betreuung daheim zu ermöglichen. Doch plötzlich eskalierte die Situation: Bei einem Besuch der Mutter fiel sofort auf, dass das Licht nicht mehr funktionierte. Die Sicherung war herausgesprungen. Anita Wriegt hatte den Lichtschalter der Stehlampe nicht gefunden, kurzerhand das Stromkabel durchgeschnitten und einen Kurzschluss ausgelöst. Einen Stromschlag hatte sie nicht erlitten. Die Patientin war aufgrund des Flüssigkeitsmangels ausgetrocknet und vollkom-

Anita Wriegt hat ihr neues Zuhause gefunden. Das spüren auch Sohn Wolfgang und Schwiegertochter Hannelore, wenn sie mit dem Hund zu Besuch kommen.

men verwirrt. Im Krankenhaus wurde zunächst Flüssigkeit zugeführt und nach weiteren Ursachen gesucht, um eine gesundheitliche Verbesserung zu erreichen. Die Demenz ist jedoch geblieben. Wolfgang Wriegt und seine Ehefrau Hannelore suchten einen Heimplatz. Das war mit einem enormen Zeitdruck verbunden. »Ich konnte gar nicht mehr richtig schlafen«, erinnert sich der 62-jährige Sohn und rät jedem in ähnlicher Situation, sich rechtzeitig verschiedene Heime anzusehen. Außerdem sollten für so einen Notfall die Vollmachten für die Bankkonten erteilt sein sowie die Vorsorgevollmacht unterschrieben vorliegen.

Inzwischen hat sich die Situation beruhigt. Die Mutter ist schnell in der neuen Umgebung angekommen. »Ich habe mich hier vom ersten Tag an wohlgefühlt, jetzt habe ich sogar einen Balkon, den habe ich mir immer gewünscht«, sagt Anita Wriegt.

Rechtzeitig umziehen

Körperliche Beschwerden hat Gisela Redegelt schon länger. Der Besuch beim Arzt bringt Klarheit: Die 76-Jährige leidet unter einer beginnenden Parkinson-Erkrankung. »Nun hat das Kind endlich einen Namen«, sagt die ehemalige Buchhalterin, die damit schon fast gerechnet hatte. Die Seniorin informiert sich genau über den Verlauf der Krankheit und überlegt immer wieder hin und her, wie es weitergehen soll. Aufgrund ihrer Lebenserfahrung gelingt es ihr, sich auf die neue Situation einzustellen.

Bei allen Überlegungen ist es für Gisela Redegelt das Wichtigste, so lange wie möglich selbstbestimmt zu leben. Ihre Zweizimmerwohnung mit Balkon liegt im ersten Stock. Für die Patientin ist das Treppensteigen jetzt schon ein Problem. Sie will auf keinen Fall in ihrer Wohnung eingesperrt sein, nur, weil es in dem Haus keinen Aufzug gibt. Außerdem traut sie sich im weiteren Verlauf der Krankheit nicht mehr zu, ihren Alltag zu organisieren: Woher soll ich eine

neue Putzfrau bekommen, wenn meine jetzige Reinigungskraft ausfallen oder kündigen sollte? Wer kauft für mich ein? Muss ich mich auch noch selbst um das Mittagessen kümmern? Sitze ich in der Wohnung und kann nichts mehr unternehmen?

Gisela Redegelt macht sich auf den Weg und sieht sich verschiedene Altenheime an. Eine Seniorenwohnung ist für sie keine Option. Gesucht wird das »All-inclusive-Paket« eines Altenheims mit Pflege, der kompletten hauswirtschaftlichen Versorgung sowie Freizeit- und Betreuungsangeboten. Es ist genügend Zeit vorhanden, um vor Ort eine Auswahl zu treffen: beim Tag der offenen Tür, bei mehreren Sommerfesten und Einzelbesichtigungen. »Jetzt ist der richtige Zeitpunkt für einen Neustart, weil ich noch alles selbst in die Hand nehmen kann«, erklärt Gisela Redegelt.

Die Seniorin ist inzwischen umgezogen, hat ihre Angelegenheiten selbstbestimmt regeln können und sich gut eingelebt. Für sie war es genau der richtige Zeitpunkt. Rechtzeitig ins Altenheim umzuziehen, kommt für Menschen infrage, die am Beginn einer Krankheit stehen und ihren persönlichen Neuanfang selbst in die Hand nehmen wollen. In absehbarer Zeit wird ihnen dazu womöglich die Kraft fehlen, da mit weiteren gesundheitlichen Einschränkungen zu rechnen ist. Dabei ist es gar nicht so wichtig, ob man alleinstehend ist oder unabhängig von Angehörigen sein möchte.

Nach den Erfahrungen in der Pflege fragen

Es gibt viele Ehepartner, Kinder und Freunde von Heimbewohnern, die genau wissen, wo gut gepflegt wird. Wer also etwas über die Pflegequalität im Altenheim herausfinden möchte, muss sich nur in seinem Umfeld umhören.

Die eigenen Erfahrungen sollten ebenfalls berücksichtigt werden, etwa bei der Kurzzeit- und Verhinderungspflege. Bis zu acht Wochen wird so ein vorübergehender Aufenthalt im Altenheim von der Pflegeversicherung bezuschusst: Wenn pflegende Ehepartner oder Kinder einmal in den Urlaub fahren, um sich zu erholen – oder selbst krank werden. Diese Möglichkeit ist auch nach einem Klinikaufenthalt zu empfehlen, um Kraft zu schöpfen, bevor es wieder nach Hause geht.

Die Vorauswahl

Die Suche nach einem geeigneten Altenheim sollte in der Nähe der Angehörigen beginnen. Eine Tochter wohnt in München-Schwabing und möchte ihre Mutter in ihrer Nähe haben, um sich lange Wege und Fahrzeiten zu ersparen. Da langjährige Freunde und Nachbarn wahrscheinlich ohnehin nicht oft zu Besuch kommen werden, wird gar nicht erst am Wohnort der Mutter nach einem Heimplatz gesucht.

Bei den Anrufen verschiedener Häuser stellt sich heraus, dass die meisten nichts frei haben. Bei einer durchschnittlichen Auslastung von über 90 Prozent kommt das relativ oft vor und ist frustrierend. Wer auf mehreren Internetseiten hin- und herspringt und Suchkriterien – wie etwa Demenz, psychische Erkrankungen, blinde und sehbehinderte Menschen, Wachkoma/Stufe F – eingibt, verliert schnell den Überblick. Deshalb ist es sinnvoll, für jedes Altenheim eine Schablone auszufüllen und sich auf diesem Blatt Papier nach und nach Details zu notieren. Ein Vorschlag dazu ist auf Seite 308 zu finden. Dieses Formular kann auf der Homepage www.umsorgt-wohnen.de unter dem Navigationspunkt »Wohnen im Alter« oder unter dem Suchbegriff »Checklisten« heruntergeladen werden.

In Kliniken und Reha-Einrichtungen sind die Mitarbeiter des Sozialdienstes beim Übergang in ein Altenheim behilflich. Entscheiden müssen jedoch die Patienten selbst, deren Angehörige oder ein gesetzlicher Betreuer. Um sich einen ersten Überblick zu verschaffen, sind die Internetseiten der Krankenkassen AOK oder BKK zu empfehlen. In Hamburg und Berlin-Brandenburg stellt der Verlag »Umsorgt wohnen« Altenheime einheitlich mit Preisen und Leistungen vor. Außerdem werden die freien Plätze angezeigt. Damit lässt sich eine Vorauswahl treffen, um sich gezielt mit den verschiedenen Einrichtungen in Verbindung zu setzen.
www.pflege-navigator.de
www.bkk-pflegefinder.de
www.umsorgt-wohnen.de

Das Kartoffelschälen gehört zum Therapiekonzept.

Der Preisvergleich

Das monatliche Heimentgelt setzt sich aus den Kosten für Unterkunft und Verpflegung, Pflege sowie Investitionskosten zusammen. Für einen Preisvergleich im Altenheim sind die Internetseiten von AOK und BKK ausgesprochen hilfreich. Für den ersten Kostenüberblick reicht das. Leider liegen den Krankenkassen nicht immer die Investitionskosten vor. Im BKK-Pflegefinder heißt es dazu: »Eventuell kann die Pflegeeinrichtung zusätzlich zum hier genannten Gesamtheimentgelt Investitionskosten erheben, deren Höhe uns jedoch leider nicht bekannt ist.« Deshalb ist darauf zu achten, dass alle Kostenbestandteile des Heimentgelts aufgeführt sind.

Hinzu können Zuschläge für ein Einzelzimmer, die Zimmergröße oder die Dementenbetreuung kommen. Außerdem wird oft eine Ausbildungszulage verlangt. Diese Angaben sind nur bei den Häusern selbst zu erfragen. Leider gibt es zahlreiche Altenheime, die weder in den Prospekten noch auf der Homepage Angaben zu den monatlichen Kosten machen.

Zwei Zahlenbeispiele in Euro

Haus A	Grad 2	Grad 3	Grad 4	Grad 5
Pflege:	1.624	2.116	2.629	2.859
Unterkunft:	441	441	441	441
Verpflegung:	389	389	389	389
Investitionskosten:	479	479	479	479
Ausbildung:	124	124	124	124
Heimentgelt:	3.057	3.549	4.062	4.292
Pflegekasse:	–770	–1.262	–1.775	–2.005
Zu zahlen:	**2.287**	**2.287**	**2.287**	**2.287**

Manche Häuser verlangen eine Ausbildungszulage.

An den beiden Zahlenbeispielen aus Hamburg wird deutlich, dass die Heimentgelte deshalb stark variieren, weil sich vor allem die Investitionskosten voneinander unterscheiden. Der Grund dafür sind die Baujahre der Häuser und der Renovierungsstand. Außerdem sind in Ostdeutschland Anfang der 90er Jahre die Altenheime vom Staat gebaut worden. Deshalb haben viele dieser Häuser nur geringe Investitionskosten.

Haus B	Grad 2	Grad 3	Grad 4	Grad 5
Pflege:	1.641	2.133	2.646	2.876
Unterkunft:	459	459	459	459
Verpflegung:	387	387	387	387
Investitionskosten:	913	913	913	913
Ausbildung:	124	124	124	124
Heimentgelt:	3.524	4.016	4.529	4.759
Pflegekasse:	–770	–1.262	–1.775	–2.005
Zu zahlen:	**2.754**	**2.754**	**2.754**	**2.754**

Mit der Reform der Pflegeversicherung 2017 sind zwar Einheitspreise eingeführt worden, allerdings gelten sie nur für die jeweilige Einrichtung in den Pflegegraden 2 bis 5. Von Haus zu Haus gibt es jedoch erhebliche Unterschiede. Außerdem variieren die Preise in den verschiedenen Regionen. Der Verband der Ersatzkassen e.V. (vdek) hat in einer Erhebung die durchschnittlichen Heimentgelte (ohne Ausbildungszulage) für jedes Bundesland zusammengestellt: Danach ist das Wohnen im Alter mit 1.436 Euro in Sachsen-Anhalt am günstigsten. Spitzenreiter ist Nordrhein-Westfalen mit 2.405 Euro. Alle anderen Bundesländer liegen mit ihrem Durchschnitt für die stationäre Altenpflege dazwischen.

Durchschnittliche Eigenanteile in den Bundesländern

- Sachsen-Anhalt: 1.436 Euro
- Mecklenburg-Vorpommern: 1.540 Euro
- Thüringen: 1.564 Euro
- Sachsen: 1.621 Euro
- Brandenburg: 1.697 Euro
- Niedersachsen: 1.704 Euro
- Schleswig-Holstein: 1.841 Euro
- Bremen: 1.959 Euro
- Hessen: 1.965 Euro
- Berlin: 1.990 Euro
- Bayern: 2.018 Euro
- Hamburg: 2.032 Euro
- Rheinland-Pfalz: 2.119 Euro
- Saarland: 2.341 Euro
- Baden-Württemberg: 2.354 Euro
- Nordrhein-Westfalen: 2.405 Euro

Die Besichtigung vor Ort

Gute Vorbereitung hilft beim Besuch einer stationären Altenpflegeeinrichtung. So ein Termin dauert etwa eine Stunde. Zunächst wird ein Mitarbeiter das Haus zeigen. Der Eingangsbereich ist die Visitenkarte jeder Seniorenwohnanlage. Das Foyer ist Treffpunkt, um sich zu unterhalten und zu beobachten, wer kommt und geht. Dann geht es in einen der Wohnbereiche. Etwa 10 bis 15 Bewohner haben einen Gemeinschaftsraum. Das ist eine Art Wohnküche, in der die Mahlzeiten eingenommen werden. Hier werden in der Adventszeit Plätzchen gebacken, es gibt sportliche Aktivitäten, Ratespiele. Der Vorteil: Die Menschen leben in einer überschaubaren Gruppe und haben nur kurze Wege vom Zimmer bis zu diesem Wohnzimmer zurückzulegen. Viele Bewohner haben nur noch einen kleinen Bewegungsradius.

Bratengeruch im ganzen Haus und keine langen Standzeiten der Mahlzeiten. Svend Spahrbier trägt viel zur Qualität im Altenheim bei.

Allein gehen sie nicht mehr aus dem Haus, mögen ohne Begleitung nicht mehr den Aufzug benutzen. Außerdem sind besonders Demenzkranke im Speiseraum überfordert, weil sie auf viele Menschen treffen und der Geräuschpegel Gespräche fast unmöglich macht. Die Vorstellung, in einem kleinen Haus gehe es familiärer zu, ist insofern nicht ganz richtig, als dass sich die Bewohner auch in größeren Einrichtungen vorrangig in ihrem überschaubaren Bereich bewegen. Alle Gesichter sind vertraut.

Der Rundgang durchs Haus führt am Friseurstübchen und Kiosk vorbei. In vielen Häusern gibt es auch Einkaufsfahrten in das nächste Einkaufszentrum. Es tut gut, aus dem Heimalltag herauszukommen und einmal etwas anderes zu erleben. Beim Einkauf von Schokolade, Bier oder Zigaretten, Zahnpasta und Seife hat man das Gefühl, etwas für sich zu tun und am ganz normalen Leben teilzuhaben. Ähnlich ist es beim Friseur: Besonders die Damen gehen gern mehrmals in der Woche zum Waschen, Legen und Föhnen. Ge-

zeigt werden der Garten, das Pflegebad und natürlich das Zimmer. Auch die Besonderheiten der Wohnanlage werden vorgestellt, wie etwa das Wassertretbecken im Garten für Kneippsche Fußbäder, der Snoezelenraum oder die hier lebenden Haustiere.

Fragen zur Pflegequalität

Im Anschluss an den Rundgang wird das Gespräch im Büro fortgesetzt. Es geht um die Einzelheiten rund um den Einzug. Nun ist eine gute Gelegenheit, um Fragen zu stellen. Einige Heimleiter haben beobachtet, dass die Interessenten oft nur wissen wollen, ob ein Zimmer frei ist und was dafür monatlich zu zahlen ist. Um jedoch ein gutes Altenheim zu finden, ist eine Vorstellung davon, was gute Pflege überhaupt ausmacht, ausgesprochen hilfreich. Pflege ist nicht nur die Unterstützung bei der Körperpflege, beim Anziehen und bei der Medikamentengabe.

- Der Koch spielt eine wichtige Rolle bei der Qualität eines Hauses: Wird im Haus oder zentral gekocht? Liefert aus Kostengründen ein Cateringunternehmen das fertig gekochte Mittagessen?
- Gehen die Bewohner zu den Mahlzeiten in einen Speiseraum? Gibt es auf der Etage Wohngruppenräume, die vom Zimmer leicht zu erreichen sind? Essen die Bewohner im eigenen Zimmer?
- Wie sieht der Tagesablauf der Bewohner aus? Werden die Bewohner morgens geweckt oder können sie ausschlafen?
- Wird die Selbstständigkeit gefördert? Bereiten sich die Bewohner ihr Frühstück selbst zu? Decken Sie den Tisch? Werden sie bei den Vorbereitungen zum Mittagessen eingebunden? Schälen Sie die Kartoffeln? Werden in den Wohngruppen Plätzchen oder Kuchen gebacken?
- Gibt es Angebote zur Stärkung der Muskulatur und des Gleichgewichts im Rahmen einer Sturzprophylaxe?
- Gibt es Ausflüge und Urlaubsfahrten für Bewohner?
- Welche Schwerpunkte setzt das Haus, etwa auf Kneippsche Fuß- und Armbäder, Snoezelen oder Homöopathie?
- Welche medizinisch-therapeutischen Konzepte können für den pflegebedürftigen Angehörigen entwickelt werden, damit es ihm besser geht? Etwa die Behandlung offener Beine oder die weitere Begleitung nach einem Schlaganfall.
- Wie ist der Eingangsbereich gestaltet, also die Visitenkarte eines Hauses? Sitzen dort Bewohner?
- Gibt es einen Raucherraum?
- Wie gehen die Mitarbeiter auf neue Bewohner zu, um ihnen beim Einleben in der unbekannten Umgebung behilflich zu sein?
- Gibt es ein Programm zur Betreuung der demenzkranken Bewohner? Wie bekommen die Mitarbeiter die Pro-

Urlaub an der Ostsee ist bei Altenheimbewohnern beliebt, wie hier während einer Fahrt mit der Schmalspurbahn Molli in Kühlungsborn.

bleme in den Griff, wenn Senioren ständig weglaufen oder ihr Tag-Nacht-Rhythmus gestört ist?

- Viele Senioren haben noch mit der Trauer um verstorbene Angehörige zu kämpfen, leiden unter depressiven Verstimmungen oder sogar behandlungsbedürftigen Depressionen. Welche Angebote bietet das Altenheim?
- Gibt es regelmäßige Angehörigentreffen?

- Gibt es Haustiere, etwa einen Therapiehund?
- Welche Angebote gibt es abends, etwa ein Nachtcafé?
- Hospiz- und Palliativmedizin: Wie ist die Versorgung am Lebensende?
- Gibt es ehrenamtliche Helfer im Haus?

In vielen Fällen kann neuen Bewohnern zunächst nur ein Platz in einem Doppelzimmer angeboten werden, allerdings mit der Option, in ein Einzelzimmer umzuziehen, sobald etwas frei wird. Das ist ein Kompromiss in der Anfangszeit. Damit ist das eigene Reich etwas eingeschränkt, in dem sich die Menschen mit ihren Möbeln, Bildern und lieb gewonnenen Erinnerungsstücken einrichten. Doch das Doppelzimmer hat auch Vorteile: Häufig verstehen sich die Zimmergenossen und wollen gar nicht mehr getrennt werden. Gerade Demenzkranke schlafen ruhiger, wenn sie nachts nicht allein sind. Das Leben verschiebt sich. Der persönliche Rückzugsraum hat fast nur noch die Funktion eines Schlafzimmers, das Leben findet in der Wohnküche statt. Damit machen die Altenheime gute Erfahrungen, und die Bewohner haben wieder einen normalen Tag-Nacht-Rhythmus.

Am Ende der Heimtour hat man mehrere Häuser gesehen und kann vergleichen. Doch zunächst müssen die neuen Eindrücke verarbeitet werden. Auf den ersten Blick war zwar alles hell und freundlich, doch die vielen kranken Menschen machen zunächst ziemlich traurig: der alte Mann am Gehwagen, die altersverwirrte Frau, die sich in der eigentlich überschaubaren Wohnanlage verlaufen hatte. Manche Krankheit wirkt auf den ersten Blick schockierend auf Außenstehende, obwohl der Betroffene selbst damit gut zurechtkommt. So auch die Dame, die nach einem Schlaganfall auf den Rollstuhl angewiesen ist. Sie lebt gemeinsam mit ihrem Mann im Altenheim, der sie liebevoll betreut. Das

Ehepaar ist zufrieden. »Schauen Sie, wir sind seit 58 Jahren verheiratet und hatten ein erfülltes Leben. Wir wohnen hier seit einem Jahr, werden ausgezeichnet versorgt und sind nach wie vor sehr glücklich.«

Es ist schwer vorstellbar, dass bald auch man selbst oder ein Angehöriger zu dieser »Welt der Alten« gehört. Manchmal sehen die Interessenten jedoch noch nicht ihre Perspektive. Das Altenheim bietet Bewohnern genau die Überstützung, um auch mit gesundheitlichen Einschränkungen einen Neuanfang zu gestalten. In vielen Fällen schaffen es die Menschen, mit diesen Veränderungen zurechtzukommen, viele von ihnen blühen regelrecht auf.

»Wir sind heute noch genauso glücklich wie an unserem Hochzeitstag«, sagen Ilse und Alfred Bichels.

Muster Altenheim

Anschrift: Musterstraße 1, 12345 Musterstadt
Einrichtungsleitung: Max Mustermann, ☏ 02222/133-0
Pflegedienstleitung: Erika Mustermann
Träger: Wohnungsbaugenossenschaft Muster
Alten- und Pflegeheim mit 123 Plätzen
Wohnen: Alten- und Pflegeheim

- Unterkunft in Einzel- und Doppelzimmern
- Verpflegung mit 3 Mahlzeiten aus hauseigener Küche, mittags Menüwahl, nachmittags Kaffee und Kuchen
- Speisesaal
  Aufenthaltsraum
  Gartenanlage
  Terrasse
  Schwimmbad

- Bewohnerurlaub, Ausflüge, jahreszeitliche Feste, Backen, kreatives Gestalten, Kegelabende, Gesprächskreise, Film- und Musikveranstaltungen, Angehörigenabende, Gottesdienste, Andachten
- Dialysestation in der Klinik auf dem Gelände
- Geschützter Wohnbereich für demenzkranke Bewohner

Ausstattung: Die Zimmer haben Pflegebett, Nachttisch, Sitzmöbel, Kleiderschrank, WC und barrierefreie Dusche, Notruf, Telefon- und TV-Anschluss. Im Einzelzimmer richten sich die Bewohner mit eigenen Möbeln ein. Im Doppelzimmer können Kleinmöbel mitgebracht werden.

Monatliche Kosten:

	Grad 2	Grad 3	Grad 4	Grad 5
Heimentgelt:	2.894,77	3.386,97	3.899,85	4.129,82
Pflegekasse:	–770,00	–1.262,00	–1.775,00	–2.005,00
Zu zahlen:	**2.124,77**	**2.124,97**	**2.124,85**	**2.124,82**

Zuschläge:
Einzelzimmer monatlich € 31,03
Dementenzuschlag monatlich € 257,07
Für ein größers Zimmer monatlich € 33,10

Genossenschaftsanteile: Zum Erwerb der Mitgliedschaft sind 25 Genossenschaftsanteile in Höhe von € 1.300 notwendig, zuzüglich eines einmaligen Eintrittsgeldes von € 55. Beim Einzug sind die Anteile auf bis zu € 1.352 zu erhöhen. Die Höhe ist abhängig von der Zimmergröße. Verzinsung der Genossenschaftsanteile 4 Prozent per Anno.

Nahverkehr: Musterstraße, Bus: 51

Lage: Ruhiges Wohngebiet am Naturschutzgebiet

Einkaufen: Kiosk im Haus, Geschäfte in der Nähe, regelmäßige Fahrten mit dem hauseigenen, behindertengerechten Bus ins nächste Einkaufszentrum

Checkliste Altenheime

Name der Einrichtung:
Anschrift:
Ansprechpartner:
Telefonnummer:
E-Mail:
Träger:
Homepage:

Größe der Einrichtung
Altenheim mit __________ Plätzen
Seniorenwohnungen mit ___________ Wohnungen
Kurzzeit- und Verhinderungspflege JA☐/ NEIN☐
Tagespflege ☐/☐
Nachtpflege ☐/☐
Dementenwohnbereich ☐/☐

Spezialisierung:
Demenzkranke ☐/☐
Hörbehinderte ☐/☐
Sehbehinderte und Blinde ☐/☐
Wachkoma Phase F ☐/☐
Psychische Erkrankungen ☐/☐
Neurologische Erkrankungen ☐/☐
Junge Erwachsene ☐/☐
Geschlossene Abteilung ☐/☐
Beatmungspatienten ☐/☐

Wohnen im Altenheim
- Verpflegung: Wird im Haus gekocht? ☐/☐
- Gemeinschaftsräume: Etagenwohnzimmer ☐/☐, Speisesaal ☐/☐, Garten ☐/☐, Foyer ☐/☐, Therapie- und Aufenthaltsräume ☐/☐, Schwimmbad ☐/☐, Wassertretbecken ☐/☐, Andachtsraum ☐/☐, Snoezelen-Raum ☐/☐

- Bewohnerurlaub □/□, Ausflüge □/□, jahreszeitliche Feste □/□, gemeinsames Kochen und Backen □/□, kirchliche Aktivitäten □/□, Zeitungsrunde □/□, Gymnastik □/□, Nachtcafé □/□, weitere Veranstaltungen:

  ____

Ausstattung: Die Zimmer der Bewohner haben Pflegebett, Nachttisch, Tisch und Stühle, Schrank. Ist das Bad mit WC und Dusche barrierefrei? □/□. Gehört zum Zimmer ein eigener Balkon oder eine Terrasse? □/□. Notruf, Telefon- und TV-Anschluss? □/□. Richten sich die Bewohner mit eigenen Möbeln ein? □/□

Monatliche Kosten:

	Pflegegrad 1	Pflegegrad 2 bis 5
Heimentgelt:		
Pflegekasse:	– 125	abzüglich der Zuschüsse
Zu zahlen:		

Zuschläge:

Für ein Einzelzimmer:

Für ein größeres Zimmer:

Besondere Komfortleistungen:

Therapiezuschläge:

Dementenbetreuung:

Genossenschaftsanteile / Wohndarlehn:

Verzinsung:

Nahverkehr:

Lage:

Nahversorgung: Kiosk □/□, Friseurstübchen □/□ Einkaufsfahrten □/□, Lieferdienste □/□

Die Checkliste ist unter www.umsorgt-wohnen.de zu finden: über den Navigationspunkt »Wohnen im Alter« oder den Suchbegriff »Checklisten«.

Informationen im Überblick

Weiterführende Informationen im Internet, telefonische Beratungsangebote und hilfreiche Broschüren

Der letzte Lebensabschnitt Seite 44

- Nähere Informationen sind für jedes Bundesland im Internet unter dem Suchbegriff »Hospiz und Palliativmedizin« zu finden.

Wie geht es nach dem Tod weiter? Seite 50

- Trauerbegleitung in Einzelsprechstunden oder Gruppen gibt es bei öffentlichen Stellen oder Vereinen. Im Internet sind die entsprechenden Hilfsangebote unter folgenden Suchbegriffen zu finden: Trauer, Trauerarbeit, Trauercafé oder Trauergruppe.

Demenz: Beratungsstellen Seite 62

- Unter www.deutsche-alzheimer-gesellschaft.de ist in der Rubrik »Unser Service« ein Adressverzeichnis aller Anlaufstellen in Deutschland zu finden.

Das Betreuungsrecht Seite 112

- Die Betreuungsbehörde bietet die Möglichkeit der Beratung und kann anschließend die Vorsorgedokumente für 10 Euro öffentlich beglaubigen. Unter den Suchbegriffen »Öffentliche Beglaubigung« und »Betreuungsbehörde« sind im Heimatort die zuständigen Stellen zu finden.
- Hilfreich ist das Onlinelexikon Betreuungsrecht ww.reguvis.de/betreuung/wiki
- Die Vorsorgevollmachten können bei der Bundesnotarkammer unter www.vorsorgeregister.de hinterlegt werden. Die Kosten liegen zwischen 13 und 18,50 Euro.

Häusliche Pflege Seite 139

- Das Hilfsmittelverzeichnis ist beim Verband der Gesetzlichen Krankenversicherung (GKV) im Internet unter hilfsmittel.gkv-spitzenverband.de zu finden.

Unterstützung für Angehörige Seite 144

- Im Internet sind die Anbieter für die Pflegekurse unter den Suchbegriffen »Pflegekurse«, »Angehörigenschule« am Heimatort zu finden.
- Das Pflegetelefon der Bundesregierung ist von Montag bis Donnerstag zwischen 9 und 18 Uhr zu erreichen.
  ☏ 030/20 17 91 31
  www.wege-zur-pflege.de
- Eine Übersicht der Pflegestützpunkte vor Ort sind unter www.pflegestuetzpunkte-deutschlandweit.de zu finden.

Pflegewohngemeinschaften Seite 164

- Suchbegriffe im Internet: Pflegewohngemeinschaften, Demenz-WG, Pflegewohnungen, ambulant betreute Wohngemeinschaften am Heimatort

Sicherheit für alleinlebende Senioren Seite 180

- Mit dem Notrufknopf kann über die Freisprechanlage in der Wohnung eine Verbindung hergestellt werden: Der Mitarbeiter in der Notrufzentrale entscheidet dann, ob ein Rettungseinsatz nötig ist oder Angehöriger informiert wird, um vor Ort behilflich zu sein. Monatliche Kosten: etwa 20 Euro. Zusätzlich kann ein Wohnungsschlüssel hinterlegt werden, mit dem sich im Fall der Fälle ein Mitarbeiter auf den Weg machen kann. Monatliche Kosten: etwa 20 Euro.
- Die Notfalldose ist in jeder Apotheke für ein paar Euro erhältlich.

Senioren-Assistenz **Seite 182**

- Nähere Informationen: ☏ 04307/900-340 oder unter www.die-senioren-assistenten.de

Wege aus der Depression **Seite 202**

- Pflegedienste sind unter www.pflege-navigator.de oder www.bkk-pflegefinder.de zu finden. Dabei ist auf die Zulassung »fachpsychiatrische Krankenpflege« zu achten.

Pflege aus Osteuropa **Seite 204**

- Suchbegriffe im Internet: Pflegevermittlung, osteuropäische Pflegekräfte, ausländische Pflegekräfte

Ein Neuanfang im Service-Wohnen **Seite 208**

- Im Internet können Suchwörter wie Seniorenwohnungen, Service-Wohnen oder Betreutes Wohnen mit Begriffen wie Wohnungsbaugenossenschaften, Wohnungsbaugesellschaften, Stiftungen, Altenheime, Seniorenzentrum kombiniert eingegeben werden.
- Günstige Wohnungen sind oft öffentlich gefördert. Die Einkommensgrenzen sind im Internet unter folgenden Suchbegriffen zu finden: Wohnberechtigungsschein, WBS, Sozialwohnungen, Einkommensgrenzen bei Seniorenwohnungen, §5-Schein, öffentliche Förderung von Seniorenwohnungen.
- Die Checkliste »Seniorenwohnungen« kann kostenlos von der Homepage www.umsorgt-wohnen.de heruntergeladen werden: über den Navigationspunkt »Wohnen im Alter« oder den Suchbegriff »Checklisten«.

Umzug in eine Seniorenresidenz **Seite 228**

- Die Checkliste »Seniorenresidenzen« kann kostenlos unter www.umsorgt-wohnen.de heruntergeladen werden:

über den Navigationspunkt »Wohnen im Alter« oder den Suchbegriff »Checklisten«.

Zu viele Medikamente Seite 288

- Das Bundesforschungsministerium hat in einer Broschüre eine Übersicht von über 83 Wirkstoffen in Arzneimitteln veröffentlicht, die für ältere Menschen ungeeignet sein können. Oft werden die Nebenwirkungen übersehen, weil sie den typischen Alterserscheinungen ähnlich sind. Dazu zählen Schwindel und Benommenheit, eine beeinträchtigte Sehkraft, Magen-Darm-Probleme, Verwirrung, Schlafstörungen, Schwierigkeiten beim Wasserlassen und Inkontinenz. Das 44-seitige Heft »Medikamente im Alter: Welche Wirkstoffe sind ungeeignet?« ist kostenlos beim Bundesministerium für Bildung und Forschung zu bestellen unter 030 / 182 722 721.

Ein gutes Altenheim finden Seite 290

- Einen ersten Überblick bieten die Internetseiten der Krankenkassen AOK oder BKK.
  In Hamburg und Berlin-Brandenburg stellt der Verlag »Umsorgt wohnen« Altenheime einheitlich mit Preisen und Leistungen vor. Außerdem werden die freien Plätze angezeigt. Damit lässt sich eine Vorauswahl treffen, um sich gezielt mit den verschiedenen Einrichtungen in Verbindung zu setzen.
  www.pflege-navigator.de
  www.bkk-pflegefinder.de
  www.umsorgt-wohnen.de
- Die Checkliste »Altenheime« kann im Internet kostenlos unter www.umsorgt-wohnen.de heruntergeladen werden: über den Navigationspunkt »Wohnen im Alter« oder den Suchbegriff »Checklisten«.

Herr Mertens nimmt ab

Von einem, der auszog, das Abnehmen zu lernen

Ein Buchtipp von Frank Luhn

Abnehmen ist ein Leidensthema und steht bei vielen von uns mindestens zweimal im Jahr ganz oben auf der Agenda: vor dem Urlaub und nach dem Urlaub. Diäten aus den Illustrierten versprechen eine schnelle Lösung. Doch die gelösten Pfunde finden schnell wieder zurück. Herr Mertens hat das satt!

Jochen Mertens aus Hamburg, Mitte 50, ist Journalist und ein Genussmensch. Er war nicht immer dick. Es muss wohl an seinem Schreibtisch liegen, an dem er seit vielen Jahren fast täglich mehrere Stunden sitzt und arbeitet. Und an diesem Bienenstich. Ein Teller mit eben solchem steht bei Herrn Mertens nicht lange auf dem Tisch, schon schweifen die Gedanken zu einem zweiten Stückchen. Als Belohnung, sozusagen.

»Mit einer Gewichtszunahme von zwölf Kilogramm innerhalb eines Jahres konnte es so nicht weitergehen.« Herr Mertens wollte abnehmen. Doch das Gewicht lässt sich nicht allein durch Diäten reduzieren. Vielmehr muss man wissen, was im Körper und nicht zuletzt im Kopf passiert.

Die Autorin Margret Bielenberg

Denn leckeres Essen und kalorienreiche Getränke kommen vielen immer wieder in die Quere.

Pfunde können sich am Körper genauso schnell ansammeln wie Treuepunkte beim Lebensmitteldiscounter. Bei diesem Lied können die drei Damen aus dem Hamburger Westen – Marion Sonnemann, Ina Pietsch und Kerstin Wohlgemuth – gleich mit einstimmen. Sie spielen als Leidensgenossinnen die Nebenrollen in dem kurzweiligen und reich bebilderten Ratgeber von Margret Bielenberg und Co-Autor Jochen Mertens. Der Herr Mertens eben.

Der Autor nimmt die Leser mit auf seinen persönlichen Abnehmweg. Mit professioneller Unterstützung aus den Bereichen Ernährung, Sport und Verhaltenstherapie werden Probleme ausgemacht und alltagstaugliche Lösungen angeboten. Herr Mertens meistert Rückschläge, ohne dabei seinen Humor zu verlieren, und lernt viel über Ernährung und seine Verhaltensweisen, die sich nicht so einfach abschütteln

Hier nimmt leider nur einer ab.

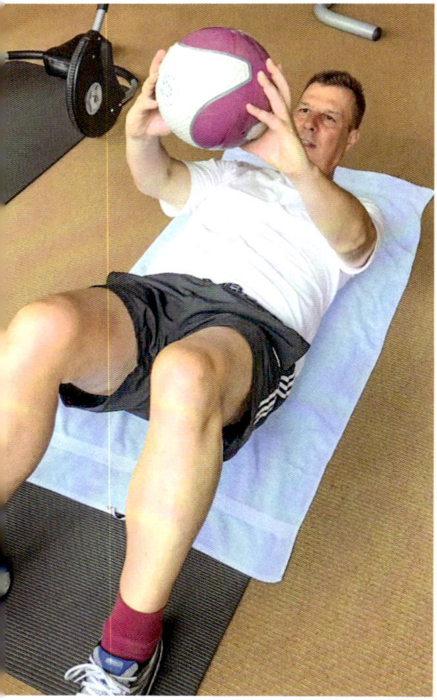

Jochen Mertens tut viel dafür, um Gewicht zu verlieren, ob und wie es ihm gelingt, erfahren Sie im Buch »Herr Mertens nimmt ab«.

lassen. Zehn Kilogramm hat er bereits verloren und hält sein Gewicht seit vier Jahren.

Der Leser bekommt mit diesem Buch viele Tricks mit auf den Weg, um selbst erfolgreich und nachhaltig abnehmen zu können. Wer seinen inneren Schweinehund erst einmal kennengelernt hat, braucht auch keine Diäten mehr. Das gesunde Leben und eine bewusste Ernährung sind das beste Rezept. Von denen gibt es übrigens in diesem Buch auch ein paar. Aber die wichtigste Zutat darf dabei nicht fehlen: Humor. Denn erfolgreiches Abnehmen muss Spaß machen. So wie das Lesen dieses Buches.

Das Buch »Herr Mertens nimmt ab« (ISBN 978-3-941 891-11-1) von Margret Bielenberg und Jochen Mertens ist im Verlag Umsorgt wohnen, Jochen Mertens e. K., erschienen. Der reich bebilderte Ratgeber hat 256 Seiten und ist für 19,90 Euro im Buchhandel und auf www.herr-mertens-nimmt-ab.de erhältlich.

Preisvergleich im Altenheim

Buchtipps: In Hamburg und Berlin werden Altenheime und Seniorenwohnungen vorgestellt

Wer überlegt, zu den Kindern nach Hamburg zu ziehen oder einen Neuanfang in Berlin-Brandenburg zu wagen, wird in der Ratgeberreihe »Umsorgt wohnen« einen geeigneten Wohnsitz finden. In der Hamburger Ausgabe, das in Zusammenarbeit mit dem Hamburger Abendblatt entstanden ist, werden zahlreiche Altenheime, Seniorenwohnungen und Residenzen mit Preisen und Leistungen vorgestellt. In der Hauptstadt wird »Umsorgt wohnen in Berlin-Brandenburg« von der Berliner Morgenpost präsentiert.

»Umsorgt wohnen in und um Hamburg« und »Umsorgt wohnen in Berlin-Brandenburg« kosten jeweils 19,90 Euro und sind im Buchhandel erhältlich. Die beiden Ratgeber können im Internet unter www.umsorgt-wohnen.de oder telefonisch unter der gebührenfreien Nummer 0800 / 600 89 84 bestellt werden. Hinzu kommen 5,10 Euro Versandkosten.

Bildnachweis

@schnorbach: 96

Bolte, Manuela: 73

Brenk Nashmi GbR: 167

Deh, Sabine: 190, 275

Diakonie Alten Eichen: 86

epr_SFA Sanibroy: 174

Fotolia: 314/315

Hansepress: 180

Hartwig Hesse Stiftung: 295, Umschlagsinnenklappen (Rikscha)

Johanniter-Stift Johannisthal: Umschlagsinnenklappen (Wassertreten)

Kaiser, Heinz: 170, 172, 173, 176, 177

Köpcke Heiner: 130, 210/211, Außenklappe des Umschlags vorn

Kuhn, M.: 67

Lubosch, Erika: 32

Rosenhof: 230

School, Sylvia: 185, Rückseitenfoto auf dem Umschlag

SoVD: 158

Spielmann, Christian: 15, 35, 75, 133, 145, 222, 228, Umschlagsinnenklappen (Koch)

Umsorgt wohnen: 2, 11, 18, 21, 23, 24, 27, 28, 30, 37, 38, 40, 42, 44, 45, 47, 49, 51, 53, 56, 59, 60/61, 64, 68, 70, 78, 83, 84, 89, 90, 93, 99, 100, 103, 105, 106, 108, 110/111, 115, 116, 120, 125, 134, 138, 140, 142, 143, 150, 153, 156, 161, 162/163, 166, 168/169, 175, 178, 182, 187, 189, 193, 195, 196, 201, 202, 206/207, 208, 213, 214, 216, 218, 220, 224, 225, 233, 234, 236, 237, 239, 244, 250/251, 252, 254, 257, 259, 261, 263, 270, 272, 273, 276, 279, 280, 282, 284, 285, 287, 289, 291, 292, 297, 299, 300/301, 303, 305, 306, 315, 316, Umschlagsinnenklappen (Fitness)

Unger, Marc-Steffen: 264, 267

Vivantes: 63

Wohnstift Otto Dibelius: 241, 242, 243

Impressum

Jochen Mertens e.K.
Neustädter Neuer Weg 18, 20459 Hamburg
Telefon: 040/600 898 40
E-Mail: info@umsorgt-wohnen.de
www.umsorgt-wohnen.de

1. Auflage, Februar 2021

Lektorat: Imke Sörensen, Andrea Sach
Umschlaggestaltung: Falko Schröer, Design Concept
Titelfoto: Getty Images Deutschland GmbH
Herstellung, Satz: Umsorgt wohnen, Jochen Mertens e.K.
Druck und Bindearbeiten: Westermann Druck, Zwickau
Printed in Germany

Der Pflegekompass
ISBN:
978-3-941891-21-0
978-3-941891-23-4 Hamburg
978-3-941891-24-1 Berlin
978-3-941891-25-8 Nordrhein-Westfalen
978-3-941891-26-5 Thüringen
978-3-941891-27-2 Niedersachsen